上海品牌之都发展报告（2018）

SHANGHAI BRAND CAPITAL DEVELOPMENT REPORT（2018）

跟踪品牌经济建设前沿　打造国际品牌之都

主编／谢京辉
副主编／闫彦明　姜卫红

上海人民出版社

序　言

在全球经济持续复苏、国际经济与科技形势更趋复杂多样的环境下，品牌力量扮演着越来越重要的角色。一方面，国际经济金融竞争，一些具有品牌影响力的行业领军企业，引领着行业发展的主导方向；另一方面，一些基于高科技创新的“独角兽”企业，在各个领域异军突起，成为引领全球经济发展的生力军。这些品牌企业所构筑的经济体系相对稳固，并对国际政治经济战略格局的演变发挥至关重要的作用。

根据2017年世界最大媒体集团WPP旗下权威品牌咨询机构BrandZ发布的全球最具价值品牌百强榜，展现出一些新的特征：其一是美国主导与中国崛起：全球百强品牌中有54家美国品牌，且品牌价值占全球百强的71%，可谓独领风骚。在过去12年中，美国品牌价值增长了180%，而其他国家的品牌价值则仅增长102%。值得关注的是，随着中国总体实力的不断增强，“中国品牌”也受到越来越多的关注与认可；全球百强品牌中从12年前的仅有1家中国品牌，一直增加到2017年度的13家。其二是科技驱动品牌价值增长。2017年全球百强有37家科技品牌，占品牌总价值的54%，较上年上升17个百分点。这些都反映出，品牌与科技的叠加正在成为国际经济发展变革中的主要趋势。

随着一批国内知名品牌逐渐拓展海外市场，从而在国际品牌林立的格局下逐渐占有一席之地，但同时也面临着竞争压力和品牌建设的严峻挑战。在此形势下，我国不断强化品牌建设的战略引领。习近平总书记在河南考察时进一步提出“三个转变”要求，即必须推动“中国制造向中国创造转变、中国速度向中国质量转变、中国产品向中国品牌转变”。这指明了新常态下我国品牌建设的历史方位。2015年5月，国务院印发《中国制造2025》，这是我国实施制造强国战略第一个十年的行动纲领,并明确提出了未来一段时期内我国品牌建设的战略目标与具体要求,深刻地揭示了我国加快品牌建设、发展品牌经济的重要性以及路径选择。同时,在政策层面,国务院及商务部、工业和信息化部、国资委等中央各部委出台了相关政策,明确了品牌发展的主导方向和品牌管理的相关政策,这为我国品牌崛起创造了非常有利的政策环境。

上海是我国直辖市之一、国家历史文化名城,国际经济、金融、贸易、航运、科技创新中心,有着百年辉煌的发展历史。长期以来,上海涌现出一批批闻名遐迩的驰名品牌,有着浓厚的品牌文化积淀。在国家推进品牌经济发展的大背景下,上海城市发展始终是国家战略布局的重要环节。在《国务院关于上海市城市总体规划的批复》(国函〔2017〕147 号)中,明确提出“要努力把上海建设成为创新之城、人文之城、生态之城,卓越的全球城市和社会主义现代化国际大都市”。这为上海城市品牌树立了更高的愿景目标。近年来,围绕品牌经济建设,上海市因地制宜地推出了鼓励品牌经济发展的政策文件。2016 年 8 月,上海市出台《本市贯彻〈国务院办公厅关于发挥品牌引领作用推动供需结构升级的意见〉》(沪府办发〔2016〕38 号)中明确指出,要“大力培育品牌经济专业服务市场,组建上海品牌之都促进中心,支持成立上海品牌经济研究院、上海品牌认证评估中心等社会组织”“定期发布上海品牌经济发展白皮书”,并确立了实现上海经济转型升级,打造国际时尚之都、设计之都、品牌之都的发展战略。

在实践中,上海市政府围绕经济转型,大力推进自主品牌建设,有效提升经济运行质量和提高城市经济综合竞争力。一方面进一步做好已有的品牌建设工作,如著名商标、畅销品牌、名牌产品和工业园区品牌等推荐活动。另一方面着力创新,在城市品牌以及企业品牌建设中不断推出新举措,探索形成了许多富有特色的创新机制,深刻引领上海创新驱动和转型发展。例如,2016 年 7 月 23 日,以“供给侧结构性改革和品牌经济发展”为主题的第二届中国品牌经济(上海)论坛在沪举行,该次会议上正式启动了“上海品牌之都促进中心”,标志着上海品牌之都建设迈出了新的步伐。在政府、企业、社会等多方共同努力下,上海在推进品牌建设方面取得了阶段性成果,在国内外的突出地位得到不断强化，在长三角地区以及长江经济带中龙头带动作用显著，同时作为"一带一路"中的重要节点城市，具有强劲的区域品牌影响力和辐射力。

面向未来，上海要着力打造成为卓越的全球城市，在更高水平上参与全球竞争，提高区域辐射力，品牌建设还任重道远，在许多方面亟需提高与改善，必须进一步解放思想，突破体制机制约束，必须全面、深度、有效地整合现有资源，全面统筹协调推进上海经济品牌、社会品牌和文化品牌建设。按照上海提出建设国际设计之都、时尚之都、品牌之都的战略思想，需要在深刻把握全品牌经济竞争演变趋势基础上，紧密结合上海城市自身特点，从城市品牌、园区品牌、企业品牌（产品品牌）三个维度来构造体现前瞻性、全局性的品牌发展战略思想，推动经济运行从产品经济向品牌经济转型发展的深刻转变，积极探索政府、社会、企业协同推进及政产学研有机结合的品牌经济发展新路径，使品牌建设在全社会形成广泛共识。

上海社会科学院上海品牌发展研究中心依托长期以来的研发积累，围绕上海市近年来品牌经济发展、品牌之都建设情况，通过蓝皮书方式进行全面梳理归纳、综合呈现，有助于推动上海品牌之都的更好发展。本书既是第一本《上海品牌之都发展报告》，也是在多年来上海品牌经济发展中心编撰的《上海品牌发展报告》基础上的提升。我们希望通过本书的推出，抛砖引玉，并与各界领导专家共同探索加强品牌经济的理论与实证研究，从而对国家以及区域的品牌经济建设、提升"中国品牌""上海品牌"的国际影响力而发挥更大的促进作用。

目 录

行业篇

企业篇

综　合　篇

第一章
全球品牌：发展现状分析与展望

许来宾、汪菁①

在信息化高速发展的今天，中国乃至于全球的经济发展已经有了新的形势。随着中国社会主要矛盾的转变，经济进入新常态，改变了原有的经济运行模式。随之而来的是产业转型，企业利用不断变化的市场，改变管理策略与经营方式。

与此同时，世界领先的大企业、大品牌不会毫无作为地等待全球经济改变的发生，他们是在不断行动而不是应对、在不断突破而不是保持规模、在变化的世界里掌握成长。企业成长过程中存在着许多不确定性，企业是否具备灵活性和适应性是关键。企业必须随时准备好沿着消费者和市场的方向改变他们的轨迹：拥抱新兴技术、跨越障碍，并重新思考他们的发展战略——不断突破，重启。他们必须准备好成长、改变和再成长。

为了应对这些挑战，企业管理层需要将品牌作为发展重心，越早重视，越快发展。品牌是连接企业与消费者的桥梁，通过理解消费者想要什么和他们相信什么来创造真正的价值。品牌是一种个性化的技术，是消费者真正参与和难忘体验的手段。品牌的力量在于能够加快企业业务的多元化和规模化，并存在于企业成长的全部生命周期，适应着不断变化的市场。2017 年全球品牌成长的新特征，为中国经济的增长、转型中的企业带来了全新的启发与方向。

一、 2017 年全球品牌发展概况

(一) 全球品牌价值评测结果与排名

2017 年，全球各大顶级品牌咨询机构（Interbrand、BrandZ 和世界品牌实

① 许来宾，上海社会科学院经济所，硕士研究生，研究方向：跨境资本流动。
汪菁，上海社会科学院经济所，硕士研究生，研究方向：货币政策。

验室等)陆续发布了2017年全球最具价值品牌排行榜。

1. Interbrand　全球著名品牌咨询公司Interbrand的2017年“全球最具价值品牌”百强排行榜中,100个品牌的价值总和为18717亿美元,较2016年增长4.2%。苹果公司以1811.5亿美元的品牌价值位居榜首,谷歌与微软以1417亿美元和799.99亿美元分列二、三位。往年榜单显示,苹果、谷歌、微软、可口可乐、三星、丰田、IBM、通用集团连续第五年占据榜首前十强,而苹果和谷歌更是连续第五年夺得冠、亚军宝座。2017年,品牌价值位居前十的其他科技公司有:亚马逊(第5)、三星(第6)、Facebook(第8)、IBM(第10),而进入100强榜单的还有英特尔(第15)、思科(第16)、甲骨文(第17)、eBay(第34)、惠普(第53)、华为(第70)、PayPal(第80)以及联想(第100)等。

2017年,增长最快的十大品牌分别为Fcaebook(+48%)、亚马逊(+29%)、Adobe(+19%)、阿迪达斯(+17%)、星巴克(+16%)、高盛(+16%)、华为(+14%)、摩根士丹利(+14%)、联邦快递(+12%)和PayPal(+12%)。在Interbrand的排行榜中,今年实现双位数增长的品牌达到16个。它们也展现出品牌价值快速增长的共同特性:高增长与品牌年龄无关、以客户为中心、明确的发展战略与品牌定位。

行业方面,超过一半的全球最具价值品牌来自四个行业:汽车(16个)、科技互联网(15个)、金融服务(12个)和快速消费品(9个)。零售业是同比增长最快的行业(19%),其次是体育用品(10%)、科技互联网(8%)、物流(7%)和金融服务(6%)。

品牌咨询机构Interbrand的品牌价值排行榜是基于三大关键因素,综合评估企业品牌的价值:品牌所属产品和服务的财务业绩;品牌在顾客选择产品方面的影响力;品牌为公司提供溢价或可靠收益的贡献度。

该品牌估值模型是第一个成为ISO认证的品牌评估方法。Interbrand在18年的研究分析显示,企业品牌在不断变化的世界成长的过程中,规模化利用科技去贴近人的内心与生活,将有助于推动品牌价值的增长。

2. BrandZ　全球知名市场调研机构华通明略(Millward Brown),隶属于WPP旗下的一家资深市场调研机构,持续跟踪研究全球品牌12年。以下分析根据该机构发布的 BrandZ 2017“全球最具价值品牌百强榜”（TOP100 Most Valuable Global Brands 2017）。

2017 年全球最具价值品牌 100 强品牌价值总额达到 3.6 万亿美元，同比增长 8%，较 2016 年增长 3%之后继续保持上涨势头，与 12 年前榜单首次发布时相比增长了 152%。2017 年，谷歌继续保持第一，品牌价值已增至 2456 亿美元，同比增长 7%。排名第二的苹果也实现了 3%的增长，品牌价值达到 2347 亿美元。微软的品牌价值目前达到 1432 亿美元，较去年价值增长 18%。排行榜前三名与去年保持一致，排名第四至第十名的品牌依次为：亚马逊、Facebook、AT&T、VISA、腾讯、IBM、麦当劳。

2017 年增长最快的十大品牌分别为阿迪达斯（+58%）、茅台（48%）、亚马逊（+41%）、汉堡王（39%）、梵天（34%）、特斯拉（32%）、Netflix（30%）、达美乐披萨（29%）、俄罗斯石油（29%）、腾讯（27%）。本年度，阿迪达斯在品牌价值增长方面排名第一，主要是凭借其流行趋势和在美国提高品牌知名度的举措。

行业方面，零售业由于电子商务的强劲表现，实现了领先各行业 14%的增长，其中亚马逊和阿里巴巴分别上涨了 41%和 20%。

在 2017 年 BrandZ 全球最具价值品牌百强榜中，展现出一些显著特征：

（1）美国主导与中国崛起。2017 年，美国品牌价值同比增长 12%，中国品牌价值增长 1%，其他国家品牌价值下降 1%。12 年内，中国品牌实现价值增值 937%，如今占全球品牌总值的 11%。

（2）科技①驱动品牌价值增长。谷歌和苹果仍然是全球 100 强中排名第 1 和第 2 的品牌，每个品牌的价值接近 2500 亿美元（总和约为瑞典国内生产总值）。2017 年，亚马逊的品牌价值也升至百强品牌的第 4 名。对比其他品牌，2017 年科技品牌同比增长 16%，其他品牌增长 4%。2017 年七个与科技相关的新晋品牌分别为：YouTube，HPE，Salesforce，Netflix，Snapchat，Xfinity 和 Sprint。

---

① 科技类品牌，主要是包含科技、电信供应商和电子商务品牌。

(3) 品牌年轻化。2017 年,百强排行榜中新晋品牌的平均年龄是 20 岁(始于 1997 年)。全球百强品牌的平均年龄是 67 岁(始于 1950 年)。对比十年前,2006 年全球百强品牌的平均年龄为 83 岁(始于 1934 年)。

3. 世界品牌实验室　2016 年 12 月 26 日,2016 年度(第十三届)世界品牌 500 强排行榜正式发布。该排行榜是由世界品牌实验室(World Brand Lab)独家编制,连续十三年对全球 8000 个知名品牌进行研究评估,最终公布全球最具影响力的 500 个品牌。该排行榜评判的依据是品牌的世界影响力①。世界品牌实验室基于品牌影响力的三项关键指标进行评分,即市场占有率(Share of Market)、品牌忠诚度(Brand Loyalty)和全球领导力(Global Leadership)。

2016 年,苹果公司凭借新产品的不断问世,强劲的表现击败谷歌,重新夺回宝座。谷歌退居第二。亚马逊凭借创新服务与电子商务的普及,继续保持第三名。排名第四至第十名的品牌依次为:微软、可口可乐、Facebook、梅赛德斯奔驰、沃尔玛、通用电气、麦当劳。

2016 年世界品牌 500 强排行榜共涵盖 28 个国家。从国家品牌数量分布来看,美国继续保持全球品牌主导地位,占据 500 强中的 227 席。英国与法国以 41 个品牌并列第二位;三甲之后的五国依次是日本、中国、德国、瑞士和意大利,分别有 37 个、36 个、26 个、19 个和 17 个品牌。中国入选的国家品牌共有 36 个,其中入围百强的品牌有 8 个,即国家电网、工商银行、腾讯、CCTV、海尔、中国移动、华为、联想。相比于欧美国家的众多超级品牌,中国品牌显然仍处于“第三世界”。

2016 年世界品牌 500 强排行榜共覆盖了 50 个行业,食品与饮料行业以 238 个品牌入选保持第一;汽车与零件行业位居第二,共有 37 个品牌入选;传媒行业以 33 个品牌入选而位居第三。零售、能源和互联网行业分列第四、五、六名,分别有 24 个、23 个、22 个品牌入选。

2016 年世界品牌 500 强的品牌整体平均年龄达到 93.71 岁,剔除了大学等非营利机构,较上年的 100.71 岁下降 7 岁。世界品牌 500 强中,“老字号”

---

① 品牌影响力(Brand Influence)是指品牌开拓市场、占领市场并获得利润的能力。

品牌（100 岁以上）达到 206 个，其中最古老的品牌来自中国的茅台（Moutai），迄今已有 417 年历史，其次是圣戈班（Saint Gobain）和马爹利（Martell），分别拥有 351 年和 301 年历史。从行业方面来看，最古老的行业来自食品与饮料类品牌，100 岁以上的品牌达到 29 个。最年轻的行业是互联网品牌，恰如 LINE、WhatsApp、Instagram 等品牌从成立至今尚不到 10 年时间，但是已经跻身世界级品牌中，在全球拥有几亿的用户。

根据三大著名机构的最具价值品牌榜单对比，相关企业及其信息归纳如下：

表 1-1　三大机构发布全球最具价值品牌排行榜（前 10 名）

	Interbrand				世界品牌实验室				BrandZ			
排名	品牌名称	国家	行业	品牌价值（百万美元）	品牌名称	国家	行业	品牌年龄	品牌名称	国家	行业	品牌价值（百万美元）
1	苹果	美国	科技	181154	苹果	美国	计算机与通讯	40	谷歌	美国	互联网	245581
2	谷歌	美国	科技	141703	谷歌	美国	互联网	18	苹果	美国	计算机与通讯	234671
3	微软	美国	软件	79999	亚马逊	美国	互联网	21	微软	美国	软件	143222
4	可口可乐	美国	食品饮料	69733	微软	美国	软件	41	亚马逊	美国	互联网	139286
5	亚马逊	美国	互联网	64796	可口可乐	美国	食品饮料	130	Facebook	美国	互联网	129800
6	三星	韩国	科技	56249	Facebook	美国	互联网	12	AT&T	美国	电信服务	115112
7	丰田	日本	汽车	50291	梅赛德斯奔驰	德国	汽车	116	VISA	美国	支付	110999
8	Facebook	美国	互联网	48188	沃尔玛	美国	零售	54	腾讯	中国	互联网	108292
9	梅赛德斯奔驰	德国	汽车	47829	通用电气	美国	工业设备	124	IBM	美国	商务服务	102088
10	IBM	美国	商务服务	46829	麦当劳	美国	餐饮	62	麦当劳	美国	餐饮	97723

资料来源：Interbrand：Best Global Brands 2017；BrandZ：Top 100 Most Valuable Global Brands 2017；世界品牌实验室《世界品牌 500 强》。

表 1-2　各机构发布的品牌价值增值最快的全球品牌(前 10 名)

	Interbrand				世界品牌实验室				BrandZ			
排名	品牌名称	国家	行业	品牌价值增长率	品牌名称	国家	行业	排名上升幅度(位)	品牌名称	国家	行业	品牌价值增长率
1	Facebook	美国	科技	48%	中国华信	中国	能源	104	阿迪达斯	美国	服装	58%
2	亚马逊	美国	科技	29%	美源伯根	美国	批发	96	茅台	中国	白酒	48%
3	Adobe	美国	媒体	19%	时代华纳	美国	传媒	85	亚马逊	美国	科技	41%
4	阿迪达斯	美国	服装	17%	奈飞	美国	传媒	81	汉堡王	美国	快餐	39%
5	星巴克	美国	快餐	16%	卡夫	美国	食品	80	梵天	美国	啤酒	34%
6	高盛	金融服务	媒体	16%	亨氏	美国	食品	79	特斯拉	美国	汽车	32%
7	华为	中国	科技	14%	Instagram	美国	互联网	79	Netflix	美国	互联网	30%
8	摩根士丹利	美国	金融服务	14%	英国石油	英国	能源	73	达美乐披萨	美国	快餐	29%
9	联邦快递	美国	物流	12%	BAE System	英国	飞机制造	71	俄罗斯石油	俄罗斯	石油	29%
10	PayPal	美国	支付	12%	中国建筑	中国	工程建筑	65	腾讯	中国	互联网	27%

资料来源:Interbrand: *Best Global Brands 2017*; BrandZ: *Top 100 Most Valuable Global Brands 2017*;世界品牌实验室《世界品牌 500 强》。

(二)全球品牌的发展动向——行业与国别比较

2017 年全球品牌的发展继续呈现出非常鲜明的行业间不均衡特征,品牌的行业格局与全球市场的消费偏好变化之间有较高相关性,品牌年轻化及科技驱动力成为品牌价值提升的重要因素。

1. 行业比较分析。(1) 零售行业:打破 O2O 鸿沟,各大品牌致力跨越渠道。2017 年零售行业品牌价值总额达到 4288 亿美元,同比增长 14%。零售行业成为 2017 年品牌价值增长最快的行业。其中亚马逊和阿里巴巴增长最快,分别为 41%和 20%。

2017 年,美国电商巨头亚马逊推出了“新零售”样板:Amazon Go。Amazon Go 便利店采用新型的“无人超市”经营模式,消费者所选购的所有商品均通过

APP与顾客完成结算，实现真正意义的自助购物，不用排队结账。中国电子商务领导者阿里巴巴与百联集团展开战略合作，百联集团在中国拥有近5000家超市和便利店。这将进一步完善阿里巴巴的商业生态系统，使得阿里巴巴将电子支付平台支付宝、电子商务平台淘宝和天猫与百联集团的实体店连接起来。

2017年如同往年一样，亚马逊设计出更多的零售方式。同时，传统零售商意识到线上到线下（O2O）模式的协调重要性。随着亚马逊和阿里巴巴准备进军实体店，沃尔玛在电子商务上的地位也在下降，这种竞争关系趋于加剧。

表1-3　全球零售类品牌最具价值20强（BrandZ）

排名	品牌名称	品牌价值（2017，百万美元）	品牌贡献	价值变化
1	亚马逊	139286	4	41%
2	阿里巴巴	59127	2	20%
3	家得宝	40327	3	11%
4	沃尔玛	27934	2	2%
5	宜家	18944	3	5%
6	好市多	16257	2	12%
7	Lowe's	13375	2	3%
8	Ebay	12365	3	7%
9	奥乐齐	12273	2	2%
10	京东	10768	3	3%
11	Walgreens	10121	3	-2%
12	CVS	9733	3	-19%
13	7-eleven	9144	4	-2%
14	塔吉特	8660	2	-7%
15	乐购	8041	4	-10%
16	Lidi	7193	2	5%
17	家乐福	6809	3	-12%
18	Woolworths	6549	3	-12%
19	克罗格	6493	3	-18%
20	Coles	5449	4	N/A

资料来源：BrandZ. Top 100 Most Valuable Global Brands 2017[R]. London：2017。

(2) 科技互联网行业:广告收入带来增量推动品牌价值上升。2017 年,科技互联网行业的品牌价值总额达到 12448 亿美元,同比增长 13%,成为仅次于零售行业的第二增长最快的行业。在科技品牌 20 强中,价值增长最快的品牌是 Netflix,其价值增长 30%。其次是 Facebook 和腾讯,均实现 27%的增长。20 强品牌中只有一个品牌的价值出现下降:百度,可能跟百度受到的几次负面事件的影响有关。

这一增长并不是单一的品牌或者产品创新带来的,主要驱动力在于 B2C 和 B2B 两类科技品牌在未来的人工智能(AI)、虚拟现实(VR)、增强现实(AR)、物联网和语言识别、自动驾驶等方面的前期筹备工作取得了进展。B2B 类品牌的价值急剧上升表明,多年来将传统品牌转变为现代云计算业务的投资开始兑现支付。同时,B2C 类和 B2B 类品牌之间价值增长的均匀分布部分反映了品牌如何在消费者业务边缘领域上的竞争和合作日益加剧。

事实上,很少有品牌仅专注自身业务的发展。即使是社交网络服务巨头 Facebook,一个主要面向消费者的 B2C 类品牌,拥有着 6500 万企业用户,随着其影响力的不断扩大,Facebook 也成为几个负责审查内容和保护用户隐私的品牌之一。由于它在数据连接和数字通信中的重要作用,Facebook 的技术支持容易被卷入了地缘政治的旋涡中。尤其是当一篇帖子引发人们对道德或言论自由的看法时,社会媒体品牌将成为公众辩论的中心。

2017 年,谷歌和苹果分别以 2455 亿美元和 2346 亿美元,继续保持着科技行业的龙头地位。谷歌的搜索业务和相关的广告投放业务继续支撑公司的收入增长和长期战略投资,如自动驾驶汽车。谷歌加速广泛使用机器学习来改进其核心产品,如谷歌搜索、谷歌地图和谷歌翻译等。同时,谷歌开发了一款语音控制系统:谷歌家居,使其成为家庭自动化助手,能够播放音乐和执行一系列日常任务,如提供日历提醒,新闻与天气更新,控制照明,调节恒温器等。

基于对 iPhone 十周年之际的新款手机发布预期,苹果股价出现上涨。新款 iPhone 在 2017 年秋季上市,同时上市产品包括新一代 MacBook Pro 笔记本电脑和无线耳机等。两种产品都增强了苹果生态系统的兼容性。

表 1-4　全球科技互联网类品牌最具价值 20 强(BrandZ)

排名	品牌名称	品牌价值（2017,百万美元）	品牌贡献	价值变化
1	谷歌	245581	4	7%
2	苹果	234671	4	3%
3	微软	143222	4	18%
4	Facebook	129800	4	27%
5	腾讯	108292	5	27%
6	IBM	102088	4	18%
7	SAP	45194	3	16%
8	埃森哲	27243	3	19%
9	三星	24007	4	23%
10	百度	23559	5	-19%
11	Intel	21919	2	18%
12	甲骨文	21359	2	10%
13	华为	20388	3	9%
14	YouTube	16785	4	N/A
15	思科	16725	2	15%
16	HPE	14018	3	N/A
17	领英	13594	4	10%
18	Salesforce	12234	2	23%
19	Netflix	12057	2	30%
20	Snapchat	12026	4	N/A

资料来源:BrandZ. *Top 100 Most Valuable Global Brands 2017*. London: 2017。

（3）快餐行业:回归核心业务,专注于服务顾客。2017 年快餐行业品牌价值总额达到 2137 亿美元,同比增长 7%。其中汉堡王和达美乐披萨增长最快,分别为 39%和 29%。快餐类品牌的经营目的明确:制作快速,经济实惠,有助于解释为什么快餐类品牌在过去的 12 年中品牌价值增长 319%。

2017 年,快餐品牌回归基础,提高产品的品位和经验。在经营重心转移中,快餐品牌旨在服务他们的核心客户,而不再试图将消费者从更高档的休闲餐饮吸引过来。快餐公司也开始树立品牌形象和数字创新,扩大特许经营网络。

对于麦当劳和汉堡王来说,回归基础意味着制作一个更好的汉堡,以面对来自小型汉堡连锁店的日益激烈的竞争和改善消费者的期望。同时,肯德基升级了厨房,回到原来的炸鸡食谱。快餐类食品一直受到消费者对食品成分健康问题的担忧的压力。麦当劳率先开始回归到基础业务中,每一季度均对冷冻鲜肉进行严格质量审查,反映了快餐食材必须保持新鲜和健康已经成为大趋势。肯德基与其他快餐品牌(包括麦当劳和赛百味)联合声明,不再使用含有某些抗生素的鸡。

表 1-5　全球快餐类品牌最具价值 10 强

排名	品牌名称	品牌价值(2017,百万美元)	品牌贡献	价值变化
1	麦当劳	97723	4	10%
2	星巴克	44230	4	2%
3	赛百味	21713	4	1%
4	肯德基	13521	3	9%
5	必胜客	8133	3	-2%
6	达美乐披萨	6289	3	29%
7	Tim Hortons	5893	4	26%
8	Chipotle	5722	3	-29%
9	Taco Bell	5388	3	N/A
10	汉堡王	5116	2	39%

资料来源:BrandZ. *Top 100 Most Valuable Global Brands 2017*. London: 2017。

(4) 电信行业:并购持续,向娱乐和内容转型。2017 年电信行业品牌价值总额达到 4482 亿美元,同比增长 6%。其中美国移动运营商 AT&T 和日本电信运营商 NTT 增长最快,分别为 7%和 3%。

在过去的 12 年中,电信行业排名第一的美国电信运营商 AT&T,品牌价值增长了 1623%,电信行业前十强的品牌价值相比上涨了 173%。在这一时期,AT&T 和其他 9 家公司都被视为具有重要意义的品牌,当公司规模扩大时,需要建立基础设施来扩大网络,并通过长期合同的积累赢得更多高忠诚度客户。

电信类品牌前 5 名在前 10 名中的品牌价值占据约四分之三的份额,与 12 年前大致相同。由于规模差异,较大的电信供应商拥有更广泛的投资渠道,将投资从语音和数据转向娱乐和内容方面。因此,前5名电信运营商比后5名具备更明确的品牌战略、品牌体验和有意义的品牌差异。但是被视为有意义的品牌差异下降,表明电信提供商从话音和数据渠道向娱乐和内容方面的战略性转变可能正在获得牵引力。

本年度是各大品牌行动不断的一年。随着兼并和收购不断,各大电信运营商采取措施,以向内容和娱乐转型,建立面对消费者的娱乐业务,并在互联网上定位自己的领导地位。而挑战者品牌试图破坏这种平衡。这种转变扩大了竞争集合,这些动态在美国尤为明显。一年前收购美国在线(AOL)后,Verizon 谈判收购雅虎。AT&T 成功收购媒体巨头时代华纳,此前它收购了美国最大卫星电视运营商 Direct TV。这些收购将促使 Verizon 和 AT&T 成为娱乐提供商,并加强他们对千禧一代所青睐的互联网娱乐的控制。Verizon 还收购了技术公司,特别是信息通信技术公司,准备在物联网领域巩固自己的领导地位。AT&T 在物联网中扩展的行动包括确立与 IBM 的合作关系。

表 1-6　全球电信类品牌最具价值 10 强

排名	品牌名称	品牌价值(2017,百万美元)	品牌贡献	价值变化
1	AT&T	115112	3	7%
2	Verizon	89279	3	-4%
3	中国移动	56535	4	1%
4	Xfinity	41808	3	N/A
5	德国电信	38493	3	2%
6	沃达丰	31602	3	-14%
7	Movistar	22002	3	0%
8	NTT	20197	2	3%
9	Orange	17180	3	-7%
10	BT	16026	3	-14%

资料来源:BrandZ. *Top 100 Most Valuable Global Brands 2017*. London: 2017。

(5)服饰行业:同业竞争与购物方式转变阻碍增长。2017年服饰行业品牌价值总额达到1059亿美元,同比增长-7%。其中阿迪达斯和露露柠檬的增长最快,分别为58%和17%。上一年度,由于运动服装和快速时尚两大元素驱动服饰行业实现了14%的高速增长。本年度,给予顾客更大的自主裁量权去选购产品、寻求耐久性强和高价值的服饰成为趋势。如阿迪达斯,本年度顺应趋势发展,调整零售策略,实现了品牌价值58%的高增长。2017年,耐克仍然是服饰行业中最具价值的品牌。耐克在保持其权威性的同时,面临着更激烈的时尚竞争,尤其是针对女性客户的品牌竞争。

2017年,快速时尚品牌经历了具有挑战性的一年,原因有几点,包括同业竞争加剧,欧洲和美国部分地区销售放缓以及汇率压力等。在过去的几年里,消费者的衣柜里塞满了以季节性设计为主的服饰,他们放慢了购买的速度,寻找那些不仅舒适,而且也适合于在工作日与健身房穿着,最后能和朋友一起出去的服饰。所以各大品牌均调整经营策略,迎合消费者的需求和偏好。

21世纪的消费者对购买到适合自己的服装的预算支出是有限的,他们热衷于其他优先事项,如旅游等。他们仔细挑选混搭或彰显他们个性化的商品,于是出现了复古潮流风:复古高帮运动鞋搭配着智能穿戴,如智能手机和耳机。同时,另外两大趋势:全球化和城市化,也深深影响着服饰行业。因为服装营销人员更加重视来自上海、纽约、伦敦和世界其他地区的年轻消费者,他们具有相同的品位、价值观和品牌偏好。

表1-7　全球服饰类品牌最具价值10强

排名	品牌名称	品牌价值 (2017,百万美元)	品牌贡献	价值变化
1	Nike	34185	4	-9%
2	Zara	25135	3	0%
3	H&M	10482	2	-17%
4	Adidas	8296	3	58%
5	优衣库	7570	3	-12%
6	Under Armour	5875	3	-12%
7	维多利亚的秘密	5028	3	-19%
8	露露柠檬	3570	4	17%
9	拉尔夫·劳伦	2992	4	-14%
10	Massimo Dutti	2831	3	N/A

资料来源:BrandZ. *Top 100 Most Valuable Global Brands 2017*. London: 2017。

(三)“走出去”的中国品牌

在过去的几年,中国品牌逐渐走向世界,并被全球消费者逐渐认可。在中国政府开展供给侧改革与经济结构战略性调整之际,中国品牌和全球消费者切身地感受到这一转型所带来的质的变化。现在中国政府的重点是维系好三十多年改革开放的丰硕成果:向更具竞争力的经济转型,同时小心平衡经济波动和稳定国内需求。

在新的消费驱动时代,中国的去产能政策和供给侧改革对国内的不同行业产生了深远影响,尤其是对以市场驱动为主的品牌相比较于国有企业品牌,普遍更加受到市场青睐。仍然依赖于旧经济模式的银行、保险和石油天然气行业面临着挑战。当然也有例外。白酒、食品和乳制品行业存在着大量国有企业的品牌,品牌价值仍在不断增加,通常是因为个别品牌的营销活动。例如,中国白酒的几个品牌,尽管在政府打击官方的奢侈娱乐之风后出现下跌,在近期复位反弹后,品牌价值持续增长。在 BrandZ 全球最具价值品牌排行榜中,中国茅台在品牌价值增值最快榜排名第二,同比增长 48%。

经济再平衡对消费者的购买行为造成了不同程度的影响,导致了生产驱动型经济中的产业失调,但是同时也帮助了城市的中产阶层与从事服务业等相关行业的从业者。政策调整影响了不同的品牌和产品种类,在快速消费品行业中尤为明显。针对低收入消费者的大众产品的销售放缓,中产阶层的所需的高端化产品逐渐增多。

除了这些之外,品牌还与媒体多元化相融合。电子商务和社交媒体的迅速发展已经完全融入中国消费者的日常生活中。在数字生态系统方面,中国走在了欧美国家的前面。视频直播的重要性也在逐渐上升,新的媒体平台与传统网站相匹配,直播正迅速流行起来。

中国的“一带一路”国家建设将中国品牌提升到一个更高的品牌宗旨与发展规划,鼓励将国内过剩的产能向全球扩张,培育海外市场。在 BrandZ 的全球最具价值百强排行榜中,第一个中国品牌出现在 2006 年,国有企业中国移动。2017 年,全球排名前 100 位中有 13 家中国品牌,占据了品牌价值总额的 11%。从 2006 年以来,中国品牌在全球 100 强中的品牌价值增加了 937%。中国品牌大多来自占主导地位的国有企业:白酒、银行、保险、石油天然气,以及像中国移动这样的电信运营商。

但随着中国经济转型升级,更多的企业品牌出现在全球 100 强品牌中,更能代表中国未来的发展方向,包括电子商务巨头阿里巴巴,在零售行业排名第二,仅次于亚马逊。更多的科技品牌出现在排行榜上:中国最有价值的品牌互联网巨头腾讯、搜索引擎巨头百度、消费移动设备业务的电信巨头华为等。

科技品牌的集中出现说明了中国品牌的海外消费观的转变。最近谷歌联合品牌咨询机构 BrandZ™进行的全球研究发现,中国的企业家和互联网品牌正渐渐被海外市场接受。随着资本的注入,这些更小的、更灵活的品牌能够迅速在海外建立市场,甚至有时会快于在中国内地的发展。

这一系列的变化在年轻人的感知中是最为明显的。BrandZ™在 18 个国家展开调研后,发现在 2015 年,年龄范围在 18 到 35 岁的人群中,有 40%认为中国品牌具有创新思维。相比之下,年龄范围在 51 至 65 岁的人群,只有 31%持有这种观点。随着中国品牌加快海外增长的步伐,这种观念的转变可能会继续下去。

表 1-8　三大机构发布全球最具价值品牌(TOP100)的中国品牌

Interbrand				世界品牌实验室				BrandZ			
排名	品牌名称	行业	品牌价值(百万美元)	排名	品牌名称	行业	品牌年龄	排名	品牌名称	行业	品牌价值(百万美元)
70	华为	科技	6676	36	国家电网	能源	14	11	腾讯	互联网	108292
100	联想	科技	4004	40	中国工商银行	银行	32	13	阿里巴巴	零售	59127
				43	腾讯	互联网	18	15	中国移动	电信	56535
				62	中央电视台	传媒	58	21	中国工商银行	银行	31570
				76	海尔	白电	32	22	百度	互联网	23559
				79	中国移动	电信	16	41	华为	科技	20388
				81	华为	计算机与通讯	29	50	中国建设银行	银行	18770

续表

Interbrand				世界品牌实验室				BrandZ			
排名	品牌名称	行业	品牌价值（百万美元）	排名	品牌名称	行业	品牌年龄	排名	品牌名称	行业	品牌价值（百万美元）
				90	联想	计算机与通讯	32	62	中国平安	保险	17260
								63	中国茅台	白酒	16983
								65	中国农业银行	银行	14981
								68	中国人寿	保险	13910
								70	中国石化	石油	12639
								71	中国银行	银行	12013

资料来源:Interbrand: *Best Global Brands 2017*; BrandZ: *Top 100 Most Valuable Global Brands 2017*;世界品牌实验室《世界品牌 500 强》。

二、 年度发展特点分析

纵观 2017 年全球最具价值品牌 100 强,所有的企业品牌都是在围绕着消费者生活速率加快的变化而调整经营策略。2017 年,全球百强品牌企业在适应消费者的新需求与新偏好和维护自身品牌的市场地位的过程中,呈现了一些新的发展特点与规律:

(一) 目标化

对于品牌,具备品牌目的不是新鲜,但是现在变得更加重要。在一个充满不确定性的动荡世界里,人们会寻找答案和安全感。目的对人和品牌都有影响。在过去 12 年里,有明确目的的品牌的价值增长率要比没有明确品牌计划的品牌增长率快三倍。目的可以是完全功利的。或者它可以帮助改善世界,越来越多的消费者,特别是年轻人,被吸引到品牌发展中来,以真实的方式改变世界,不仅仅是赚钱。

品牌目标是一家公司成长的原动力:最基本的信念和最高的目标。强烈的使命感吸引着人才进入公司,使每位员工融入公司文化中,逐步扩散公司的品牌影响力。全球品牌咨询机构 Interbrand 的最新数据显示,84%的公司高管认为,一个有共同目标的公司在主营业务转型中会更成功;在以品牌目标作为公司运作方针的公司,有 83%实现了长期收益的稳步增长。相反,仅仅依靠包装产品、不重视品牌目标的公司中,只有 31%实现盈利;82%的公司员工和高管对有强烈使命感的公司更有信心。

(二) 差异化

差异化为品牌带来了竞争优势。这是诠释品牌竞争力的三要素之一(其余两个要素为品牌意义与品牌特征)。在过去的 12 年中,全球最具品牌价值百强的品牌中,被视为最具有差异化的品牌的价值增长了 258%,而那些被视为最缺乏差异化的品牌价值仅增长 21%。消费者通常认为科技类品牌是具有差异性的。对于具有悠久历史和丰富品牌文化遗产的品牌来说,实现差异化是非常具有挑战性的。但是在过去几十年中幸存下来的每一个成功品牌,都是实现了对最初成功的差异化。对于每个品牌,重要的是重新发现自身的这种差异,并使之与今天的市场相融合。

(三) 灵活性

每个行业都不会是一成不变的。某些品牌,特别是具备科技类生态系统的,会受益于自身的灵活性。这些品牌更容易扩展到不同的行业,完善本品牌的生态系统。如电子商务巨头阿里巴巴,依靠淘宝、天猫和支付宝等子品牌的灵活性优势,不断拓展到快餐、娱乐与内容、足球、汽车等多个行业。多元化发展的品牌认为,企业应该关注消费者的需求而不是界定行业的范畴。分类有助于经营组织和定义市场,但当它们成为对创新的任意定义和约束时,它们就失去了实用性。

(四) 责任感

像"真实性"和"透明"这样的词已经成为品牌词典的一部分,目前,它们变得更加重要。随着众多知名企业出现产品质量丑闻,公众对品牌产生越来越多的怀疑与失望。因此，对于品牌来说，具备服务社会的责任感是必须的。诚实守信，做品牌应该做的事：为人们提供优良的产品和服务，并提醒人们：品牌有助于提升公众的生活品质。

（五）做好准备

许多品牌已经投入了大量的精力来培养个性化的客户关系，有时是基于共同的价值观。对消费者来说，更紧密的联系使一些品牌看起来更像是朋友而不是陌生人。同时，每个人都会对自己的朋友们有一些期望，希望当共同的价值观受到侵犯的时候朋友们能够站出来维护。所以在围绕移民、包容、气候变化和其他问题的地缘政治动荡中，消费者往往希望品牌能够站出来。采取立场可能是有风险的，尤其是对于具有广泛市场的大众品牌。因此，坚持清晰的品牌价值观可能会可取，在这些动荡时期，品牌总是被呼唤出来。所以品牌需要准备，准备好地震工具箱。

三、全球品牌发展的未来趋势

在过去的十几年中，全球品牌 100 强的演变反映了科技对品牌增值的巨大优势、全球金融危机的破坏性影响，技术创新的变革和关于健康的消费观念的转变。2006 年在 BrandZ™ 全球品牌十强榜单中，仅有谷歌、微软和 IBM 依然出现在 2017 年全球品牌十强排行榜中，他们都以各自的方式保持着品牌的活力与创新，顺应全球经济与市场发展的新趋势，为消费者带来更新换代的产品与服务。分析当今全球的品牌特征与千禧一代的消费观念的转变，未来全球品牌的发展将呈现出以下可能存在的十大趋势：

（一）回归到市场：计划明天，销售今天

一年前，汽车品牌响应全球节能减排号召，纷纷制定了未来发展新能源汽车的战略规划。同时，汽车品牌也响应消费者的直接需求，其中许多人购买了耗油量大的大型 SUV，尽管他们表示了对气候变化的关注和担忧。同样，石油

和天然气品牌继续钻探,同时也将能源重心逐步转向天然气和可再生能源。汽车、石油和天然气品牌都处于同样的紧张状态:在满足顾客需求的基础上维持一个业务,同时期望并帮助顾客创造一个他们明天生活的可持续的世界。而这两个行业需要长期的战略规划,持续投入巨资和复杂的博弈。这些都需要依靠各方面共同支持,如消费者研究报告、气候科学和不可知的地缘政治因素。

(二) 采取立场:地缘政治动荡没有藏身之地

在 2016 年之前,大多数品牌都能避免政治与文化冲突。然而,随着 2016 年 6 月 23 日英国脱欧公投、美国大选特朗普上台等事件发展,投票结果在伯仲之间,令人难以意料。因为英国、美国和其他地方的人们所持观点均衡对峙,许多品牌可能会取悦其中一半的顾客,但疏远了另一半。有明确品牌发展目标和品牌价值观的大众品牌有更多的发言权。然而即便如此,在更大的社会背景下,而不是在分裂的政治中,更为合理的观点是安全的。所以,品牌合理表达自身的价值观,以便服务更多消费者才是明智之举。

(三) 品牌宗旨:更快的价值增长取决于自身定位

地缘政治的分歧,以及品牌是否需要采取立场的问题,使得品牌宗旨更加重要。消费者,尤其是年轻人,期望品牌有明确的战略定位和服务理念,往往不仅仅是为了改善消费者的生活,甚至是改善世界。因此,品牌需要为未来的增长奠定基础,而不是对过去增长的重新解释。品牌咨询机构 BrandZ™ 发现品牌宗旨为品牌的其他生命体征的基础:创新、沟通、品牌体验和爱。在过去的 12 年里,具有明确品牌宗旨的品牌(如使生活更美好)的价值增长了三倍。

(四) 合作共赢:品牌间产生强大的协同效应

诸如物联网和自动驾驶等技术的出现,加速了 B2B 类(企业对企业)和 B2C 类(企业对消费者)科技品牌之间的互动交流与技术协作。汽车品牌与科技品牌的融合提升,促使利用智能手机数据实现个性化调整汽车座椅、方向盘和娱乐系统。有时,行业间的间隔或品牌多元化发展的强大源动力促使不同行业的品牌间产生更多的合作。比如,2017 年 2 月 20 日,电子商务巨头阿里巴巴联合百联集团在上海宣布达成战略合作。百联集团是上海市国资委全资拥有的大型零售企业,是中国最大的多元化全业态零售集团。双方表示将基于大数据和互联网科技,在新零售技术研发、全业态融合创新、高效供应链整合、支付金融互联、物流体系协同等多领域展开合作。当日,深交所上市的百联股份在 1 小时内涨停。又如,2016 年 9 月 20 日,沃尔玛宣布正式以 33 亿美元收购电子商务初创企业 Jet.com。沃尔玛拥有超过 11000 家实体店铺,通过借助 Jet.com 的电子商务平台,将为消费者打造从应用到网站再到实体店的无缝购物体验。

(五) 以城市为中心:共同利益界定市场

国家间或地区间正在以一种新的方式联系在一起。在购买服装、银行、啤酒、汽车、保险等不同行业的产品或服务时,生活在布鲁克林、上海或者伦敦的年轻人会分享着更多彼此间的共同点,而不是在各自国家的生活细节。在全球化和信息化的大趋势下,这些跨国关系暗含着巨大的潜在品牌机遇。品牌通过这种新的人口透镜来看待他们的市场。

(六) 合并与分裂:行业内的力量违背物理学定律

在行业内,相反的市场力量使市场分裂,也产生了合并的契机。2016 年 9 月 28 日,百威英博啤酒集团(AB InBev)以超 1000 亿美元(790 亿英镑)的价格成功收购世界上最大的啤酒公司之一 SABMiller。百威英博拥有啤酒行业中最快的分销网络,SABMiller 的分销网络仅次百威。但是两大网络并没有出现太多的重叠:百威主攻西方、亚洲和拉丁美洲北部市场;SABMiller 主攻南美洲和非洲。《华尔街日报》表示,新公司将坐拥全球啤酒行业约 46%的利润和 27%的销量。对收购方而言,一个啤酒品牌的品牌价值很大程度上由收购方的品牌推广成效决定。显然,啤酒制造巨无霸将更有力地控制啤酒分销网络,更多的手工精酿啤酒将会出现在彼此市场上。

(七) 新与旧：年轻人追求复古作为现代的解毒剂

年轻人寻求最新、最快的应用程序，与此同时，他们还表示需要放慢速度。年轻人用手机耳机听音乐，他们也买了更多的唱片。虽然拍照手机的成像效果日渐精益，但是21世纪的年轻人购买了更多的复古单反相机。精酿啤酒和精装可乐代表这种复古风格。90年代的服饰再次流行，高跟运动鞋也很流行。阿迪达斯的品牌价值今年增长了58%，超过其他品牌，部分原因是它的经典运动鞋非常流行。

(八) 忠诚：品牌寻求可供出售的时刻

选择低廉的价格进行促销，以及品牌容易受到新品牌的冲击是消费者忠诚度很难培养的原因之一。此外，忠诚并不总是时髦的。基于个性化的自我表现，服饰消费者更愿意尝试混搭，设计个人风格而不是穿着同样的品牌或由设计师从头到脚设计的服装。同样，个人护理消费者会从众多品牌中挑选最新的护肤产品。为了应对这种购买日趋多样化的局面，各大品牌会试图在合适的时机与消费者接触，从而引发消费者的购买欲望，并且加大在手机客户端促成销售。

(九) 商店回归：互动性和小型化使得商店重新流行起来

电子商务仍然处于发展成熟阶段。成熟市场的零售商继续关闭产能过剩的房地产。但是商品实体店又回归市场了。实体商店体积小、方便、互动、充满现代科技感，成为品牌体验的重要表现形式，尤其是在服装和奢侈品等领域。阿迪达斯在伦敦开设了女子健身班；Lululemon 的一家旗舰体验店在纽约开业；网上眼镜品牌 Warby Parker 线下布局更多的实体店。尽管近些年互联网金融服务发展迅速，但是银行的分支机构与营销网点仍然是银行与消费者建立关系和建立信任的重要途径。壳牌加油站依然是在回家途中购物的地方。最终确定实体店的重要性的是来自亚马逊的 Amazon Go，这是电子商务巨头亚马逊开设的第一家具有自动结账功能的实体店。

(十) 重视对知识产权的开发与保护

发达国家一向把知识产权作为经济发展的重要根基,政府不断致力于拓宽知识产权的保护范围。美国政府陆续将基因工程、计算机软件、互联网经营模式、金融产品等传统的非专利事物纳入知识产权的保护范围中,从而保护本国最新的研发成果,维护企业的竞争优势。日本则试图扩大知识产权法律的应用范围,将保护对象从产品扩大到研发工艺和判定标准,这样,知识产权制度的保护时间就从“生产后”提前到“生产中”、甚至“生产前”,从而从源头上遏制了侵权行为发生的可能性。在新型商标方面,2015 年开始,日本允许使用以颜色、声音、位置、全息影像等作为表现形式的新型商标。

发达国家、跨国公司和产业联盟还力争将自己拥有的专利技术转变为行业技术标准,从而形成事实上的技术垄断,标准化成为专利技术追求的最高形式。发达国家的企业之间常常建立技术联盟,构筑专利池,形成行业内的事实标准。日本积极参与新兴产业中的国际标准制定,以在智能电网、电动汽车和家用机器人等特定领域获得国际标准为目标,与各国合作进行全球标准技术开发。美国一些高新技术企业常常把规则性的东西做成国际标准,然后把这种标准性的路径设定成专利进行注册,最终占领国际市场。

四、 全球品牌发展的启示

这是一个高度数字化、全球化和城市化的时代,也是一个商业王者剧变的时代。据估计,到 2020 年,将有大约 300 亿台设备连接到互联网,世界上一半以上的人口将成为网民,大约 60%的人将住在城市。与此同时,一些最先进的公司将被新兴市场涌现的公司所取代,发达国家内部的公司也将不断更新换代。根据 innosight 的研究,标准普尔 500 强公司在 1965 年的平均寿命是 33 年,到 2026 年将降至 14 年,预计未来 10 年将有一半标准普尔 500 强公司被替换。如何在飞速发展的时代打造中国品牌? 我们认为,政府和企业要注重以下三点。

(一)从“单枪匹马”到注重企业品牌战略合作

未来的企业增长在很大程度上取决于它们将技术集成到产品创新过程中的能力,因此企业联盟在今天比以往任何时候都更为重要。传统企业和新兴科技企业之间通过战略合作,将资源、人才和创造力结合起来,已成为众多企业首选的商业战略。在今年的法兰克福车展上,传统汽车制造商梅赛德斯—奔驰与高通携手,发布了具有无线充电功能的纯电动概念车梅赛德斯-EQA。德国汽车又一次走在创新和变革的前沿,成为技术的开拓者,梅赛德斯—奔驰也因此蝉联全球最具价值的汽车品牌。多年以来,中国的汽车品牌始终逃不开低质低价的刻板印象。近年来中国品牌汽车加大研发投入和产品设计,不仅在外观设计、性能配置、产品质量上有了一定的提升,而且以移动互联网、新能源、新销售模式为契机,通过企业与企业间的合作、企业与高校和研究院的合作等,打造出多款明星产品,从而助推自主品牌影响力的跃升。在无人驾驶等科技浪潮的推动下,BAT 等中国顶尖的科技公司也通过投资传统车企,正式入局“新造车企业”。创新和企业合作不仅是中国汽车品牌不断发力冲向高端的必经之路,也是所有品牌在激烈的市场竞争中把握先机,保持企业旺盛的生命力的源泉。

(二)从注重“现在”到着眼“未来”的品牌需求

中国年轻人群的成长背景与上一代有很大差别,他们普遍接受过良好的教育,有一定的购买能力,且比父辈具有更强的品牌意识。新生代对品质与精神的双重诉求会成为消费变革决定性的推动力量。年轻一代喜欢的品牌普遍具有如下特征:平等、透明、相关性和个性化的解决方案。在消费驱动的时代,售卖生活方式,粉丝经济,社交需求,小众需求,基于大数据的精准营销,与互联网设备的无缝对接等新型产品战略,对传统的价格驱动战略提出了巨大的挑战,这或许是一场摧枯拉朽的消费变革。在 Zara 的青年设计师项目中,品牌为世界各地富有抱负的年轻设计师提供专业培训,同时利用他们的设计品位生产系列产品,以迎合年轻人的选择。但这只是一个过于简单的例子,未来要在消费领域占据一席之地,品牌企业需要重构产品设计流程、供应链流程、营销方式、销售渠道,换言之,可能需要整个商业逻辑的再造。但提前布局对传统品牌是至关重要的,因为年轻一代的决策逻辑已经发生了显著的变化,并在未来影响整个市场结构。

(三) 从注重微观到重视国家或城市品牌总体形象的培养

每个国家都有特定的产品形象,如德国的产品常常和严谨可靠、高质量联系在一起,日本的产品则更多地展现了其精致、人性化的一面。中国产品往往摆脱不了廉价、低质量的影子,即使它与那些来自发达国家的产品本身并没有本质的差异。发达国家不仅拥有优秀的企业在国际市场上传达良好的产品形象,政府部门也会站在国家战略的高度,自上而下地部署,从而推动良好的"国家品牌"的建立。韩国的李明博政府为了洗去因国家品牌被过低评价而引发的"韩国折扣"等屈辱,于 2009 年成立了韩国国家品牌委员会。在任务部署上,委员会不仅注重形象宣传,更重视与世界分享韩国的文化理念。自委员会成立以来,韩国的国家品牌提升了数个层次,不仅"韩国制造"广受好评,韩国在旅游和文化方面也开始崛起。英国在 2011 年由前首相卡梅伦首次提出"GREAT 英国"计划,初衷是借伦敦奥运会提升英国的国家形象和竞争力,其后逐渐延伸为一个长期的全球性的国家品牌形象推广计划,致力于将英国打造为全球最佳的旅游、学习、工作和投资目的地。目前中国的品牌发展与发达国家相比,还存在很多问题,如缺少国际知名品牌、品牌影响力弱、话语权小、品牌总体形象欠佳等,中国也可以考虑成立类似的机构,综合管理城市或国家品牌。

参考文献:

Interbrand. *Best global brands 2017*. London: 2017.
Interbrand. *Best China brands 2017*. London: 2017.
Interbrand. *Best China brands 2016*. London: 2016.

BrandZ. *Top 100 Most Valuable Global Brands 2017*. London: 2017.

BrandZ. *Top 100 Most Valuable Chinese Brands 2017*. London: 2017.

World Brand Laboratory. *2017 (the 14th) the World's 500 Most lnfluential Brands*. New York: 2017.

Shixiong Liu, Xiaoshan Wen, Lina Wei, Weihong Zhao. "Advertising persuasion in China: Using Mandarin or Cantonese?". *Journal of Business Research*, 2013(12).

Christian Bluemelhuber, Larry L. Carter, C. Jay Lambe. "Extending the view of brand alliance effects: An integrative examination of the role of country of origin". *International Marketing Review*, 2007(4).

谢京辉:《品牌经济发展与中国经济强国之路》,格致出版社2014年版。

孔晓春、刘红霞:"基于利益相关者理论的品牌价值影响因素研究",《科技管理研究》2014年第17期。

崔从俊:"浅析互联网企业品牌价值评价方法",《中国品牌》2015年第8期。

第二章
上海品牌：发展现状分析与展望

钟斌、吴新宁①

一、2017年上海市品牌发展概况与特点

近年来，上海作为全国的经济发展先行者，率先提出从产品经济向品牌经济转型发展，从注重数量和规模向注重品质和价值转变提升，得到了国家部委的认可和社会各界的响应。同时，上海品牌的发展也见证了上海长期以来的产业结构调整、转型、升级发展的进程。

进入21世纪以来，在上海品牌经济建设过程中，十分注重整合并发挥企业、市场、社会、政府各方作用，构建了产品品牌、企业品牌、行业品牌、区域品牌以及上海城市品牌为一体的品牌经济发展体系，现正努力建设成为国际设计之都、时尚之都和品牌之都，一个系统化的品牌经济发展框架正在形成。就上海品牌经济发展的数量指标方面来说，[截至2017年6月，上海已有中国驰名商标145个、中华老字号180个、上海市著名商标1723个、上海名牌1240项、上海老字号42个。]目前，上海名牌涵盖24大类产品和服务，经济规模占全市规模以上企业主营业务收入比例始终维持在40%以上，成为上海实施“创新驱动，转型发展”战略的重要助推力量，以及建设“四个中心”的重要产业支撑。“上海就是要通过品牌发展经济，充分发挥市场的作用，利用积淀的品牌优势，实现全球品牌内配置资源能力”②，促进上海从产品经济向品牌经

① 钟斌，上海社会科学院经济研究所，硕士研究生。现任职于恒泰长财证券有限责任公司业务经理。吴新宁，上海社会科学院经济研究所博士研究生。

② 上海市副市长周波在2015年上交会的指定论坛——首届中国品牌经济（上海）论坛上的讲话。

济转型发展。

2017 年 12 月,上海市委书记李强提出要建设“上海服务、上海制造、上海文化、上海消费”的上海品牌建设构想。立足新时代新需求,打造更多引领消费潮流、具有强烈时代气息和鲜明上海特色的新品牌;让充分体现城市记忆、文脉特色和鲜明特征的城市地标和论坛展会等平台,成为上海更加响亮的金字招牌。上海要构建全球卓越城市,需要在品牌服务能级上完成升级和构筑战略优势,既要长远谋划,做出长期努力,更要立足当前下功夫,尽快打响四个上海品牌①。

2016 全年实现生产总值(GDP)27466.15 亿元,比上年增长 6.8%;第三产业增加值 19362.34 亿元,增长 9.5%,第三产业增加值占上海市生产总值的比重为 70.5%,比上年提高 2.7 个百分点。按常住人口计算的上海市人均生产总值为 11.36 万元。2017 年上半年,上海完成地区生产总值 13908.57 亿元,按可比价格计算,比上年同期增长 6.9%,增速同比提高 0.2 个百分点。整体来看,上海经济运行总体平稳、稳中向好、好于预期。(具体见图 2-1)

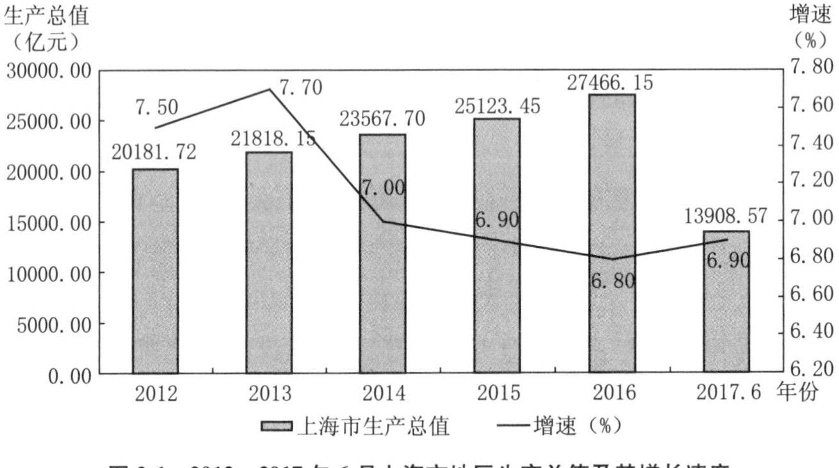

图 2-1　2012—2017 年 6 月上海市地区生产总值及其增长速度

数据来源:《2016 年上海市国民经济和社会发展统计公报》和上海市统计局网站。

---

① 上海市委书记李强在 2017 年 12 月 11 日上海市委学习讨论会上的讲话。四个品牌指“上海服务”、“上海制造”、“上海购物”、“上海文化”四个品牌。

我国“十三五”规划提出,建设上海成为以“综合实力雄厚、产业能级高、集聚辐射能力强”为基本特征的国际经济中心,关键指标是城市功能,最直接的表现是城市品牌,承载主体则是企业品牌。“上海”本身就是一个驰名中外的大城市品牌,上海还需要紧扣供给侧结构性改革,以制度创新和环境优化为抓手,依托“品牌聚合要素,要素孕育创新,创新推动产业,产业提升城市,城市反哺品牌”的循环发展机制,大力发展品牌经济。

坚持推进上海品牌建设和重点发展上海品牌经济,对实现上海国际经济中心的规划目标和引领发展“长江经济带”来说可谓意义重大,具有前瞻性、科学性、针对性。

1. 上海品牌建设发展回顾:活力重现。

(1) 上海品牌建设的辉煌历史。上海的品牌建设历程可以看作中国品牌经济发展的缩影。上海作为中国近现代以来国内重要的民族工业发祥地、民族品牌发源地和集聚地,在 20 世纪 30 年代就诞生了梅林、正广和、冠生园、三枪等一批家喻户晓的民族品牌,至今在上海乃至全国仍具有广泛的品牌影响力。20 世纪五六十年代,上海又发展壮大了一批重点新兴制造业品牌,涌现出像凤凰、永久、英雄、海鸥等一批民用消费类产品,彰显了上海品牌的强劲发展实力和品牌竞争力。80 年代改革开放为上海经济发展注入了新的活力,通过改革和合资合作以及引进国外先进技术,出现了上海宝钢、上海大众汽车等一批具有较强实力的著名品牌;90 年代浦东开放以后,上海经济步入飞速发展的黄金时期,上海品牌也爆发出了新的生机和活力。

回顾全国及上海品牌建设 40 余年走过的历程。大约经过了四个阶段:第一阶段从 1978 年到 1991 年,中国的品牌经济处在启蒙阶段,企业对于品牌的认识还普遍停留在商标层面。第二阶段从 1992 年到 2002 年,品牌经济步入了发展阶段,国家制定了各种各样支持发展国家名牌的措施。第三阶段是 2003 年至 2014 年,品牌经济提升并加速,全国掀起了创建自主品牌的浪潮。第四阶段是 2014 年至今,进入品牌经济与品牌创新阶段(具体内容见表 2-1)。在众多企业和社会各界的共同努力下,中国品牌形象不断改善,知名品牌的国际化程度越来越高。然而,从总体上看,我国及上海的品牌在国际竞争中仍处于追赶和从属地位,自主品牌出口不足10%,特别是上海历史上许多名噪一时的品牌濒临消失、甚至消亡的困境。如何抓住中国经济快速发展的机遇,使中国从制造大国转变为品牌强国仍是我们要面对和研究的重要课题。

表2-1 我国品牌战略发展阶段分析

阶段(时期)	发展目标	政策引导	发展特点
第一阶段(1978年至1991年)	以商标促品牌	1983年,《中华人民共和国商标法》正式实施,中国开始了以注册商标为标志的品牌建设行动。	企业品牌建设处于启蒙状态。
第二阶段(1992年至2002年)	实施名牌战略	1996年,国务院颁布实施《质量振兴纲要(1996—2010年)》,明确提出"实施名牌战略,振兴民族工业"。 1996年8月,国家工商局发布《驰名商标认定和管理暂行规定》。 2001年,国务院批准建立了中国名牌战略推进委员会,开展中国名牌产品的评价认定试点工作。 2002年2月,国家质检总局制定了《中国名牌产品标志管理办法》。	国家逐渐认识到品牌对企业、产业甚至国家发展的重要性,国家工商局等部门积极推动名牌战略,但停留在授予名牌称谓的阶段。
第三阶段(2003年至2014年)	创建和培育自主名牌	2002年11月,党的十六大报告明确指出:"要形成一批有实力的跨国企业和知名品牌。" 2005年6月,国家出台《关于扶持出口名牌发展的指导意见》,加快培育自主名牌,转变外贸增长方式。 2006年,商务部正式对外公示了首批中华老字号的名单。 2007年,党的十七大报告中明确指出,"加快培育我国的跨国公司和国际知名品牌"。	中国虽成为世界贸易第一大国,但中国自主品牌还处于低层次阶段。现今,品牌已经成为衡量一个国家综合实力强弱的重要标准。
第四阶段(2014年至今)	品牌经济与品牌创新阶段	2014年5月,习近平总书记明确提出,推动中国制造向中国创造转变、中国速度向中国质量转变、中国产品向中国品牌转变。 2016年6月20日,《国务院办公厅关于发挥品牌引领作用推动供需结构升级的意见》公布。 自2017年起,国务院将每年5月10日设立为"中国品牌日",开启品牌经济发展的新时代。	我国经济发展进入新常态,品牌经济是以品牌为核心整合经济要素、带动经济发展的高级经济形态,是一个国家或地区综合实力和竞争力的重要体现。

资料来源:根据网络资料整理。

(2)上海品牌经济重现活力。从20世纪90年代中期开始,上海品牌经历了波动、一度衰落、重新崛起的过程。根据上海市名牌推荐委员会发布的《上海名牌20年发展报告》统计数据显示,在20世纪90年代申报的532家名牌企业中,单一产品的企业有385家,占申报企业的72.4%;多产品企业有147

家，占申报企业的27.6%。发展至今，尚存活的单一产品企业只剩31家（包括由90年代多产品发展至今减少为单一产品的企业8家），占存续企业的比例为39.7%。尚存活的多产品企业还剩47家（包括由90年代单一产品发展至今产品质量增加或演变为系列产品的企业11家），占存续企业的比例为60.3%。从上海名牌企业发展的统计数据中可以看出，有相当一批上海品牌企业在工业发展和消费市场中逐渐退出，甚至消失在普通民众视野中。当然，与此同时，也有不少优质上海品牌企业在激烈的市场竞争中获得了发展，无论是企业生产规模还是产品知名度和美誉度都与日俱增，获得更加广泛的市场影响力。

从总体上看，上海品牌在波动中逐步焕发出新的发展活力。2014年是上海名牌战略实施暨上海名牌推荐工作开展20周年，经过20年的发展，上海名牌从1995年的152项增长到2013年的1206项，增长了近7倍，其中名牌产品共计943项，比1995年增长了近5倍。名牌企业总资产规模由不到200亿元增长到1.44万亿元，增长了50多倍。在总数达1206项的上海名牌中，其涵盖了24大类产品和服务，经济规模占全市规模以上企业主营业务收入比例始终维持在40%以上，成为了上海实施“创新驱动，转型发展”以及建设“四个中心”的重要助推力量，也是未来上海建设国际设计之都、时尚之都、品牌之都的主要载体。

回顾20多年的品牌发展过程，上海名牌在伴随上海经济社会发展、不断追求创新发展、自主品牌建设工作方面取得了不错的成绩。上海名牌战略的有效实施，推动了产业结构的优化转型，推动了产品和服务总体质量水平的提升，推动了全社会质量意识、品牌意识的增强。在国家名牌战略作为实现由经济大国向经济强国转变、促进国民经济持续快速发展和全面建设小康社会的背景下，如何从“上海名牌”战略推进转向“上海名牌”、“上海制造”、“上海服务”等品牌无形资产保护方向，推动本土品牌的国际化、“走出去”并参与全球市场竞争，都显得十分必要和迫切。未来上海名牌将逐步形成政府、行业、企业品牌建设体系的合理布局，各方将进一步合力规范上海名牌推荐程序，加强名牌培育与保护。

2. 上海市“中华老字号”品牌承载城市发展印迹。“中华老字号”品牌是我国企业品牌领域的重要标识,反映的是中华文化长期以来各个领域发展的高峰与成就。获得“中华老字号”称号的,往往都是历史悠久、拥有世代传承的产品、技艺或服务,具有鲜明的中华民族传统文化背景和深厚的文化底蕴,取得社会广泛认同,形成良好信誉的品牌。对于中国广大消费者来说,老字号企业不仅是城市的知名品牌,同时具有各地深厚的文化底蕴。大白兔奶糖、冠生园奶油话梅、光明牌冰砖,上海这些老字号让人想起“小时候的味道”;红灯牌收音机、蝴蝶牌缝纫机、张小泉剪刀、永久牌自行车……这些上海老字号品牌不但承载着几代人的记忆和追求,也是上海轻工业曾经领先的标志。

进一步看,中华老字号品牌所凝聚的品牌价值不仅是企业竞争力的反映,而且还代表着所在城市的形象。一方面,评价品牌的好坏主要切入点就是其品牌价值,尽管现在对品牌价值的评价方法上没有统一口径,但不可否认的是一个品牌价值的大小很大程度上代表着品牌的知名度、美誉度和忠诚度;另一方面,品牌价值是品牌管理要素中最核心的部分,也是品牌区别于同类竞争产品的重要标志。关于品牌竞争优势,迈克尔·波特认为品牌的资产主要体现在品牌的核心竞争力上,同时也是品牌精髓所在。

(1)上海中华老字号价值排名情况:2013—2014年。2014年8月20日,由《品牌观察》杂志委托中国品牌研究院进行评估的“2014年中华老字号品牌价值百强榜”发布。全部100个上榜品牌的总价值为11643.53亿元,与2013年相比,增长16.43%;平均每个老字号的品牌价值高达116亿元,与2013年相比,增长16%。值得关注的是,2014年中华老字号品牌价值名列前10位的分别是:茅台(997.24亿元)、五粮液(893.25亿元)、洋河(760.21亿元)、青岛啤酒(636.62亿元)、同仁堂(424.31亿元)、泸州老窖(375.21亿元)、稻花香(333.21亿元)、张裕(313.24亿元)、利群(300.32亿元)、光明(299.75亿元)。与2013年前10位相比,其中来自上海的中华老字号品牌占有一席(光明),从2013年的第9位下降到第10位,品牌价值总量也略有下降,但总体来说,各品牌总价值处于稳步增长的态势(榜单前10情况见表2-2)。

表 2-2　2013—2014 年中华老字号品牌价值排名(前 10 名)

位次	2013 年			2014 年		
	品牌名称	地区	品牌价值	品牌名称	地区	品牌价值
1	茅台	贵州	966 亿元	茅台	贵州	997 亿元
2	五粮液	四川	890 亿元	五粮液	四川	893 亿元
3	洋河	江苏	716 亿元	洋河	江苏	760 亿元
4	青岛啤酒	山东	610 亿元	青岛啤酒	山东	637 亿元
5	同仁堂	北京	390 亿元	同仁堂	北京	424 亿元
6	泸州老窖	四川	355 亿元	泸州老窖	四川	375 亿元
7	稻花香	湖北	330 亿元	稻花香	湖北	333 亿元
8	张裕	山东	296 亿元	张裕	山东	313 亿元
9	光明	上海	290 亿元	利群	浙江	300 亿元
10	大商	辽宁	268 亿元	光明	上海	299 亿元

资料来源:品牌观察网“2013 和 2014 年中华老字号品牌价值百强榜”。

根据中华老字号品牌价值百强榜显示,在 2014 年中华老字号品牌价值百强榜单上,所属地区在上海的企业有 14 家,品牌价值总量为 1714 亿元,占上榜品牌价值总量的 14.7%,尽管在前 10 位排名中不占优势,但价值总量上排在各省市的前列。具体来看,上海地区企业在百强榜中排名和品牌价值分布情况见表 2-3 所示。

表 2-3　2014 年中华老字号品牌价值百强榜中上海企业分布情况

排名	品牌名称	品牌价值	所属行业
10	光明	299 亿元	食品
15	老凤祥	223 亿元	珠宝首饰
16	恒源祥	197 亿元	服装
19	开开	176 亿元	服装
20	三枪	165 亿元	服装
23	上海轮胎	148 亿元	其他
25	古今	144 亿元	服装
30	新世界	113 亿元	商业
35	海螺	72 亿元	服装

续表

排名	品牌名称	品牌价值	所属行业
47	培罗蒙	50 亿元	服装
52	冠生园	43 亿元	食品
74	美加净	30 亿元	日化
76	杏花楼	30 亿元	餐饮
86	白猫	24 亿元	日化

资料来源:根据网络数据整理。

从细分行业情况看,在 2014 年中华老字号品牌价值百强榜单上的上海企业在行业分布方面特点很明显,多数是服装行业,其次是日化和食品行业,老百姓耳熟能详的“白猫”和“光明”等品牌不仅长期在上海扎根经营,而且在全国普通百姓的日常生活也随处可见。这样的行业龙头企业与上海轻工业的发展历史有互相印证的效果,可见民族工业的繁荣直接决定了在此基础上诞生的老字号品牌的兴荣,另外也说明了上海在保护和发展中华老字号方面不遗余力,老字号自身不断寻求创新发展,企业合作竞争力不断增强(具体见图 2-2)。

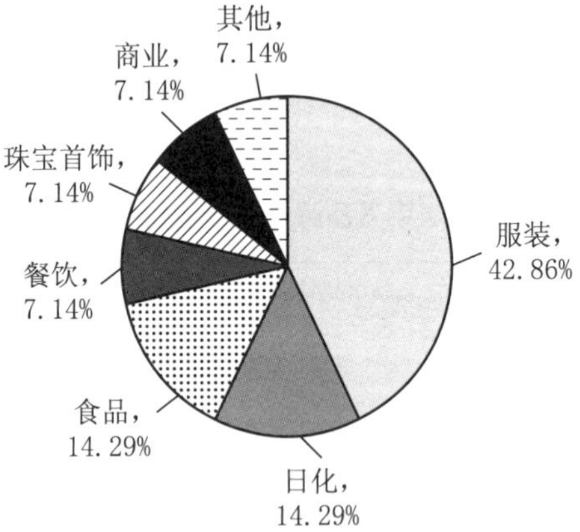

图 2-2　2014 年中华老字号品牌价值百强榜上的上海企业其行业分布情况

资料来源:根据网络数据整理。

(2)上海辖区中华老字号价值排名情况:2016 年。

2016 年 12 月 12 日下午,由中国品牌建设促进会、中国国际贸促会、中国资产评估协会等单位联合举办了“2016 年中国品牌价值评价信息发布会”。会上发布了涉及 654 个品牌的 2016 年品牌价值评价结果,品牌评价的种类涉及企业品牌、产品品牌、区域品牌和自主创新品牌,其中首次对中华老字号品牌价值进行了专项评价和发布。

中华老字号品牌是中国品牌的重要组成部分,为此,今年的中国品牌价值评价工作以老字号品牌的品牌价值评估为重点,首次对众多中华老字号品牌进行了品牌价值的专项评估,并对此予以专项发布。

表 2-4　2016 年中华老字号品牌品牌价值专项评估上海入榜名单

排名	企业名称	地区	品牌强度①(百分制)	品牌价值(亿元)
5	光明乳业股份有限公司	上海	873	157.19
10	上海老庙黄金有限公司	上海	917	52.71
11	上海亚一金店有限公司	上海	865	37.03
14	雷允上药业有限公司	上海	850	27.57
18	上海老城隍庙餐饮(集团)有限公司	上海	862	8.63

资料来源:2016 年中国品牌价值评价信息榜单。http://www.china-brand.org.cn/ppfbh/2016fbh/.

在本次评价中,青岛啤酒以 357.87 亿元的品牌价值位居老字号企业品牌价值的首位;东阿阿胶以 340.53 亿元的品牌价值紧随其后;片仔癀位列第三,其品牌价值达到 248.23 亿元。稻香村食品集团有限公司、全聚德以及中国茶叶有限公司同样表现出了强大的品牌竞争力,分别以 112.34 亿元、91.12 亿元和 28.76 亿元分列第七、第八和第十一位。另外,传统老字号郫县豆瓣以 649.84 亿元名列地理标志产品区域品牌第三名。

① 品牌强度是评价中华老字号的品牌价值品牌强度三个维度之一,另外两个维度是财务分析,市场分析。其中,评价品牌强度的子维度有:(1)市场性质。市场壁垒情况,壁垒越高,品牌强度得分越高。(2)稳定性。越早进入市场,品牌拥有忠诚消费者越多,得分更高。(3)品牌在同行业中的地位。对市场影响力越大,得分越高。(4)行销范围。行销范围越广,产品销售领域越大,抵御竞争者和扩张市场的能力越强,因而得分越高。(5)品牌趋势。品牌越具时代感,与消费者需求趋于一致,越具价值。(6)品牌支持。获得持续投资和重点支持的品牌通常更具价值,注重投资的效率与质量。(7)品牌保护。有商标专用权等,受法律保护的具有更大市场价值。

本次中华老字号品牌榜单共有20家老字号品牌企业入围,品牌总价值达到1918.67亿元。排名第一、第二位都是山东的企业,青岛啤酒股份有限公司和东阿阿胶股份有限公司,品牌价值分别为357.87亿元和340.53亿元,位于第三位的是福建的漳州片仔癀药业股份有限公司,品牌价值为248.23亿元。上海的光明乳业股份有限公司排名第五,品牌价值为157.19亿元。上海老字号品牌在中华老字号品牌价值专项评估前20名榜单中占据5席,品牌价值总和达到283.13亿元,占比达14.76%。因此,上海中华老字号品牌在品牌数量和品牌价值上都在全国性中华老字号品牌榜单上占据重要位置。

中国悠久的文明和历史为我们留下了许多中华老字号品牌。随着品牌竞争成为国际经济竞争的焦点,2017年5月国务院常务会议提出要推动中华老字号传承升级,承载着中国传统文化的中华老字号已经成为我国品牌强国战略的重要突破力量。

不过,随着时代的变迁和消费者群体的变化,“酒香不怕巷子深”的观念已经难以支撑中华老字号品牌的发展壮大,老字号急需树立现代品牌观念。并且,长久以来因为缺少合理的评价标准,中华老字号品牌价值被严重低估和忽视。

经历过风雨和荣耀的中华老字号,长者数百年,短者数十载,有着竞争对手难以模仿或超越的竞争力和市场壁垒,社会影响力和文化感染力依然存在,毫无疑问在可预见的未来继续存活的概率要高于其他类型的企业。在由中国质检总局发起的中华老字号品牌价值专项评估,已评的两批次中华老字号名录上,以酒业为例,贵州茅台、五粮液等品牌企业的行业龙头地位难以撼动;中药起家的同仁堂、片仔癀等,其品牌价值已附着于产品的使用价值上,类似条件下自然更受消费者青睐。当前经济形势下正兴起着一股移动互联网思维,中华老字号想要创新发展,可借互联网之机把“品牌”和“文化”价值融合,既注重提升老字号产品的品质又丰富产品的传统文化情感,抓住老字号发展的新契机。

3. 上海市著名商标成为反映上海产业发展的“晴雨表”

上海市著名商标自1996年认定以来,市工商管理部门致力于引导企业加强商标运用,提升商标管理能力,积极营造良好的商标运用环境。根据工商管理部门的有关资料,到 2017 年 6 月为止,共认定了 21 批,目前有效著名商标总量为 1723 件,平均每千件有效注册商标中就有 3 件为著名商标,市场主体的商标注册意识和品牌发展水平已居全国前列,已实现从传统行业向新兴产业跨越,从生产制造业向现代服务业拓展。截止到 2017 年 6 月 15 日,上海市累计有效注册商标总量达到 785969 件,到 2017 年底上海有效注册商标量突破 80 万件毫无悬念;上半年商标注册主要集中在第 35 类(广告销售)共 64906 件,占比 8.26%;第 25 类(服装鞋帽等)共 62588 件,占比 7.96%;第 9 类(电子器具)共 61744 件,占比 7.86%。随着上海服务业的不断发展,服务商标占商标总量的比重也越来越高,目前占比已达到 32.50%。

上海市著名商标不但成为上海各行业中高品质、高美誉度、高竞争力的商品和服务的象征,也成为反映上海产业发展趋势和上海竞争实力的"晴雨表"。

从上海市工商管理局发布的 2017 年上海市著名商标(第 21 批)情况看,此次共认定著名商标 409 件,其中新认定 78 件,延续认定 331 件(具体见图 2-3)。

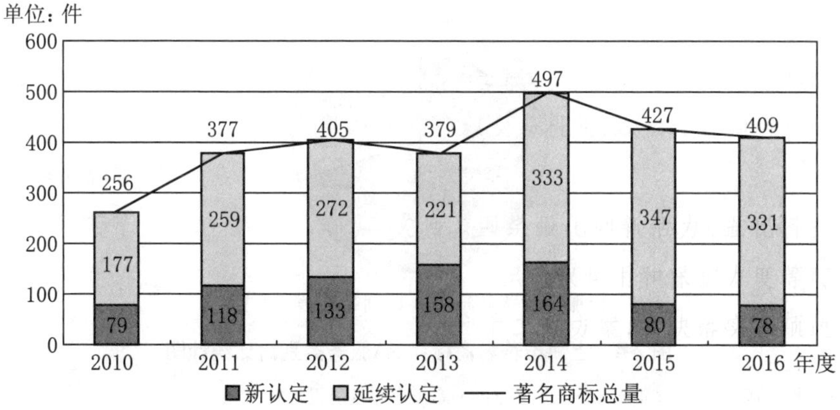

图 2-3 2010—2016 年上海市著名商标认定统计(单位:件)

截至 2017 年第二季度,上海市共有著名商标 1723 件、驰名商标 145 件。

表 2-5　上海市著名商标分布情况统计表

排名	区域名称	著名商标总量(件)
1	浦东	320
2	黄浦	190
3	嘉定	159
4	奉贤	141
5	闵行	129
6	静安	110
7	青浦	104
8	徐汇	97
9	普陀	91
10	松江	90
11	金山	72
12	宝山	50
13	长宁	47
14	杨浦	45
15	虹口	43
16	崇明	35
合　计		1723

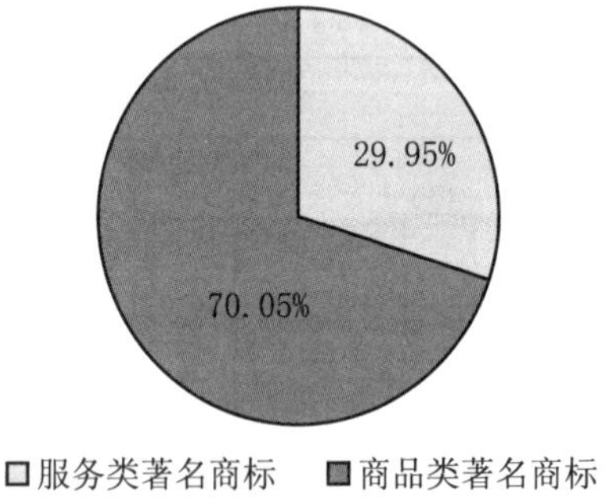

图 2-4　上海市著名商标商品\服务类别占比统计图

数据来源:上海市工商局《2017 年半年度上海市商标发展报告》。

概括起来,上海市著名商标呈现五个特点:

首先,企业规模总体较大。按照主营业务收入指标,超百亿元的企业有:

上海国际港务（集团）股份有限公司、中远集装箱运输有限公司、联华超市股份有限公司、康成投资（中国）有限公司、上海泛亚航运有限公司等。

其次，新认定的著名商标中“科技含量”较高。上海有效注册商标“著名率”达3‰，新著名商标有四成是“高科技”类型。新认定的上海市著名商标中，“科技含量”高的占四成以上：商标注册企业获得过市级以上高新技术企业称号的有29家，获得过市级以上科学技术进步奖的有4家，这些企业共拥有国家授权发明专利277件，体现出较强的产业研发和市场竞争优势，成为上海科创中心建设不可或缺的力量。

第三，产业分布较为集中。一是结合历年著名商标情况，金融和文化产业一直是诞生上海市著名商标的摇篮。2015年新认定的上海市著名商标中，有6件是金融产业品牌，涉及第三方支付、金融分析、财产保险、投资管理等方面。其中，上海第三方支付企业的行业地位非常突出，银联商务、快钱和通联支付这三家上海非金融机构支付企业占据了全国第三方支付市场份额的一半以上，品牌价值凸显，与上海国际金融中心的定位相匹配。二是作为本地消费农产品七成以上依赖外省市供应的上海，此次竟有14件农副产品商标被认定为上海市著名商标，涉及米面制品、奶制品、肉制品的有6件，新鲜蔬菜和水果的有4件，饲料等其他产品有4件。例如三年来光明乳业股份有限公司的“莫斯利安”酸奶的销售额从16亿元猛增到59亿元，在全国各地的市场占有率不断提升；此次唯一入围的“奉贤黄桃”属于地理标志商标，其销售额从2012年的0.9亿元快速上升到现今的2亿多元。市场定位精准、产品品质独特而优异，是上海众多农副产品品牌“突出重围”的关键因素。

第四，“老树开新花”屡见不鲜。历史悠久的中华老字号，历来是获选上海市著名商标的“常客”。在新认定的著名商标企业中，有较多传统的老字号通过不断传承创新，使得部分传统商标进一步发扬光大。如“艺苑真赏社”印刷出版物（99年历史）、“老大房”糕点（79年历史）、“九和堂”中药药材（67年历史）。还有109岁、91岁和59岁“高龄”的“老庙”、“宝大祥”和“上海古籍书店”此次都被新认定为上海市著名商标。尽管如此，不得不提的是，不少老字号虽然声名在外,但仍未成为上海市著名商标,有的是不重视品牌战略;有的是“有心无力”,商标对应的商品或服务近3年销售额、利润、税金等主要经济指标并未在本市同行业中居领先地位;有的是商标注册人和使用人近3年发生过严重违法行为,申请时被拒之门外。

第五,新兴领域加快崛起。著名商标队伍中也不乏一批新兴的新能源、医药、信息领域的企业,比如上海团结普瑞玛激光设备有限公司、上海微电子装备有限公司等,还有一批出口创汇能力强、具有国际竞争力的企业也成为了著名商标企业,如上海华峰超纤材料股份有限公司、上海美瑞实业有限公司等,其近三年出口额均超过5000万美元。与此同时,一批不符合《上海市著名商标认定和保护办法》规定条件的三年到期著名商标企业放弃延续申报认定。另外,不断有文化创意、现代物流、电商、航运等现代服务业的著名商标涌现,如上海新文化传媒集团股份有限公司、上海盛大网络发展有限公司等。①

4. 知识产权保护助力上海品牌发展。创新驱动发展,而实现创新发展,主要在于知识产权制度的运用。知识产权是私权法律制度创新与变迁的结果,是直接保护创新活动的基本法律制度,也是品牌塑造和品牌活力的重要保护性制度。

现阶段,中国正处于创新成果涌现时期,创新对于中国产业转型、对于上海经济发展尤为重要。知识产权得不到保护,创新就不可持续,没有持续的创新驱动力,就没有上海品牌发展的未来。

(1) 中央和地方知识产权保护政策不断完善。为了推动品牌发展和品牌建设,近几年来,中央和上海市地方都加大了品牌政策支持力度。国家质检总局积极参与国际标准制定和修订,推动我国优秀品牌实现国际化发展。当前,我国有关部门积极推动在国际标准化组织(ISO)成立一个新的技术委员会,制定全球统一的品牌评价规则、方法和标准,建立品牌评价国际新秩序,提升我国在品牌价值评价领域的国际话语权、对于规范知识产权行为具有重要的

① 参阅陈玺撼:《上海有效注册商标“著名率”达3‰新著名商标四成为“高科技”》,解放网(上海),2015年12月29日。

推进作用。2015年5月25日,《关于加快建设具有全球影响力的科技创新中心的意见》正式发布,并着重强调了加强知识产权保护和运用,对之提出了多方面的要求。在上海建设具有全球影响力的科技创新中心过程中,知识产权战略将贯穿全过程。

《关于加快建设具有全球影响力的科技创新中心的意见》
对加强知识产权保护提出要求

《意见》对加强知识产权保护和运用提出了以下几方面要求:

一是要实行严格的知识产权保护。建立知识产权侵权查处快速反应机制,推进知识产权民事、行政、刑事"三合一"审判机制,发挥上海知识产权法院作用;建立健全知识产权多元纠纷解决机制,为企业"走出去"提供知识产权侵权预警、海外维权援助等服务。健全知识产权信用管理制度,将符合条件的侵权假冒案件信息纳入本市公共信用信息服务平台,强化对侵犯知识产权等失信行为的惩戒。

二是要加快知识产权服务业发展。重点支持和大力发展知识产权等专业科技服务和综合科技服务,培育一批知名科技服务机构和骨干企业,形成若干个科技服务产业集群;按照市场化、专业化原则,加快推进知识产权服务等机构改革。

三是要促进知识产权转化与运用。试点实施支持个人将科技成果、知识产权等无形资产入股和转让的政策;探索知识产权资本化交易,探索建立专业化、市场化、国际化的知识产权交易机构,逐步开展知识产权证券化交易试点。

四是要制定相关配套政策文件。围绕强化创新活力、强化科技成果转化、强化发挥人才作用,制定加大知识产权运用和保护力度等配套政策文件,形成可操作的具体实施计划和工作方案,加快落实各项政策措施。

2015年11月22日,《关于加强知识产权运用和保护支撑上海科技创新中心建设的实施意见》出台。该意见是上海加快科创中心建设"22条"和一系列配套政策"1+X"的重要组成部分,是针对当前创新领域知识产权保护的薄弱环节提出的一系列改革举措。该意见提出了遵循国际惯例、聚焦重点、坚持问题导向等发展主线,围绕"强化保护、促进运用、完善服务、推进改革"等四个方面,该意见提出了12条具体措施。意见强调要围绕促进知识产权的运用创新管理方式,解决运用中的实际问题,不断改善和提升服务。例如,强调了人才是上海科创中心建设的关键,要集聚更多扎根中国、懂得国际法律和国际惯例的复合型人才。

2016年1月24日,上海市政府工作报告明确提出了知识产权保护的相关工作要求。一方面,上海着眼于提升城市核心竞争力,全面推进科技创新中心建设,加快建设"四个中心",加快实施创新驱动发展战略,开展知识产权运营服务试点,2015年每万人口发明专利拥有量达到29件。另一方面,上海要加快建设具有全球影响力的科技创新中心,建设全面创新改革试验区,加强知识产权保护和运用,建立知识产权侵权查处快速反应机制,组建知识产权交易中心,建设统一的专利、商标、版权信息和服务平台。要深入推进以自贸试验区建设为重点的改革开放,加快自贸试验区建设,对标国际通行规则,在投资者权益保护、知识产权保护等领域加大制度创新力度。

2016年2月1日,上海市政府发布了《上海市国民经济和社会发展第十三个五年规划纲要》(简称《纲要》),"十三五"规划纲要的新目标将"每万人口发明专利拥有量"列入上海国民经济和社会发展重要指标,预计至2020年每万人口发明专利拥有量将达到40件。《纲要》还提出了"十三五"时期上海知识产权工作的重点任务,要求实行严格的知识产权保护,推进创新主体运用国际知识产权规则的能力建设,提升知识产权质量和效益,深化知识产权领域改革,发展知识产权服务业,加强知识产权交易平台建设,推进上海亚太知识产权中心城市建设。要建设更高水平的自贸试验区,加快知识产权、创新要素流动、竞争政策、争端解决等制度探索,形成一整套适应国际规则新要求的制度体系。要提升总部经济发展能级,吸引国际经济、金融、科技、文化、体育、知识产权等国际组织在沪设立机构。要加快发展高品质的文化等服务业,促进文体旅等有机融合,提升文化创意、时尚等产业竞争力。在全面加强质量品牌建设方面,要把质量和品牌作为产业竞争力的核心要素,坚持标准引领、质量取胜、品牌培育，不断提升上海产品、工程、服务的整体形象。加大对品牌、商标的保护力度，培育自主品牌，鼓励企业实施品牌发展战略。在市场体系建设方面，要建设现代公共文化服务体系和文化市场体系，大力发展文体演艺经纪、版权代理、担保拍卖等中介机构。

（2）辖区内各类经济主体专利申请持续增长。在一系列知识产权保护政策的推动下，上海市各类经济主体的创新意识也持续增强。在专利申请量、专利授权量等指标方面处于全国先进行列。根据上海市知识产权局专利统计数据，2015 年，上海市专利申请量为 100006 件，同比增长 22.5%，发明、实用新型、外观设计申请量占申请总量的比例为 47 ∶ 42 ∶ 11。其中，发明专利申请量为 46976 件，同比增长 20.0%；实用新型专利申请量为 41736 件，同比增长 25.5%；外观设计专利申请量为 11294 件，同比增长 21.9%（见图 2-5）。

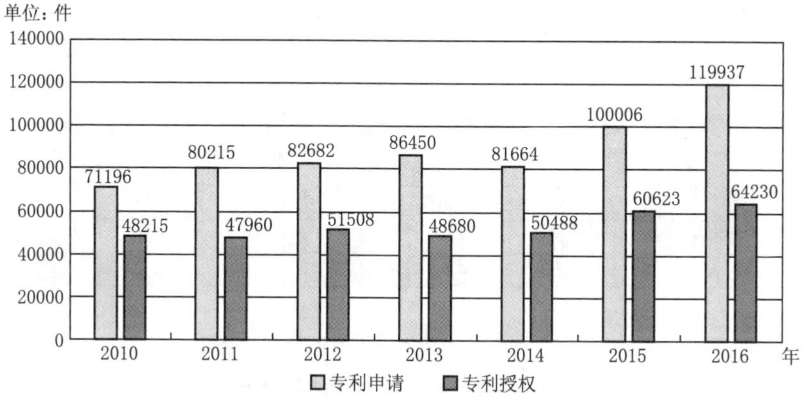

图 2-5　上海专利申请量和专利授权量（2010—2016 年）

数据来源：上海市知识产权局专利统计数据。

同年，上海市专利授权量为 60623 件，同比增长 20.1%，其中发明专利授权量为 17601 件，同比增长 51.5%；实用新型专利授权量为 33131 件，同比增长 7.9%；外观设计专利授权量为 9891 件，同比增长 21.1%。上海市 PCT 国际专利申请量为 1060 件，同比增长 2.1%。截至 2015 年底，上海有效发明专利拥有量为 69982 件，同比增长 23.8%，每万人口发明专利拥有量为 29 件。

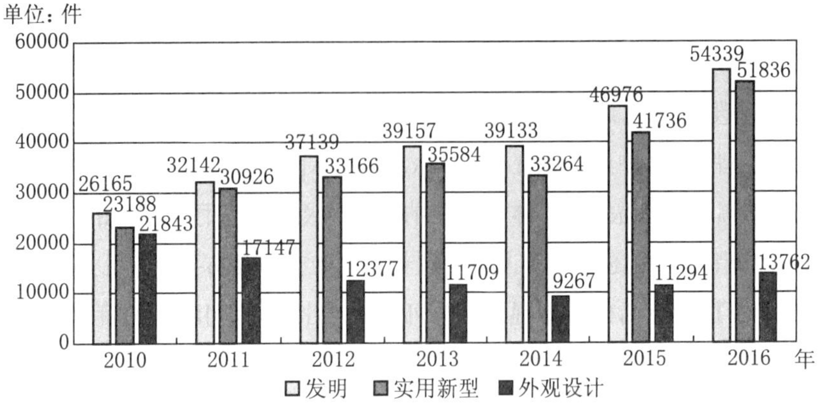

图 2-6　上海专利申请量类别分析(2010—2016 年)

数据来源:上海市知识产权局专利统计数据。

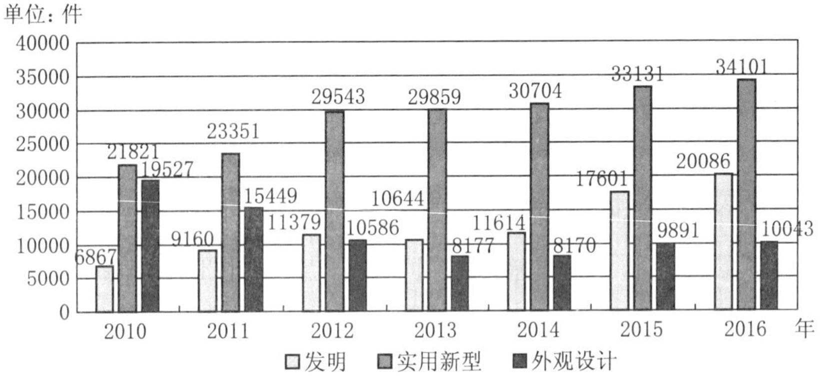

图 2-7　上海专利授权量类别分析(2010—2016 年)

数据来源:上海市知识产权局专利统计数据。

2015 年上海专利申请和授权情况呈现以下特点:一是专利申请量保持较快增长,发明、实用新型、外观设计专利申请量同比增幅均超过 20%,全年专利申请总量首次突破 10 万件。二是有效发明专利量实现了 23.8%的较快增长,全年发明专利授权量增幅超过 50%,每万人口发明专利拥有量继续排名全国第二位。三是 PCT 国际专利申请量继续保持增长态势,达到 1060 件。①

① 资料来源:上海市知识产权局。

表 2-6　2010—2016 年上海市历年专利申请统计表

（单位:件）

年度	全年	大专院校	科研机构	工矿企业	机关团体	非职务	职务
2010	71196	8173	2311	45490	6549	8673	62523
2011	80215	9720	2955	53984	3972	9584	70631
2012	82682	9678	3668	57355	2962	9019	73663
2013	86450	10704	4076	58641	2093	10936	75514
2014	81664	10231	4155	57280	1998	8000	73664
2015	100006	10378	4647	72957	2512	9512	90494
2016	119937	12314	5341	89922	2611	9749	110188

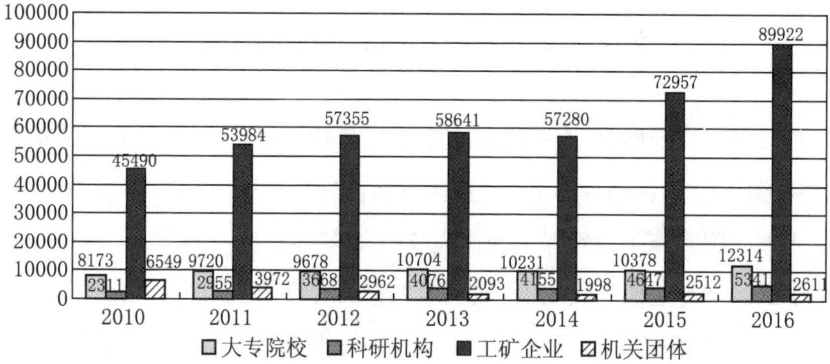

图 2-8　2010—2016 年上海市职务型专利申请明细(单位:件)

表 2-7　2010—2016 年上海市职务型专利授权统计表

（单位:件）

年度	全年	大专院校	科研机构	工矿企业	机关团体	非职务	职务
2010	48215	5897	1226	34151	2343	4598	43617
2011	47960	5239	1642	31595	4755	4729	43231
2012	51508	6422	1846	35495	2311	5434	46074
2013	48680	5679	1884	35058	968	5091	43589
2014	50488	5335	2158	37344	829	4822	45666
2015	60623	5840	2563	46136	1297	4787	55836
2016	64230	5974	2672	50079	1232	4273	59957

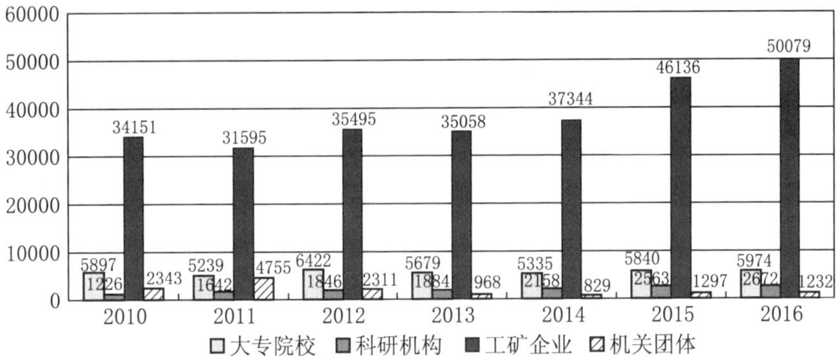

图 2-9　2010—2016 年上海市职务型专利授权明细(单位:件)

二、 国家品牌战略下上海市品牌发展的地位

自改革开放开始,政府就高度重视推进名牌战略,在国家的名牌战略体系中先后形成了“中国名牌产品”、“中国驰名商标”、“中华老字号”等系列评选,并对入选品牌实施了特殊保护和优先支持等多种支持鼓励政策。30 多年来,伴随中国经济奇迹般腾飞发展,涌现出大量具有高市值的企业品牌,其中包括交通银行、上汽集团、东方航空、上海电气等一批上海本土品牌,已初步拥有全球范围的品牌影响力,它们已成为中国在全球经济一体化中软实力的标志。这些品牌成功的背后除了企业自身的创新和努力,自然离不开政府的支持,特别是国家品牌战略的重大政策引导作用。

(一) 品牌战略成为国际国内经济竞争制高点

在国际产品市场上,众多国际品牌借助品牌化战略已经稳固地占据重要地区、重要产业领域的主导地位,品牌战略也是发达国家长期以来在国际市场上强有力的杀手锏。

过去我国经济的高速增长主要依靠制造业,处于所谓微笑曲线底端的环节上,产品的技术含量低、工艺流程不够规范,大量产品作为“中国制造”被定义为负面认知形象,产品出口经常受到各种市场规则的冲击,企业利润受到严重挤压。多数企业面国际品牌企业激烈的竞争,毫无胜算可言。在全球经济缓慢复苏的情况下,中国制造的低成本比较优势也在发生变化,并对加强品牌建设形成倒逼作用。当前,加紧培育新的比较优势,引导中国企业走出去,使出口继续对经济发展发挥支撑作用,离不开强有力的国家品牌。

对内来看,推动品牌建设是扩大内需、抵御外部经济波动的重要抓手,用包括品牌建设在内的多种手段来创造新供给、激活新需求的重要性进一步凸显。我们迫切需要从国家层面高度重视和研究以国家文化为基础的国家品牌战略,从而适应新常态、引领新常态。对外来看,国家品牌的发展壮大,有助于中国参与国际经济竞争,实现现代化的目标。从更长远的角度理解,强大的国家品牌,是营造良好经济发展环境和氛围的基础,也是在国际政治经济博弈中占据主动的基础。实现对内认知认同、对外延伸接受,中国的崛起才能更加顺利。

在新常态经济发展背景下,上海作为我国重要的经济中心、科创中心,在推动品牌战略过程中,有责任、有义务率先探索一条品牌化、国际化的发展道路。在推进路径方面,注重从微笑曲线底端向两边扩展,这种扩展不仅是在价值链上的一种攀升,更是创新的主要表现。往前扩张,可以走到设计领域,从中国制造到中国创造,往后延伸,可以走到服务领域,推动一系列生产型服务领域的新兴产业不断创新发展。对于上海而言,各类企业都不应忽视自身品牌的培育和成长,并要努力致力于打造具有全球竞争力的国家品牌;同时,通过国家品牌、城市品牌与企业品牌的互为支撑,形成中国企业大规模走出去的坚强保障。

(二)上海品牌发展的国内地位分析

1. 基于2016胡润品牌榜的分析。2016年9月20日,胡润研究院在上海发布“2016胡润品牌榜”,是胡润研究院连续第十一年发布,共有200个“最具价值中国品牌”上榜,其中非国有品牌105个,国有品牌95个。胡润品牌榜的总量与上年相同,但品牌价值总和三年增长64%,比上年增长7%,达到4.6万亿元,是历年最高值。

在榜单上,科技行业的企业品牌价值涨幅最大,平均上涨幅度高达59%;其次是影视行业企业品牌,上涨幅度为33%;再次是家电行业,上涨幅度为

22%。其中,前10名的品牌价值总和占总榜的46%。200强的上榜门槛为18亿元,百强的上榜门槛为60亿元,均比上年有大幅提高,达到历年最高。前十名的品牌价值均超过一千亿元,比上年多3个。

(1) 2016最具价值中国品牌10强。在200个上榜品牌中,139个品牌价值比上年增长,其中31个是新上榜品牌;56个品牌价值比去年缩水。品牌价值总和三年增长64%,比上年增长7%,达到4.6万亿,为历年最高。200强的上榜门槛为25亿元,百强的上榜门槛为77亿元,均比上年有大幅提高,达到历年最高。品牌价值超过1000亿元的达到13个,比上年增加3个。

其中,浙江淘宝网络有限公司以2300亿元的品牌价值超过腾讯,首次位列“最具价值中国品牌”榜首,实现第三年上榜便进入全国品牌前三甲的突出“战绩”,但品牌价值较上年下降15.65%;2015年排名第三的中国移动2016年以2270亿元的品牌价值跃居全国第二,但品牌价值较上年下降16.74%;百度以2180亿元的品牌价值上升一位进入前三,但品牌价值较上年下降14.68%。腾讯2016年以2100亿元的品牌价值位列第五,主要原因是当年单独计算了微信的品牌价值,且微信和天猫2016年新晋10强。

品牌排行榜中企业品牌价值集中度非常高,其中前10名的品牌价值总和占整张榜单的比重达到了38%(具体排名见表2-8)。

表2-8　2016最具价值中国品牌前10强

排名	品　牌	总部	品牌价值(亿元人民币)	涨幅比例
1	淘宝	浙江	2300	-15%
2	中国移动	北京	2270	-16%
3	百度	北京	2180	-14%
4	中国工商银行	北京	2140	-6%
5	腾讯	广东	2100	-24%
6	中国建设银行	北京	1550	-16%
7	微信	广东	1320	新进
8	中国银行	北京	1290	-17%
9	中国农业银行	北京	1220	2%
10	天猫	浙江	1200	26%

资料来源:“2016胡润品牌榜”。

从上表分析可知,胡润品牌榜所评选出的 2016 最具价值中国品牌 10 强中,总部在北京的最多,有 6 个,广东和浙江各有 2 个,上海未有企业品牌入围;从所有制性质看,民营品牌占一半,且都属“BAT”阵营。

(2) 2016 最具价值中国民营品牌 10 强。在全国品牌 200 强中,民营品牌表现突出,在数量上有近一半是民营品牌,民营品牌价值平均比上年上涨近两成,共有 97 个民营品牌进入最具价值中国品牌 200 强之列,相比去年增加 6 个;在品牌价值方面,97 个上榜民营品牌的平均品牌价值达到 209 亿元,较上年 91 个上榜民营品牌的平均价值上涨超过 10%,品牌价值总和占整张榜单总价值约 44%。从进入百强的民营品牌数量来看,与上年相比增加 4 个,有 41 个(具体排名见表 2-9)。

表 2-9　2016 最具价值中国民营品牌前 10 强

排名	企业品牌	企业总部	品牌价值(亿元人民币)	涨幅比例
1	淘宝	浙江	2300	-14%
2	百度	北京	2180	-13%
3	腾讯	广东	2100	-24%
4	微信	广东	1320	新
5	天猫	浙江	1200	26%
6	中国平安	广东	1050	12%
7	京东	北京	790	5%
8	万达	北京	680	24%
9	支付宝	浙江	580	76%
10	华为	广东	550	293%

资料来源:“2016 胡润品牌榜”。

民营品牌 10 强中,位列前三的是淘宝、百度和腾讯;微信首次上榜便位列第四;天猫下降 1 位至第五;华为从去年的 19 位上升至前十。民营品牌 10 强中,总部在广东的最多,有 4 个,北京和浙江其次,各有 3 个,而上海地区则没有企业入榜。

(3) 2016 胡润品牌榜的地域分布。从“2016 胡润品牌榜”全国 200 强的企业总部来看,与上年大致相同,北京、上海、广州、深圳一线城市占 60%,二三线城市占40%。前三名与过去八年都保持一致,总部在北京的最多,比上年增加2个,达到59个,总部在北京的三大最具价值品牌分别是:中国移动、百度和中国工商银行;总部在广东的有39个,比上年增加1个,排名第二,总部在广东的三大最具价值品牌分别是:腾讯、微信和中国平安;总部在上海的有30个,比上年增加3个,排名第三,总部在上海的三大最具价值品牌分别是:中华、交通银行和太平洋保险。福建超过江苏进入前五名,有9个品牌上榜,比上年增加2个。

总的来说,上海品牌虽然在入榜数量上与北京差距甚远,但和广东地区相差无几,品牌数量和价值的分量仍不可小觑(具体排名见表2-10)。

表2-10 "2016胡润品牌榜"上榜企业总部数量排名(前10强)

排名	总部	地区最具价值品牌前3名	数量(比去年增减)
1	北京	中国移动、百度、中国工商银行	59(+2)
2	广东	腾讯、微信、中国平安	39(+1)
3	上海	中华、中国交通银行、太平洋保险	30(+3)
4	浙江	淘宝、天猫、支付宝	16(-3)
5	福建	兴业银行、达利、安踏	9(+2)
6	江苏	洋河、苏宁、南京	7(-1)
7	山东	海尔、青岛啤酒、东阿阿胶	6
8	云南	玉溪、云烟、红塔山	5
9	湖北	黄鹤楼、东风、九州通	3
10	湖南	芙蓉王、白沙、湖南卫视	3(+1)

资料来源:"2016胡润品牌榜"。

(4)2016胡润品牌榜"最具价值中国民营品牌"企业总部地区排名。从前100名"最具价值中国民营品牌"的企业总部的区域集中度排名看,北京位居榜首,辖区共有28个品牌上榜;广东保持第二,有19个品牌上榜;上海排名第三,有15个品牌上榜,具备一定数量优势。值得注意的是,与上年对比,"陆金所"、"东方财富"取代"大智慧"、"大众点评"进入上海最具价值民营品牌前三名,"携程"跃升至第一(具体见表2-11)。

表 2-11　“最具价值中国民营品牌”企业总部排名(前 10 强)

排名	总部	地区最具价值民营品牌前 3 名	数量(比去年增减)
1	北京	百度、京东、万达	28(+1)
2	广东	腾讯、微信、中国平安	19(+1)
3	上海	携程、陆金所、东方财富	15(+4)
4	浙江	淘宝、天猫、支付宝	14(-1)
5	福建	达利、安踏、美图	7(+2)
6	河北	华夏幸福、长城汽车、梅花	3
6	江苏	苏宁、海澜之家、同程旅游	3(-1)
6	山东	海尔、张裕、九阳	3
9	贵州	中天城投	1
9	河南	宇通	1(-1)

资料来源:2016 胡润品牌榜。

(5) 2016 胡润品牌榜的行业分布。根据“2016 胡润品牌榜”数据统计,上榜品牌的行业分布特征十分明显,金融、房地产仍然是上榜最多的两个行业,其中金融业本轮有 43 个品牌上榜,比上年增加 5 个;房地产行业今年有 23 个品牌上榜,与上年保持一致。这两个行业的上榜品牌数量占到了整张榜单的 33%。另外,科技行业保持第三,有 15 个品牌上榜,比上年减少 3 个。

在上榜品牌数量最多的十大行业中,品牌价值平均涨幅最大的是科技行业,上涨 59%;其次是影视传媒行业,上涨 33%;家电行业上涨 22%;医疗保健行业上涨 19%;食品饮料行业上涨 13%;烟草行业上涨 11%;金融行业上涨 10%;酒类上涨 9%;房地产行业上涨 8%;电子商务和零售上涨 7%。

总的来看,各行业品牌价值发展都较为稳健。相对而言,上海在金融和房地产两个行业上都是优势行业,不仅有政策支持优势,而且行业基础雄厚,发展前景良好。

表 2-12　“2016 胡润品牌榜”行业分布

排名	行业	企业数量	民营企业数量	品牌价值占比	平均涨幅	品牌龙头
1	金融	43	11	29%	10%	中国工商银行
2	房地产	23	15	6%	8%	万达
3	科技	15	11	16%	59%	百度

续表

排名	行业	企业数量	民营企业数量	品牌价值占比	平均涨幅	品牌龙头
4	烟草	13	0	10%	11%	中华
5	食品饮料	13	7	4%	13%	伊利
6	家电	11	6	3%	22%	美的
7	酒类	11	1	4%	9%	茅台
8	电子商务和零售	11	10	11%	7%	淘宝
9	医疗保健	10	5	2%	19%	云南白药
10	影视传媒	9	6	1.80%	33%	万达

资料来源:2016 胡润品牌榜。

从“2016 胡润品牌榜”的总体情况及榜单分析结论可知,2016 年中国相关企业的品牌价值又得到了大幅度提升,除了保持传统优势的国有品牌,更为引人注目的是民营品牌。从上海上榜企业和品牌情况看,尽管在各种类别的排名上没有突出的优势,在上榜品牌数量上与北京或广东等其他地区相比仍有差距,但应当清醒认识的是,上海作为中国经济发展的排头兵、先行者,新技术、新业态、新模式、新产业的发展势头和发展潜能不容忽视,这些代表着未来经济发展方向的产业很可能会在一定的时间内形成新的品牌或提供已有品牌的转型空间和动力,所以上海品牌发展地位的不断提升是可以预期的,并将能够在国家品牌发展战略中充当着重要的角色和发挥着巨大的作用。

2. 基于“2017 年中国民营企业 500 强”排名的视角。“中国民营企业 500 强”是中华全国工商业联合会在大规模民营企业调研的基础上,以营业收入总额为参考指标发布的排序结果,是我国评价民营经济和民营品牌企业发展成效的重要参照。该排名自 1998 年首发以来,基本上按照年度连续开展排名并向社会发布。2017 年 8 月 24 日,全国工商联在山东济南发布了“2017 中国民营企业 500 强”、“2017 中国民营企业制造业 500 强”和“2017 中国民营企业服务业 100 强”等三份榜单,较为全面地反映了我国各地区、各行业的民营品牌发展情况。

(1) 排名概况。从排行情况来看,华为投资控股有限公司、苏宁控股集团、山东魏桥创业集团有限公司位列 2017 中国民营企业 500 强前三名;华为投资控股有限公司、山东魏桥创业集团有限公司、正威国际集团有限公司位列2017中国民营企业制造业500强前三名;苏宁控股集团、海航集团有限公司、中国华信能源有限公司位列中国民营企业服务业100强榜单前三名。

依据2017年该榜单数据和报告内容,2017年在全球经济复苏艰难曲折,国内经济增长平稳、结构优化、质量提升、民生改善的总体形势和背景下,中国民营企业500强发展呈现一些新的特点,如入围门槛大幅提升、超大型企业快速增长、质量效益稳步提高、对税收与就业的贡献继续加大和产业结构持续优化等。

表2-13 "2017中国民营企业500强"的发展特点分析

序号	特点	具体内容
1	入围门槛大幅提升	2016年,民营企业500强入围门槛为120.52亿元,增加了18.77亿元;民营企业服务业100强入围门槛达150.37亿元,增加了26亿元;民营企业制造业500强的入围门槛为53.55亿元,上升8.35亿元。
2	超大型企业快速增长	2016年,有六家企业营业收入突破3000亿元大关,分别是华为、苏宁控股、山东魏桥、海航集团、正威国际和联想控股;2016年,资产总额突破1000亿元的共有50家企业,增加16家。恒大集团以13508.68亿元的规模位居资产总额榜首。
3	质量效益稳步提高	2016年,民营企业500强营业收入总额达到193616.14亿元,户均387.23亿元,增长19.84%。资产总额为233926.22亿元,户均467.85亿元,增长35.21%。税后净利润总额为8354.95亿元,较上一年增长19.76%,为2011年以来最高增长率。销售净利率为4.55%,与2015年持平。总资产周转率为91.73%,与2015年相比降低8.8个百分点,受此影响,资产净利率由2015年的4.03%下降至3.57%;净资产收益率由2015年的13.32%下降至12.40%。2016年民营企业500强有7家企业发生亏损,比2015年减少8家。
4	对税收、就业的贡献继续加大	2016年,民营企业500强纳税总额达到7995.75亿元,比上一年增长24.53%,创历史新高。纳税额超过200亿元的企业共有5家,分别是:华为、万科、恒大地产、大连万达集团和浙江吉利控股集团。2016年,民营企业500强员工人数为888.17万人,同比增加7.40%,占全国就业人员比重为1.14%。
5	产业结构持续优化	第三产业入围企业数量从2012年的117家增至2016年的154家,增长幅度为31.62%;而第二产业入围企业数量连续五年下降,从2012年的380家降至2016年的341家。第三产业资产总额占比上升到58.75%,再次超过第二产业。在500强企业中,制造业仍占主体,入围数量达285家,占比57%。

资料来源:《2017中国民营企业500强调研分析报告》。http://www.acfic.org.cn/web/c_0000000100030001000100040001/d_50989.htm

从民营企业区域分布情况来看,"2017民营企业500强"主要分布在东部地区的态势保持延续,上榜企业有392家,占总数的78.40%。2016年,浙江省、江苏省和广东省民营企业入围数量位居前三名,分别为120家、82家和59

家。但企业营收和资产规模较上年略有下降。

表 2-14　2017 民营企业 500 强省际分布前十

单位:家

省　份	企业数量				
	2016 年	2015 年	2014 年	2013 年	2012 年
浙江省	120	134	138	138	139
江苏省	82	94	91	96	93
广东省	59	50	40	24	21
山东省	58	48	53	54	54
河北省	19	18	15	19	16
湖北省	19	18	16	15	18
北京市	16	12	12	10	8
河南省	15	12	16	14	15
上海市	13	14	14	15	16
天津市	13	13	14	15	12

资料来源:《2017 中国民营企业 500 强调研分析报告》。

(2) 上海辖区上榜企业情况。按照榜单中企业归属地统计,上海市辖区共有 13 家企业入围,其中排在前 100 位的仅有中国华信能源有限公司(第 7 位)和上海均和集团有限公司(第 35 位)两家,与其他民营经济强省、强市相比,上海在民营品牌企业建设方面仍要继续努力推进。

表 2-15　"2017 中国民营企业 500 强"中上海入榜企业

上海排名	企业名称	民营企业 500 强排名	所属行业	营业收入(万元)
1	中国华信能源有限公司	7	批发业	29094588.00
2	上海均和集团有限公司	35	综合	8616677.00
3	东方希望集团有限公司	109	有色金属	4312798.00
4	上海绿地建设(集团)有限公司	174	房屋建筑	3202709.00
5	上海复星高科技(集团)有限公司	179	商务服务	3126276.00
6	上海均瑶(集团)有限公司	242	综合	2336591.00
7	国能商业集团有限公司	270	综合	2112592.00
8	上海万向控股有限公司	281	保险业	2031032.00

续表

上海排名	企业名称	民营企业500强排名	所属行业	营业收入(万元)
9	圆通速递有限公司	349	邮政业	1700000.00
10	上海胜华电缆(集团)有限公司	362	电气机械	1639348.00
11	大华(集团)有限公司	400	房地产业	1496574.00
12	上海春秋国际旅行社(集团)有限公司	460	航空运输业	1302375.00
13	上海龙昂国际贸易有限公司	475	批发业	1254233.00

资料来源：《2017中国民营企业500强调研分析报告》。

另外，“2017中国民营企业制造业500强”中有6家上海企业上榜，其中仅有东方希望集团有限公司1家企业进入前100名(具体见表2-16)。

表2-16　2017中国民营企业制造业500强上海入榜企业

上海排名	企业名称	制造业500强排名	所属行业	营业收入(万元)
1	东方希望集团有限公司	58	有色金属	4312798.00
2	上海胜华电缆(集团)有限公司	211	电气机械	1639348.00
3	上海奥盛投资控股(集团)有限公司	310	金属制品	1107133.00
4	上海龙旗科技股份有限公司	365	计算机和通信设备制造	823078.00
5	上海鑫冶铜业有限公司	385	有色金属	781824.00
6	上海美特斯邦威服饰股份有限公司	437	纺织服装业	651919.00

资料来源：《2017中国民营企业500强调研分析报告》。

从“2017中国民营企业服务业100强”情况看，共有4家上海企业上榜，有2家企业位列前50名，分别是中国华信能源有限公司和上海复兴高科技(集团)有限公司，分别位列第3位和第48位(具体见表2-17)。

表2-17　2017中国民营企业服务业100强上海入榜企业

上海排名	企业名称	服务业500强排名	所属行业	营业收入(万元)
1	中国华信能源有限公司	3	批发业	29094988.00
2	上海复兴高科技(集团)有限公司	48	商务服务业	3126276.00
3	中国万向控股有限公司	72	保险业	2031032.00
4	圆通速递有限公司	91	邮政业	1700000.00

资料来源：《2017中国民营企业500强调研分析报告》。

从前述表格内容可以看出,上海市上榜企业的总数、排名情况等并不够突出,与浙江省、江苏省、广东省、北京市等民营企业强省、强市相比仍有很大的提升空间。

(3)不足之处。虽然在国家政策密集出台的支持和引导下,民营企业500强实现了逐年平稳较快增长,总体发展态势向好。与此同时,实体经济特别是制造业的发展仍然存在着不少问题。要实现我国经济发展换档但不失速,推动产业结构向中高端迈进,重点、难点和出路都在制造业。根据《2017中国民营企业制造业500强》数据显示,2016年制造业发展态势有三个方面值得关注:

一是制造业500强企业整体处于结构调整、产业升级的进程中,从“大体量”到“高质量”还有艰难转型的要求。受国际国内经济环境影响,2016年民营企业制造业500强的经营规模和绩效呈现出增速明显放缓的趋势:营业收入总额123529.85亿元,户均247.06亿元,增长率为13.98%,较上年增加7.22个百分点;企业税后净利润总额为5127.22亿元,增速为22.46%,同比增加12.32个百分点。对比国际企业,以人均资产总额、人均营业收入等衡量企业竞争实力重要指标的情况看,2016年我国民营企业制造业500强的水平分别为467.85万元/人、387.23万元/人,均低于世界500强的平均水平,更是远低于世界500强中的美国和日本企业的水平。值得关注的是,民营企业制造500强亏损面缩小,亏损程度有所增加:亏损企业户均亏损10.75亿元,比上年增加了8.04亿元,增加幅度为74.81%,在一些传统行业(特别是产能过剩行业)情况尤为突出,比如非金属矿物制品业。

二是制造业500强企业研发投入水平不高。榜单数据显示,2014—2016年,民营企业制造业500强的研发强度大于10%的企业数为177家,低于10%的企业仍占大多数。研发强度低、研发力量不足等,严重制约了制造业企业自主开发与研究能力的提升。就上海市入榜企业而言,虽然自2014年起按照中央战略要求全面推进全球科创中心建设,并加大研发投入与人才引进,但政策效应的实现仍有待时日,因此研发能力也亟待持续提升。

三是人才、税费、资金等“老大难”依然突出。榜单资料显示,用工成本上升、人才不足、税费负担较重、融资难、资金成本上升、节能减排压力大等,成为影响制造业500强发展的主要因素。

3. 基于“2017年中国500最具价值品牌分析报告”的分析。2017年6月22日,世界品牌实验室(World Brand Lab)在北京发布了2017年(第十四届)“中国500最具价值品牌”分析报告。该排行榜主要基于财务数据、消费者行为和品牌强度等指标进行评定,围绕中国各地区、各产业的品牌价值进行排名,世界品牌实验室及其有关排名具有较为广泛的影响力。

从上榜企业的区域情况来看,总部位于北京市的国家电网以3298.87亿元的品牌价值荣登本年度最具价值品牌榜首。占据榜单前五名的还有腾讯(3251.12亿元)、海尔(2918.96亿元)、中国人寿(2871.56亿元)和华为(2859.82亿元),它们既是中国的国民品牌,又是领跑中国品牌的国家队阵容,同时也都迈进了世界级品牌阵营。

品牌所在地来自北京市的企业占据榜单前10名中的7位。值得提出的是,前10名中没有出现来自上海的品牌,说明上海还是缺乏能够引领世界的国际著名品牌,这是未来上海城市品牌发展的方向(具体见表2-18)。

表2-18　“2017中国500最具价值品牌”前10名

排名	品牌名称	品牌拥有机构	品牌价值(亿元)	主营行业	发源地	上市
1	国家电网	国家电网公司	3298.87	能源	北京	否
2	腾讯	腾讯控股有限公司	3251.12	信息技术	广东	是
3	海尔	海尔集团	2918.96	家电	山东	是
4	中国人寿	中国人寿保险(集团)公司	2871.56	金融	北京	是
5	华为	华为技术有限公司	2859.82	通信电子	广东	否
6	工商银行	中国工商银行股份有限公司	2826.76	金融	北京	是
7	中化	中国中化集团公司	2350.86	能源	北京	是
8	CCTV	中国中央电视台	2322.72	文化传媒	北京	否
9	中国一汽	中国第一汽车集团公司	2301.93	汽车	吉林	否
10	阿里巴巴	阿里巴巴(中国)网络技术有限公司	2234.84	信息技术	浙江	是

资料来源:世界品牌实验室。http://www.worldbrandlab.com/indexnew/chinabrand.htm

从榜单资料看,“2017 年中国 500 最具价值品牌”的品牌总价值为 155580.06 亿元,比上年增加 22883.76 亿元,增加幅度为 17.25%。入选榜单的品牌价值最低门槛为 23.15 亿元,前 500 名品牌的平均价值高达 311.16 亿元,增加幅度为 529.50%。从 2004 年该排名首次发布以来,经历了全球金融危机的洗礼,也见证了第三次工业革命背景下的产业体系变革,因此入选品牌总价值和入选门槛的结果也发生了较大变化。

表 2-19 “中国 500 最具价值品牌”主要年份情况对比(2004—2017)

单位:亿元

发布时间	总价值	平均价值	入选门槛	年度第一名(品牌价值,亿元)
2004 年(第一届)	24712.84	49.43	5.00	海尔,612.37
2008 年(第五届)	34921.76	69.84	6.72	中国移动,1206.68
2015 年(第十二届)	108131.56	216.26	20.16	工商银行,2615.76
2016 年(第十三届)	132696.30	265.39	22.65	国家电网,3055.68
2017 年(第十四届)	155580.06	311.16	23.15	国家电网,3298.87

资料来源:世界品牌实验室(www.worldbrandlab.com)。http://www.worldbrandlab.com/indexnew/chinabrand.htm

根据世界品牌实验室相关研究分析,品牌企业的成长与区域经济发展息息相关,品牌价值的区域、行业分布结构则直接体现了区域间行业发展的比较优势与空间格局。

从品牌地区分布结果看,北京市有 96 个品牌入选,名列首位,主要原因是赢利能力强的央企总部集中在北京;排名第二和第三的是广东省和山东省,分别有 88 个和 45 个品牌入选;2017 年上海市共有 37 个品牌入选,名列第四位。从品牌绝对数量上来看,上海市仍处于“第二梯队”,品牌数量优势并不是十分明显,与北京市和广东省存在较大差异。以下两个表格对 2016 年、2017 年“中国 500 最具价值品牌”品牌数前 10 位地区的情况进行了统计和对比,可以看出两年度的情况差异无几,其中上海市品牌数与上年持平,但品牌地区排名上升了 1 位。

表 2-20　“2017 年中国 500 最具价值品牌”省市分布前 10 位情况

2017 年 500 品牌省市排名				2016 年 500 品牌省市排名			
次序	省份/地区	品牌数	百分比	次序	省份/地区	品牌数	百分比
1	北京	96	19.20%	1	北京	105	21.00%
2	广东	88	17.60%	2	广东	79	15.80%
3	山东	45	9%	3	山东	42	8.40%
4	上海	37	7.4%	4	浙江	39	7.80%
5	福建	36	7.20%	5	上海	37	7.40%
6	浙江	35	7.00%	6	福建	34	6.80%
7	江苏	27	5.40%	7	江苏	30	6.00%
8	四川	16	3.40%	8	四川	17	3.40%
9	河南	12	2.40%	9	河南	12	2.40%
10	湖北	11	2.20%	10	湖北	10	2.00%

资料来源：世界品牌实验室（www.worldbrandlab.com）。
http://www.worldbrandlab.com/indexnew/chinabrand.htm

通过对世界品牌实验室发布的 2017 年《中国 500 最具价值品牌》排行榜进行梳理，上海本次共有 37 个品牌进入榜单，品牌总价值为 11283.17 亿元，占总榜单品牌价值比例为 7.25%，其品牌市场的重要性程度不言而喻，对推动消费升级和产品创新也不容忽视（具体品牌名称见表 2-21）。

表 2-21　2017 年中国 500 最具价值品牌上海入围品牌

排名	品牌名称	品牌价值	主营行业	排名	品牌名称	品牌价值	主营行业
15	上汽	1875.96	汽车	220	联华超市	173.26	零售
33	交通银行	1136.45	金融	222	春秋旅游	168.26	旅游服务
40	中国华信	1018.75	能源	250	上港集团	156.58	物流
49	上海电气	602.78	机械	252	亚一	156.25	珠宝
52	中华	573.96	烟草	274	上海机场	145.19	航空服务
71	太平洋保险	507.82	金融	285	世贸	138.56	地产
77	豫园商城	450.52	综合	307	申银万国	122.77	金融
95	锦江国际	364.72	旅游服务	320	上海丝绸	118.72	纺织服装
96	东方航空	362.41	航空服务	327	罗莱	111.32	纺织服装
104	SMG	345.82	传媒	339	百雀羚	98.58	日化

续表

排名	品牌名称	品牌价值	主营行业	排名	品牌名称	品牌价值	主营行业
106	圣象	345.68	建材	400	冠生园	61.17	食品饮料
137	绿地集团	293.52	地产	402	自然堂	60.96	日化
144	光明	285.65	食品饮料	415	梅林	60.42	食品饮料
153	新民晚报	261.98	传媒	422	莫代尔	57.68	纺织服装
161	老凤祥	260.97	珠宝	463	三枪	49.14	纺织服装
179	老庙	228.35	珠宝	469	六神	48.79	日化
200	上海银行	184.69	金融	471	大白兔	47.83	食品饮料
205	北极绒	180.56	纺织服装	474	海螺	47.46	纺织服装
208	回力	179.64	轮胎	—	—	—	—

资料来源:世界品牌实验室(www.worldbrandlab.com)。

从500强品牌的行业结构来看,也颇具特点。根据世界品牌实验室的品牌评估报告,2017年共设有食品饮料、纺织服装、文化传媒、信息技术、家用电器等25个细分行业,分布范围较为广泛,但行业数量的集中度不高。其中食品饮料业以82个品牌入选而成为上榜品牌最多的行业,占总入选品牌数的16.40%,且较上一年增加了7个品牌。进一步看,入选数量位居第二到第五的行业分别是轻工业(65个)、建材(41个)、传媒(35个)、汽车(33个)。另外,除了食品饮料,还有轻工业、金融、机械和通信电子四个行业的品牌数量呈现增长态势,表现出我国经济发展和产业结构升级的向好信号,制造业特别是高端装备制造业,以及通信技术和商业化应用水平得到大大提升,品牌知名度和影响力越来越广泛,市场引领作用越来越明显,产品旺盛的需求直接带动了相关产业的迅猛发展。

表2-22 "2017年中国500最具价值品牌"行业分布前10位情况

2017年500品牌行业分布				2016年500品牌行业分布			
次序	省份/地区	品牌数	百分比	次序	省份/地区	品牌数	百分比
1	食品饮料	82	16.40%	1	食品饮料	75	15.20%
2	轻工业	65	13.00%	2	轻工业	56	8.40%
3	建材	41	8.20%	3	建材	42	8.40%

续表

2017 年 500 品牌行业分布				2016 年 500 品牌行业分布			
4	传媒	35	7.00%	4	传媒	38	7.60%
5	汽车	33	6.60%	5	纺织服装	37	7.40%
6	纺织服装	29	5.80%	6	汽车	37	7.40%
7	医药	27	5.40%	7	医药	28	5.60%
8	金融	25	5.00%	8	金融	26	5.20%
9	机械	25	5.00%	9	机械	23	4.60%
10	通信电子	22	4.40%	10	化工	20	4.00%

资料来源：世界品牌实验室（www.worldbrandlab.com）。

从上海入围中国 500 最具价值品牌的行业分布来看，排名前五的行业分别是纺织服装、金融、食品饮料、珠宝和日化，占比分别是 16%、11%、11%、8%和 8%。由此可见，上海的最具价值品牌企业是轻工业和服务业为主，凸显出上海传统企业品牌在现代市场经济环境下对消费需求的把握和产品创新的能力。

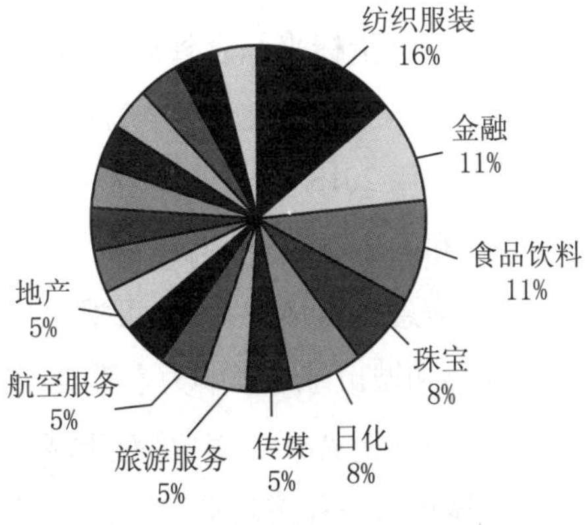

图 2-10　2017 年中国 500 最具价值品牌上海入围品牌行业分布

一方面，与全部 500 家中国最具价值品牌入榜企业的行业分布相比较，可以看出排名靠前的行业分布相差较大。纺织服装和金融行业在上海最具价值品牌方面贡献最大，其次才是食品饮料，纺织服装业品牌的发展与上海“红帮裁缝”的历史紧密相关，可以说是沪上老一代裁缝撑起了上海纺织服装品牌的一片天。以交通银行、上海银行为代表的金融业品牌,反映出上海在集聚发展金融市场的资源优势和国际金融市场开放性程度的不断提高,努力建设成为国际金融中心的基础条件将更加优越。

另一方面,这些行业大部分都不属于高科技、创新型的制造业,这反映出我国及上海市整体品牌企业的产业能级仍面临提升,经济转型升级压力依然突出。

三、 长三角地区城市品牌发展横向比较

(一) 基于城市竞争力排名的分析

城市经济竞争力是城市综合竞争力中极为重要的构成要素,并与城市品牌影响力高度相关,成为城市吸引和利用各经济要素的重要参考指标,是形成城市风格和城市品牌的主要驱动力。

国外有关城市竞争力的评价或排名活动由来已久,国内也有多家机构每年定期发布相关排名信息,这些城市竞争力排名往往是基于产业发展、企业实力、城市资源、经济环境等多方面指标来综合评测的,具有较强的客观参照意义。中国社会科学院每年发布的《中国城市竞争力报告》具有权威性和科学性,市场影响力较大,本节将采用 2013 年至 2016 年中国社会科学院发布的城市竞争力排名数据进行分析和阐述。

通过对城市竞争力排名信息进行横向对比,可揭示出地区直接经济发展差异程度、城市社会环境优势和城市综合影响力水平等,各个具体单向指标也可以反映出城市个性化经济和社会特征。因此,对于城市竞争力的综合比较分析,有助于从宏观上把握城市微观经济活动、消费行为和产业领域的整体品牌实力。

1. 城市综合经济竞争力方面。2016 年 5 月 15 日,《城市竞争力蓝皮书:中国城市竞争力报告 No.13》在北京发布。蓝皮书内容显示,2016 年全国综合经济竞争力指数排名前十的城市依次是:深圳、香港、上海、台北、广州、天津、苏州、北京、澳门、无锡。上海作为中国重要的经济中心城市,排名屈居第三,

而且纵向来看,“不进”更揭示出上海的城市经济竞争力的持续动能有所不足。

从大的经济区域来看,在综合经济竞争力十强城市中,长三角地区的城市数量并不占优势,有上海、苏州、无锡三个城市入榜,而浙江省没有城市选入,可见尽管作为中国综合实力最强的经济中心的长三角地区,内部城市竞争力差异也非常明显。

表 2-23　2013—2016 年城市综合经济竞争力指数排名情况(前 10 位)

2013 年	城市	2014 年	城市	2015 年	城市	2016 年	城市
1	香港	1	深圳	1	深圳	1	深圳
2	深圳	2	香港	2	香港	2	香港
3	上海	3	上海	3	上海	3	上海
4	台北	4	台北	4	广州	4	台北
5	广州	5	广州	5	台北	5	广州
6	北京	6	天津	6	天津	6	天津
7	苏州	7	苏州	7	北京	7	北京
8	天津	8	北京	8	苏州	8	澳门
9	佛山	9	澳门	9	澳门	9	苏州
10	澳门	10	无锡	10	无锡	10	武汉

资料来源:2013—2016 年中国社会科学院财经战略研究院发布的中国城市竞争力报告。
网站地址:http://naes.org.cn/article/34847

与深圳排名上升的情况不同,上海近年来在该排行榜中多年来一直稳居第 3 位。在综合竞争力分项表现方面,上海也体现出不同特点:一是从综合增量竞争力分项指数来看,上海整体情况较好,但“创新不足”的城市发展局面没有根本改观,上海侧重于贸易、金融、航运、旅游、专业服务等重点领域发展,但对一些规模虽小但极有潜力的新兴产业、企业关注不足,这将会导致上海新兴产业品牌、企业发展滞后,不利于培育和发展出新的一批可能具有国际影响力的新兴产业品牌,这对上海想要提升城市竞争力和打造国际经济中心的规划目标来说无疑是有影响的。

2. 城市可持续竞争优势方面。从发布的 2013 年至 2016 年城市可持续竞争力指数排名情况来看,最近四年稳居第一的城市是香港,凸显出香港在城市长期发展前景中的无可匹敌的竞争优势。与2015年相比,北京取代上海位居第二,作为全国经济龙头的上海,其竞争地位受到冲击;广州、杭州、南京超越澳门,分别位列第五、六、七位,大连进入2016年可持续竞争力十强城市榜单,位居第十。

与长三角其他城市排名相比,上海在可持续竞争力优势方面比较突出,特别是在知识城市、和谐城市、生态城市、文化城市、全域城市和信息城市等六大分项竞争力方面,上海的等级排名均较为靠前,这体现出上海在建设国际化品牌大都市和“四个中心”发展战略背景下,城市在细分领域建设方面取得了显著成效。

分别隶属于浙江省和江苏省的杭州、南京两个城市的可持续竞争力排名比较稳定,2016年的名次略有上升,城市未来发展空间和竞争优势较为可期。相比之下,最近几年江苏省苏州市的城市可持续竞争力排名不断下降,在2016年已经跌出前十名,值得关注。安徽省在长三角地区中经济发展水平滞后一些,无一城市进入可持续竞争力前十排名。由此可见,作为长三角地区重要组成部分的安徽省,其城市发展的水平在区域内差距仍较大,城市品牌影响力和发展优势不够明显。

表2-24 2013—2016年可持续竞争力指数排名情况(前10位)

2013年	城市	2014年	城市	2015年	城市	2016年	城市
1	香港	1	香港	1	香港	1	香港
2	上海	2	上海	2	上海	2	北京
3	深圳	3	北京	3	北京	3	上海
4	北京	4	澳门	4	深圳	4	深圳
5	澳门	5	深圳	5	澳门	5	广州
6	广州	6	广州	6	广州	6	杭州
7	杭州	7	杭州	7	杭州	7	南京
8	厦门	8	苏州	8	苏州	8	澳门
9	青岛	9	南京	9	南京	9	青岛
10	南京	10	厦门	10	青岛	10	大连

资料来源:2013—2016年中国社会科学院财经战略研究院发布的中国城市竞争力报告。

从城市竞争力排名各方面信息来总体判断，上海竞争实力雄厚但城市创新力量不足，具有培育和发展城市品牌的优越环境，尚待提升品牌拓展和品牌成长的驱动力；特别是在提升城市活力、发展创新型经济方面亟待加大力度。

（二）长三角地区品牌发展比较

中华老字号，作为承载着中华民族经济、文化、民族、传统故事的民族品牌，凝聚着无数中国人的感情。振兴中华老字号，不仅是对一个品牌、一个行业的振兴，更是对国家的振兴、民族的振兴，是对民族自信、文化自信的有力传播和弘扬。

以下结合“中华老字号品牌价值百强榜”、各省市拥有的商标数量等指标，对长三角地区（本书仅指江苏省、浙江省、上海市，即“两省一市”，下同）的品牌发展情况进行比较。

1. “中华老字号品牌价值百强榜”①的发展比较。总体上看，国家商务部评定的第一批、第二批总共 779 个中华老字号，涉及的行业主要包括酒业、中药、商业、餐饮、服装、食品、茶业、日化、珠宝首饰和其他产品、服务等。其中酿酒、中药、商业和餐饮行业等品牌行业，拥有较高的市场价值；这些行业拥有最多的 A 股上市公司，其中酒类和中药类公司占比最高。

就长三角地区的中华老字号品牌的行业分布情况来看，上海的中华老字号品牌主要分布在服装、食品和日化行业等领域，这几个领域品牌数量占比达 70%以上。相对而言，江苏的中华老字号品牌分布较分散，商业、酒业、食品、日化、茶业、医药和餐饮都有分布；浙江的中华老字号品牌则主要集中在酒业和医药。

表 2-25　“2014 年中华老字号品牌价值百强榜”（江苏地区）

单位：亿元

排名	品牌名称	品牌价值	企业名称	行业	省份
3	洋河	763.21	江苏洋河酒厂股份有限公司	酒业	江苏
26	中央商场	142.38	南京中央商场股份有限公司	商业	江苏
51	南京新百	45.59	南京新街口百货商店股份有限公司	商业	江苏
72	恒顺	31.26	江苏恒顺醋业	食品	江苏

① 该份榜单只发布至 2014 年，之后没有再发布。

续表

排名	品牌名称	品牌价值	企业名称	行业	省份
85	谢馥春	25.37	扬州谢馥春化妆品有限公司	日化	江苏
90	玉露春	20.31	苏州玉露春茶叶有限公司	茶业	江苏
92	白敬宇	20.17	南京白敬宇制药有限公司	医药	江苏

资料来源:根据“2014 年中华老字号品牌价值百强榜”相关数据整理。

表 2-26　“2014 年中华老字号品牌价值百强榜”(浙江地区)

单位:亿元

排名	品牌名称	品牌价值	企业名称	行业	省份
9	利群	300.32	杭州卷烟厂	其他	浙江
24	古越龙山	148.85	中国绍兴黄酒集团有限公司	酒业	浙江
38	会稽山	65.42	会稽山绍兴酒有限公司	酒业	浙江
46	西泠印社	50.49	杭州西泠印社有限公司	其他	浙江
59	震元堂	38.31	浙江震元堂医药连锁有限公司	医药	浙江
65	解百	35.37	杭州解百集团股份有限公司	商业	浙江
79	胡庆余堂	29.21	杭州胡庆余堂国药号有限公司	医药	浙江
83	咸亨	25.75	绍兴市咸亨酒店有限公司	餐饮	浙江

资料来源:同上表。

从“2014 年中华老字号品牌价值百强榜”上榜品牌数量看,长三角地区两省一市分别是:上海(14 个)、浙江(8 个)、江苏(8 个),上海在数量上保持较大优势,特别是从品牌价值总量来看,上海的中华老字号发展上榜品牌价值总量为 1714 亿元,几乎是江苏(1063.55 亿元)和浙江(693.7 亿元)两者的总和。进一步与其他排名靠前的省市相比,长三角地区的优势并不明显,特别是北京市上榜品牌多达 36 个,多于长三角两省一市的总和。

通过以上分析可以认为,在老字号品牌数量和价值总量上上海都占据绝对优势,是长三角地区当之无愧的龙头城市,但行业分布高度集中于服装业和食品日化业,属于竞争激烈的传统行业,行业可持续竞争力不容高估。江苏和浙江虽在品牌数量和价值总量上略逊一筹,但从行业分布来看,其持续发展的可以说是优势行业,具有很强的进入壁垒和行业排他性,不失为一种行业竞争力和品牌发展优势。

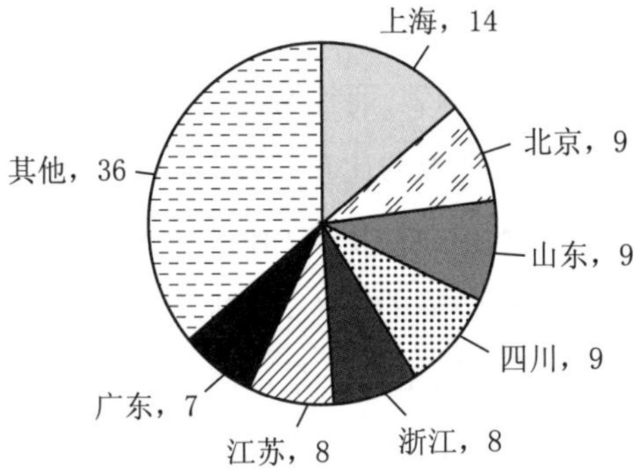

图 2-11 中华老字号品牌价值百强榜主要地区分布

资料来源:http://www.brandcn.org/Info.asp?id=803

2. 长三角地区的商标数据分析。随着我国经济的转型升级,商事制度改革带来市场主体自主创新活力不断增强,全国商标注册申请量持续保持快速增长态势。近年来,国家大力推进商标注册便利化改革,切实加强商标监管执法,积极推动商标品牌战略实施,为推动品牌引领经济发展,建设商标品牌强国发挥了积极作用。

据国家工商总局数据显示,2016 年商标注册申请量 369.1 万件,同比增长 28.35%,再创我国商标申请历史新高,并连续 15 年位居世界第一。

对于地方城市而言,商标注册方面的数据既直接体现了企业品牌和城市品牌的发展状况和实力,又从侧面客观反映了一个地区的经营业态变化、企业发展趋势以及商标保护状况,有利于当地政府把握商标监管规律和商标培育发展方向,从而进一步增强品牌建设工作的科学性、针对性和实效性。

(1) 商标申请和注册总体情况。根据国家工商总局商标局的统计数据显示,截至 2016 年底,上海有效注册商标总量达 69.7 万件,比“十二五”期初增长 166.33%,上海近五年年均新增注册商标约 8.7 万件;现拥有中国驰名商标 179 件、著名商标 1300 件。上海平均每 100 个市场主体拥有 26 件注册商标,已提前 5 年完成《上海市实施商标战略中长期规划纲要(2011—2020 年)》中制定的国内有效注册商标总量的目标。

近几年来,上海市商标申请量、有效注册量及在全国所占比重稳中有升。

2016年,上海市商标申请件数为257616件,比上年增长24.2%;商标注册件数为158380件,比上年增加20.04%;商标有效注册年均增速保持在20%左右,且上海地区有效注册商标占全国的比重从5.5%上升至6.3%,增速稳定。[①]这显示出上海地区的市场主体对商标培育和商标保护意识不断加强,企业也加大了对产品商标与产品品牌塑造的投入,逐渐建立起企业品牌管理体系和明确品牌战略发展方向(具体情况见表2-27)。

表2-27　2011—2016年上海市商标申请和注册总体情况

单位:件、%

年度	申请件数	注册件数	有效注册量	有效注册增速	占全国有效注册量
2011	83998	56540	261800	—	5.5
2012	91867	59679	316442	20.87%	5.7
2013	106374	57354	364528	15.20%	5.7
2014	137615	76482	431987	18.51%	5.2
2015	207394	131545	548362	26.94%	6.0
2016	257616	158380	697251	27.15%	6.3

资料来源:2011—2016年《中国商标战略年度发展报告》。

(2)长三角地区商标有效注册量情况与全国对比。同样根据国家工商行政管理总局的资料显示,2016年,在全国31个省、自治区、直辖市及港澳台地区中,上海的商标有效注册量居第五位。国内有效注册量排名前5位的省(市)依次为广东省(2043798件)、浙江省(1315742件)、北京市(893743件)、江苏省(743670件)、上海市(697251件),前十名排名情况见图2-12。

上海有效注册商标总量在全国排名第五,尽管相对于全国总量排名前两位的广东和浙江,上海市场主体所拥有的注册商标总量不占绝对优势,但其商标注册意识相对来说还是较高的,平均拥有量也较多,平均每100个市场主体拥有26件注册商标。长三角地区、省一市也排入前五名,总体来说,长三角地区的商标注册业务发展良好,同时反映出商标总量与区域经济发展的高度相

① 参阅:中华人民共和国国家工商行政管理总局商标局、商标评审委员会编著:《中国商标战略年度发展报告(2016)》,中国工商出版社2017年版。

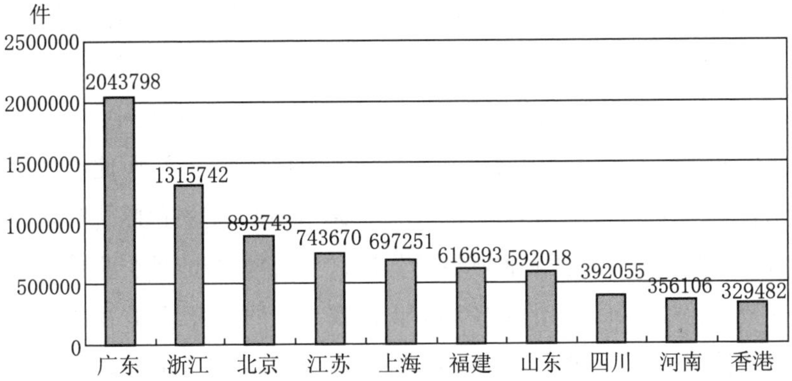

图 2-12　2016 年各省市商标有效注册量排名前 10 位(单位:件)

资料来源:同上表。

关性。

(3) 长三角地区商标申请和注册统计对比分析。2016 年,长三角地区三省一市的商标申请总量为 883130 件,占国内总申请量的 25.04%;商标注册总量为 524685 件,占国内总注册量的 24.76%;有效注册总量为 2996329 件,占国内有效总注册量的 26.99%。其中,就商标申请量而言,浙江地区商标申请数量为 327572 件,占比最高;上海地区申请数量为 257616 件,居其次;江苏地区申请数量为 209900 件,安徽地区申请数量为 47243 件,占比最小。注册件数和有效注册量方面也是类似比例情况(具体见表 2-28)。

表 2-28　2014—2015 年长三角地区商标申请和注册统计对比表

单位:件

省份	申请件数(件)			注册件数(件)			有效注册量(件)		
	2014 年	2015 年	2016 年	2014 年	2015 年	2016 年	2014 年	2015 年	2016 年
浙江	196993	231125	327572	133874	210905	193348	965127	1149703	1315742
上海	137615	207394	257616	76482	131545	158380	431987	548362	697251
江苏	122817	155670	209900	79943	127553	125314	516356	632187	743670
安徽	47243	60054	88042	29568	48570	47643	149904	194580	239666

资料来源:2014—2016 年《中国商标战略年度发展报告》。

浙江省在商标有效注册量方面在三省一市中有较为明显的优势,在注册件数、有效注册量等指标方面几乎是江苏和上海两地总和,这得益于浙江数量众多的中小企业,它们是注册商标的“主力军”。在发展过程中,中小企业在技术研发和创新发展过程中必然会产生新的商标注册需求,由此可见浙江地区对培育新一代企业品牌具有其他两地短期内难以超越的战略优势。尽管市场经济在品牌发展中发挥着根本性的作用,但不容忽视的是企业自主品牌的培育和发展仍离不开政府的保护和知识产权制度的完善,只有在以上诸多因素齐备的情况下,代表着未来发展方向的新兴产业品牌才能在国际竞争的浪潮中“乘风破浪”。

所以,虽然目前上海和江苏地区的商标有效注册量上没有优势,但是上海的产业发展环境和政策优势,江苏大规模、高水平的制造工业和技术创新的优势,都将是下一阶段品牌发展的独占优势和条件。

四、上海市品牌发展存在的困局及制约因素

(一)上海企业自主品牌的发展困局

1. 世界级名牌较为缺乏,自主品牌产业层次有待提升。上海在长期发展中形成了一批批“响当当”的本土品牌,并得到了消费者的高度认可,但从产业能级看,上海的自主品牌,尤其是那些面向世界市场的自主品牌,多数集中在服装、商业、电子产品等行业,消费层次不高、技术含量提升缓慢、产品附加值较低,更多体现为依靠大规模制造来降低成本。加上产品需求弹性小,国内外各路品牌冲击力强,导致上海的许多企业虽然拥有自主品牌,但利润仍十分微薄,且受技术、环境等非关税壁垒的制约日益加深,也很容易受到“倾销”的指控,品牌发展空间有限。

2. 国外品牌实力强大,本土品牌成长不足。改革开放以来,上海市大力发展外向型经济,通过吸引外资外企,助推上海经济的飞速发展。在此过程中,大批海外品牌纷至沓来,其中不少外资企业以品牌入股,并采取“技术+品牌”输出的策略,不仅节省了大量的产业资本,还通过品牌营销和品牌推广获得了

巨大的市场收益，占据了市场重要地位。在许多高科技产业领域，实力强大的外资品牌对本土品牌发展形成了一定的“挤出效应”，使得上海企业自主品牌的发展壮大面临外部压力。在市场拓展中，类似丰田汽车、三星集团等一大批国外品牌一是采取推行多品牌、细分市场战略，试图占领从低端到高端的各个细分市场，从而对国内竞争对手形成全方位挑战；二是跨国公司通过合资或者实施并购等战略，收购重组上海企业自主品牌，使得一些本土品牌受到外方控制乃至淡出大众视线。

3. 企业产品创新能力不强，企业品牌内涵培育滞后。产品是品牌的物质载体，品牌是产品的价值保障，因此品牌与产品的关系是“名”与“实”的关系，而且品牌的持续发展与产品的创新升级有着极为密切的关系，因此全球各大公司均高度重视产品研制与品牌维护。近些年来，上海一些国有企业虽然重视海外技术的引进，但相对忽视对技术的消化吸收和二次创新，在企业内部对于产品创新的投入也相对不足，不仅导致企业在关键核心技术领域创新能力薄弱，也削弱了自主品牌的产品基础，延缓了自主品牌的发展步伐。进一步看，根据品牌经济学理论，企业品牌的内涵主要包括知名度、美誉度和忠诚度三个方面，三者相辅相成、共同构成品牌的内涵体系。纵观当前上海本土企业品牌的发展情况，重知名度而忽视了其他两个方面的案例普遍存在，因此美誉度、市场忠诚度等方面已经成为阻碍上海品牌崛起的“短板”。

(二) 上海市品牌发展主要的制约因素

1. 微观层面。(1) 制约因素一：企业品牌战略意识仍较为淡薄。虽然近年来中央和地方高度重视品牌建设工作，且国家品牌战略已起步，但总体上看我国品牌发展仍处于初级阶段，多数企业尤其是中小企业，品牌意识还相当淡薄。许多企业经营者认为创立品牌就是多注册几个商标，多开发几个产品，而没有看到品牌背后所具有的价值。有的企业虽然知道一个好的品牌会带来高额的附加值，但由于品牌战略理论缺乏，或囿于资金、规模等多种因素，约束了企业自主品牌的创建意愿。目前，我国有 170 多类产品的产量居世界第一位，但却少有世界水平的品牌。从整个国内企业来说,实施品牌战略、发展具有自主品牌的产品仍处于意识萌发阶段。

(2) 制约因素二:企业品牌自我保护意识不强。品牌作为企业最重要的无形资产,对于企业发展有着极为重要的支撑作用,并需要企业精心呵护、对于市场各类侵犯品牌权益的事情进行法律维权。但是由于长期以来国内知识产权维护制度比较滞后,使得国内许多企业自我保护意识较弱。例如,近年来国内不少名牌在海外被其他企业抢注,造成企业无形资产的损失,对企业进入国际市场形成巨大的负面影响,甚至导致一些企业被迫放弃多年经营并赖以生存的品牌,失去了实施“走出去”战略的最佳时机。而与国外专业化律师中介机构相比,国内知识产权维护的水平又比较有限,进一步制约了企业品牌的自我维护。在“中国制造 2025”战略框架下,中国急需从“制造大国”转变为“品牌强国”,上海作为科创实力强、开放程度高的城市之一,有条件、有能力率先以高质量产品、优秀品牌形象和高内涵品牌价值来立足国际市场,不断开发出国际一流的知识产权成果,规范开展知识产权保护,有助于全面提高中国品牌的国际市场竞争力、影响力、话语权。

(3) 微观层面其他制约因素:以“中华老字号”为例

上海本土企业中有相当大比例都是国资国企,特别是一些“老字号”企业往往都经历了“家族企业—公私合营—国有企业——混合所有制(或私有化)”的变化历程,在社会主义市场经济条件下,传统的经营模式与理念难以适应新时期发展的要求,这导致许多“老字号”企业品牌难以为继。而根据商务部的资料显示,体制转换难、网点流失严重、缺乏创新机制、人才流失严重这四大难题正威胁着一批“老字号”的生存。[①]与一般品牌企业共性的是,老字号品牌生存和发展的关键问题在于不断创新,不同的是在传承好特色工艺、产品花色、诚信质量、企业文化的同时,更要做好技术创新、产品创新、管理创新等。

从上海及其他省市“中华老字号”发展情况看,其他的制约因素还包括:

---

① 参阅林潇、曲倩影:《拿什么拯救老字号》,《南昌日报》2013 年 10 月 21 日。

一是产权不够清晰。一些"老字号"在新中国成立前后都改造成为国有企业,并按照计划经济方式开展经营,但由此使得发展后劲明显不足。在市场经济时代,随着股份制改造的不断推行,企业产权制度变得模糊,制约了企业的决策与发展。

二是治理结构和管理理念滞后。许多老品牌在保持传统品牌的同时,产权制度、治理结构、管理理念也保持延续,尚未建立产权明晰的现代企业制度,这在食品餐饮行业等传统产业非常明显,这导致许多老品牌"固步自封"。

2. 宏观层面。(1) 制约因素一:品牌经济建设环境仍有待优化。品牌经济建设是一个系统工程,不仅需要有企业作为微观载体,还涉及法律法规、管理制度、城市文化、行业自律、品牌认证、技术标准乃至基础设施等一系列软件、硬件因素。这些因素可以归结为一类,即环境因素。上海虽然自开埠以来,曾经是全世界品牌云集、品牌创新活跃的活力区域,但受计划经济的长期影响,品牌意识逐渐淡化、相关软件和硬件建设逐渐滞后,难以满足品牌经济发展要求。特别是上海正处在"创新驱动发展,经济转型升级"的关键时期,更加需要按照规范化、市场化、法制化、国际化的要求,大力塑造适合品牌成长与规范发展的区域环境,形成人人重视品牌的文化氛围、人人尊重知识产权的法制氛围。但与发达国家相比,上海及国内各省市在这些领域都比较欠缺。

(2) 制约因素二:品牌专业中介服务业亟待发展。中介服务业是经济发展的润滑剂、助推器和清障机,所谓"专业的人做专业的事"在中介服务业有最为直观的体现。从品牌经济建设的业务流程看,可以细分为诸多具体环节,如品牌评估、价值分析、增信管理、商标注册、品牌策划、品牌法律、品牌人才、品牌培训,等等。这些细分领域虽然可以与目前已经在快速发展的会计师事务所、律师事务所、信用评估公司、人才中介机构等相对应,但这些机构的业务都是具备普遍性、常规性的业务特点,不一定能够符合品牌建设的专业需求。特别是在面向国际的知识产权维权等领域,更需要精通国际法律业务的专业机构、专业人才。

五、 上海市品牌发展的趋势、展望与建议

(一) 趋势与展望

在经济全球化背景下,品牌已成为后工业化城市发展和产业经济的重要标志,成为国家综合竞争力的象征。据联合国工业计划署的一项统计,占全球品牌数量不到3%的世界级名牌,其产品却占据着全球五分之二以上的市场份额,其销售额更是占到全球的近二分之一。由此可见,从企业方面来讲,从产品到品牌,从品牌到名牌,从国内名牌到世界名牌,其品牌的市场影响力将不断扩大、产品市场份额将不断提高,将驱动企业价值不断积累和区域城市形成竞争力,助推中国企业迈向国际产业链中高端,掌握产业话语权;从区域经济乃至全国经济发展方面来讲,发展品牌经济是提高我国经济发展质量和效益,主动适应经济新常态,增强区域产业竞争力和国家综合国力的现实需要。

在我国"打造中国经济升级版"的国家战略中,品牌经济堪称其中的加速器。面向2020年,上海将加快建设"四个中心"和具有全球影响力的科技创新中心,这都需要相当数量的品牌企业作为支撑。2015年,上海市品牌建设工作联席会议曾明确指出,上海品牌经济特征越来越明显,在"十三五"期间,要着力推进品牌经济发展,在注重中华老字号品牌创新的同时,加大力度培育战略性新兴产业大品牌,使战略性新兴产业获得更高发展水平以及更高价值,不断提升城市品牌的综合竞争力。"一定要有响亮的上海名牌商品",要"做大产业,做强企业,做响品牌",这是上海这座城市对品牌企业、对经济升级的迫切呼声。近年来,上海市也深入贯彻落实中央有关战略精神,出台相关文件,大力推动品牌建设与品牌经济发展。2015年11月23日,中共上海市委举行常委会,审议并通过《关于加强知识产权运用和保护支撑上海科技创新中心建设的实施意见》。该意见指出,上海将深刻把握全球知识产权发展趋势以及新特点,进一步推进亚太知识产权中心建设,让知识产权在"十三五"期间成为上海城市转型、品牌发展重要的支撑性力量。这清晰反映了未来一段时期,上海市加强知识产权保护、推动科创中心建设的路径,这也是品牌经济发展的重

要路径。

(二)建议

1. 采取振兴老品牌与培育新品牌并举策略。上海要在加快品牌企业创新发展的同时,着力开发、提升社会老字号品牌价值,形成新、老品牌协同发展的新格局。一方面需要老品牌推陈出新、旧貌换新颜,实现创新发展,另一方面要有一批批的新兴品牌不断崛起,形成上海品牌经济新动能。

在振兴老品牌方面,要结合上海老品牌的产业布局情况来分析,这些品牌目前主要集中于消费品、轻工业等传统领域。就轻工业而言,主要原因在于上海是我国近代轻工业的主要发祥地之一,是我国轻工业知名品牌和老字号荟萃之地。根据2017年的数据,上海轻工业有规模以上企业2500余家,拥有中国驰名商标145个、中华老字号180个、上海市著名商标1723个、上海名牌1240项、上海老字号42个。进一步看,归属于轻工业的老产品按其经营状况大体可分为三类,第一类是能够在全国行业内保持优势地位的约占20%,如老凤祥、上海家化、光明食品等。第二类是虽然在市场上仍占有一定份额,但市场影响力和知名度已“日渐式微”,这类品牌约占50%,如上海牌手表等。第三类品牌接近“名存实亡”,已极少销售产品,市场影响力已十分微弱,约占30%,如蜜蜂牌缝纫机、水仙牌洗衣机等。在振兴老品牌过程中,要力争实现政策的针对性,甚至是“一牌一策”、最大限度提升老品牌生命力。对于良性发展的品牌,采取扶优支持、大力发展的策略;对于中游品牌,有关部门要深入调研、抓准问题、着力解决、焕发活力;对于弱势品牌,则积极推动不同所有制企业的同业重组,使老品牌能够成为“壳资源”而重新焕发活力。其中扶持的重点是优势品牌。另外,探索推行“老字号品牌振兴工程”,围绕上海老字号、驰名商标的重振,梳理一批具有恢复条件的上海老品牌,加大政策扶持力度。鼓励老字号品牌申请国际商标注册。将“品牌价值振兴工程”列入“十三五”重点专项。开展上海老字号品牌企业振兴示范试点工作,做好对典型经验总结的推广引导工作。

在培育新兴品牌方面,要注重从传统的消费品类品牌为主向先进制造业和金融、保险、物流等现代服务业的全面转型、升级。除了进一步发挥国有企业的创新主力军作用,还要注重广大民营企业主品牌塑造与创新中的作用。特别是在一些快速成长的新兴产业领域,更适合于民营企业以及新品牌的成长,这些企业以创新创业的冲动和更为灵活的经营机制,往往能够在新兴产业领域快速打造成为具有较强市场影响力的民营品牌。在此方面,可以积极推行"本土品牌创新工程",遴选一批具有较强创新意识、良好品牌意识的本土企业,通过政策支持、窗口指导、品牌培训、简化流程等方式,助推一批企业加快形成品牌发展战略。将核心技术自主创新品牌建设纳入区域创新体系予以扶持。按照产业集群的导向,将相关产业的品牌企业加快向产业园区集聚,并实施园区品牌发展规划,为品牌企业成长提供多元化的服务和良好的园区环境。

2. 高度重视知识产权保护。品牌与知识产权密不可分,知识产权保护就是品牌发展的生命根基,所以保护知识产权就是保护品牌。结合国际知识产权发展情况,上海加强知识产权保护要把握两大趋势,一是随着后金融危机时期全球创新浪潮不断涌现,世界知识产权申请量每年仍将呈现上升趋势;二是对知识产权的保护制度将更为严格、完善。现在全球 180 多个国家和地区都建立了知识产权制度,而随着市场竞争的日趋激烈,各国品牌企业为原动力,正在推动其本国知识产权制度的更为严格、体系更为完善,从而为品牌企业提供更为强大的法律保障。

上海未来几年将全面推动具有国际影响力的科创中心建设,其核心也在于科技创新,进而是知识产权保护,这对品牌企业成长与发展是极为重要的。在政策方面,加强知识产权保护的工作重点,一是在国家法律法规的框架下,出台完善地方规章制度,对于侵犯知识产权行为给予严厉打击,使品牌知识产权得到更有力的制度保障。二是要加强知识产权的司法保护。2014 年上海已建立知识产权法院,2015 年 4 月又在上海自贸区建立专门的知识产权法庭,这些措施就是为了进一步强化知识产权的保护。同时,要推进上海亚太知识产权中心城市建设。三是强化知识产权的信用体系建设,借助上海市公共信息服务平台和央行征信系统,将知识产权行为纳入信用记录,为市场交易提供信用参考,对于侵害品牌知识产权的恶性行为予以黑名单记录。四是加快上海知识产权服务业发展。五是深化上海知识产权行政管理体制的改革,完善司法保护、行政监督、仲裁、第三方调解等知识产权多元化的纠纷解决机制。

3. 鼓励企业确立品牌发展愿景与品牌战略。在品牌经济建设过程中,各类企业是主力军和微观载体,因此应当通过政策引导、市场激励、社会舆论等多元化渠道,形成企业争相发展品牌的良好格局。上海市可借助老品牌云集、新品牌不断成长、国际品牌快速集聚的综合优势,鼓励企业成立品牌建设部门,树立明确的品牌发展战略。鼓励各类企业加大技术研发投入,稳步推进以自主知识产权为主的自主品牌建设。鼓励企业商业模式创新,培育具有海派商业文化鲜明的特色品牌。鼓励上海自主品牌走出去,通过海外市场拓展与跨国并购等方式,统筹国内外资源。

同时,为扩大品牌企业的辐射和发展空间,最大限度发挥品牌价值,可以鼓励企业以品牌为核心不断拓展强化企业软实力,企业应适时对品牌实施外向拓展:一是实施“走出去”战略,塑造品牌国际化。当今世界已是品牌的世界,品牌的标志——商标无处不在,深刻地改变并引导着人类生活。在“走出去”过程中,除了发扬自主品牌之外,还可以积极实施品牌收购战略,通过品牌并购进入国际市场是品牌国际化的一种途径,如联想并购 IBM 的笔记本电脑业务而成为全球最大的电脑供应商之一。二是积极借助互联网技术实施“互联网+品牌”战略,打破传统经营范式,推行线上线下融合(O2O)的商业新模式,不断扩大企业产品品牌在互联网经济领域的影响,使品牌获得更为广泛的认可。

4. 大力集聚国际化品牌专业人才。加强品牌建设人才培育,探索开发“企业品牌规划师”等专业资格认证,可在质量工程师职业资格系列中设立质量品牌师职业资格,尽快形成一支具有品牌管理能力和品牌发展能力的高层次专业人才。探索由政府部分出资,带动社会资本投资,设立品牌发展基金,为各层次品牌建设与发展提供坚实的资金基础,以保障传统品牌迸发活力和新兴品牌。建议成立上海品牌发展研究中心,集中我国优势团队,全方位开展联合技术攻关,为我国品牌建设提供技术支撑。借助上海会展资源充裕的优势,助推企业开展国内外品牌展示,集中通过组织品牌企业展览和品牌展示,并加强中外品牌企业交流合作,推动本土企业自主品牌拓展国际市场和国际品牌视野,提升中国品牌的国际知名度、美誉度和竞争力,做大做强中国品牌。

目前我国品牌建设存在六个方面问题:品牌质量不够高,品牌的意识不足,品牌培育不够,品牌保护不严,品牌评估不定,品牌制度不全。从以上问题看,品牌建设需要质量为本、意识为先、培育为重、保护为要、评估为准、制度为纲,所以它是微观见诸于宏观的系统工程。从政府角度抓这个事,还要从制度创新上着手。总体战略分为四个方面:品牌建设工作应该纳入国家创新体系和国家工业产业的升级体系中;抓紧完善相关的法律法规;要建立品牌建设的创新机制;政府要加强政策支持、法律保护。

具体政策则分为四个方面:一是品牌保护方面。要实行产权侵权的被告举证制度,加大知识产权法院的建设和法官专业的培训,统一对不同所有制、不同区域、不同国家的品牌保护原则;二是支持政策。对于具有自主知识产权和核心价值的品牌,应该享受各级政府鼓励创新和转型升级的产业政策。优先发展装备工业和高级技师的队伍。对优秀品牌所需要的质量环境的改造要给予财政资助;三是“三个结合”,结合“双创”活动,鼓励个人和家庭自创,结合国资改革,盘活和振兴传统品牌,结合“走出去”,畅通国际品牌合作的通道。四是加大服务,建立政府指导下的社会化、市场化的品牌服务体系,完善品牌评估的质量标准体系,探索建立社会主办、行业自律、市场验证、政府监督的品牌评估机制。

参考文献:

“品牌榜的创新与传承”,《质量与标准化》2016 年第 12 期。

陈岚:“论上海老字号品牌包装设计中海派文化的集体情感共鸣”,《上海包装》2017 年第 2 期。

苑辉:“老品牌复兴守住市场才能守住情怀”,《上海企业》2016 年第 5 期。

杨英:“卓越的全球城市:2013 年以来上海城市品牌建设述评”,《上海城市管理》2017 年第 3 期。

谢京辉:“品牌经济推动城市功能转型——基于上海的经验”,《江西社会科学》2014

年第 34 期。

饶恒:“国家品牌战略带来企业机遇期”,《国资报告》2017 年第 8 期。

刘彦平:“加强服务品牌建设,提升服务业竞争优势”,《中国发展观察》2017 年第 18 期。

董锡健:“固本图新与时俱进——对上海老字号企业与品牌创新发展的建言”,《上海企业》2012 年第 11 期。

于春玲、李飞、薛镭、陈浩:“中国情境下成功品牌延伸影响因素的案例研究”,《管理世界》2012 年第 6 期。

王新新、薛海波:“品牌社群社会资本、价值感知与品牌忠诚”,《管理科学》2010 年第 6 期。

谢京辉:“品牌经济的理论重构及其演化形态研究——兼论中国发展品牌经济的思路”,《上海经济研究》2014 年第 4 期。

邹琳、曾刚:“基于电商平台的国际服装品牌形象提升及对上海的启示”,《世界地理研究》2014 年第 2 期。

谢京辉:“品牌经济与城市的转型升级”,《城市问题》2014 年第 6 期。

江映红:“上海品牌走向全球布局”,《沪港经济》2016 年第 2 期。

陆建非:“上海提升全球城市品牌形象与增强城市吸引力研究”,《科学发展》2016 年第 3 期。

上海质量管理科学研究院课题组李敏珩、郭政、崔继峰:“中国制造业品牌现状、问题及成因‘制造业质量与品牌发展战略’系列研究(一)”,《上海质量》2016 年第 6 期。

郭彦、孙明贵:“老字号品牌价值共创机理及对策研究——基于服务主导逻辑视角”,《统计与信息论坛》2016 年第 9 期。

徐铭:“发展自主品牌是中国经济转型升级的根本出路”,《上海质量》2014 年第 11 期。

郑俊镗:“上海品牌建设的战略思考”,《上海企业》2015 年第 4 期。

“品牌:上海城市转型升级的助推器与标志”,《中华商标》2013 年第 7 期。

郑巍:“促进上海服务贸易向高端品牌化发展探索”,《中国外资》2013 年第 23 期。

李黎:“用工业品牌发展理念构建提升农产品品牌”,《河南农业》2016 年第 25 期。

林升栋、黄合水:“区域产业品牌化战略研究”,《厦门大学学报(哲学社会科学版)》2011 年第 2 期。

祝合良、王平:《中国品牌发展的现状、问题与对策》,《经济与管理研究》2007 年第 8 期。

谢京辉:“驱动品牌经济发展的制度框架与政策建议”,《社会科学》2015 年第 4 期。

第三章
文教体娱上市公司品牌综合指数及排名研究

谢京辉①

一、项目背景

(一) 项目实施背景

为积极贯彻国家品牌发展战略,顺应全球化以及我国市场经济不断深入发展的需要,在新的经济发展形势下,注重和强化品牌意识,打造和推广自主品牌,已成为政府、企业甚至是个人参与经济、社会活动的重要方式,品牌所具有的影响力在经济社会活动中愈发受到各方重视,必须通过品牌价值进一步提升我国的核心竞争力。

第一,品牌价值决定财富实力。无论国家、企业还是个人,品牌都代表了财富。当前,世界财富开始向品牌转移,据联合国工业计划署统计显示,占全球品牌不到3%的世界名牌,其产品却占据着全球2/5以上的市场,其销售额更是占到全球的1/2。对于任何一个企业而言,对品牌的管理意味着对自身财富的管理,而对品牌价值的评估也就是对自身财富的评估。

第二,品牌价值决定竞争力强弱。在市场经济和开放体系下,企业参与其中的过程,往往也是品牌从无到有、从弱到强的过程。品牌融合了企业的生产方式、技术水平、人才结构、文化底蕴等多重因素,具有不可替代的重要性,决定了企业在市场竞争中的地位。现在的市场竞争已经发展到了“品牌竞争”阶段,也就是“品牌核心优势的竞争”,没有品牌的竞争是无力的竞争,没有品牌支撑的商品是脆弱的商品,没有品牌根基的市场可以说根本就不是“已占领的市场”。众多

---

① 谢京辉:上海社会科学院副院长,上海品牌发展研究中心主任,研究员。

商界与投资者都认识到“品牌”才是企业最珍贵的资产。在现代市场体系下，尤其是新一轮开放经济背景下，提升品牌价值也是企业应对全球竞争的必然需求。

第三，品牌价值是中国自主品牌的“短板”。改革开放以后，中国企业一直以其廉价要素成本构筑竞争力，并成功跻身于全球价值链的重要生产环节。然而，在国际品牌主导市场、自主品牌良莠不齐的双重压力下，中国企业品牌发展缓慢，品牌意识和品牌管理能力普遍不高，业已成为制约中国企业发展、制约中国经济转型的短板。

基于上述背景，书稿以上市公司作为主要的研究对象，以其中的文教体制造业为主要案例，通过建立科学客观的评价指标体系，研究和分析了 30 家文教体上市公司的品牌指数和排名，并选择其中具有代表性的上市公司，剖析其在品牌管理中存在的不足之处和改进方向。

（二）项目实施意义

书稿旨在通过对上市公司品牌指数进行计算、评估和发布，从而在企业外部对构建品牌意识和管理体系形成“倒逼机制”，促进企业树立品牌意识，重视品牌管理，形成新的市场活力和竞争力，开辟转型升级新路径。

其意义在于：一是满足国家创新驱动、提质增效、转型升级的战略需求。一方面，从我国“十三五”时期发展目标来看，文化创新已经成为“创新”理念中的重要组成部分。另一方面，从发展实践来看，文化与制造业的融合发展已经成为提升制造业附加价值、改变“中国制造”和“世界工厂”低端形象的重要载体。因此，要实现传统制造业跨越式发展，必须要转型升级，由低附加值产品向高附加值的自主研发、品牌营销转型，形成产业转型升级的先导形态、精英形态和跨越形态。

二是满足产业发展的需求。随着云计算、移动互联、物联网等新技术的快速发展和日趋成熟，市场需求呈现出网络化、数据化、个性化、碎片化、定制化等趋势与特征。此外，由于信息的获得更加便捷，技术和产品的模仿更加容易，也正是因此，传统的以单向推广促销、简单功能诉求、单一渠道传播等为主要特征的品牌营销模式已日益难以为继，随着新技术、新模式、新业态、新产业的兴起,加速品牌的产业化和产业的品牌化,已经成为一国实现经济繁荣必不可少的重要因素。

三是满足企业竞争需求。在经济全球化发展越来越深入的背景下,企业既要应对国内企业的竞争同时也要应对国外企业的竞争,因此企业需要强化品牌意识、更加重视品牌战略的制定与实施,支撑新一代中国自主品牌的崛起。实践证明,中国企业要应对全球竞争,就需要加强对自身品牌的了解,要有危机意识和专业化的品牌管理能力。

(三) 项目实施过程

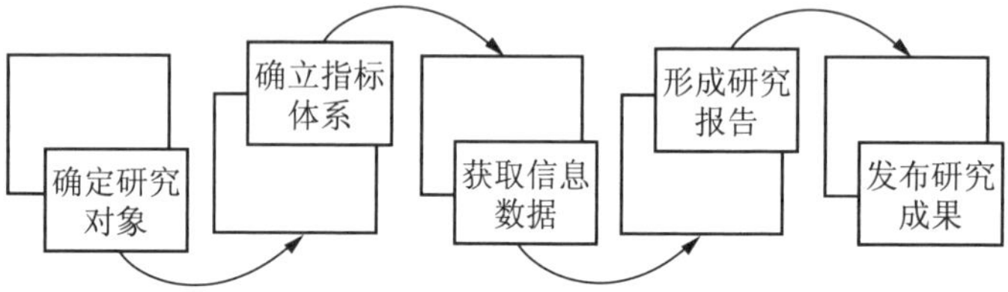

图 3-1　项目实施过程

首先,确立研究对象。为响应国家实施制造强国的发展战略,同时借鉴之前农业板块研究的经验,我们选择了上市公司中的文、教、体育娱乐制造业板块为主要研究对象。一方面,文、教、体、娱制造业作为我国深入实施《中国制造 2025》的一部分,其地位是无可替代的。当前《中国制造 2025》已经成为我国制造业发展的战略基础,在这一战略中,提出要“提高制造业创新能力和基础设施能力,推进信息科技与制造技术深度融合,促进制造业朝高端、智能、绿色、服务方向发展”。另一方面,文、教、体、娱制造业因其具有特殊的文化性质,其高附加值的属性在制造业中也具有独特性。另一方面,该行业同消费市场紧密相关,与人民群众日常精神生活需要密切相连,更具有品牌研究方面的学理性价值。

第二,确立指标体系。我们充分汲取了品牌相关理论研究的成果、现有品牌指数或品牌评估的方法,充分考虑上市公司、文教体娱板块、品牌评估等不同关键词在这一指数中的表现和特征,结合资源、信息和数据的可得性等因素,建立了一套具有适应性和创新型的指标体系,并邀请业内专家对这一指标体系进行了基础评估。研究团队除拜访了多位来自上海社科院经济学、管理学、文化产业研究等方面的专家以外，还有来自证券行业的分析员、金融相关行业专业人员、网络咨询公司专员等，听取他们的意见，力图构建能够从多角度、多层次对行业品牌价值进行评估的指标体系。

第三，获取信息数据。在确立指标体系之后，我们相关数据来源主要包括：(1)上市公司相关数据库。(2)上市公司年报资料及其他公开信息。组织了以硕士研究生为主（共 12 人）的信息搜集团队，系统梳理了包括 wind 数据库、巨潮信息网等在内的以上市公司为主体的咨询平台，整理了所有涉及的上市公司的年报及公开信息，获取其中的相关内容。(3)与第三方数据调查公司合作，大量搜取网络上已有的新闻报道、社交媒体等信息，对参与评价的公司在过去一年之内的社会影响、舆论评价、企业文化等进行大数据分析，从而提高整套评价体系的真实性与时效性。(4)对相关机构和行业研究人员进行调研、访谈及问卷调查等。这些机构包括申万宏源、海通证券、国信证券、大智慧等，发送问卷 200 份，回收有效问卷 183 份。

第四，形成研究报告。在确立指标体系、获取信息数据等核心工作的基础上，形成了以上市公司品牌综合指数概念特征、文、教、体育娱乐板块发展特点、上市公司品牌指数评价、代表性公司品牌指数比较为主要内容的研究报告。

第五，发布研究成果。邀请媒体代表、上市公司代表、政府机构代表和专家学者代表召开发布会，公开发表上市公司品牌指数排名。

二、上市公司品牌综合指数：概念特征

上市公司品牌综合指数是根据上市公司公开数据结合专业测量工具计算、反映上市公司品牌价值、测定上市公司品牌价值变动的一组数据。

(一) 已有品牌指数的计算方法

相对而言，国外的品牌价值评估发展比较成熟，现有的相对权威的国际五大品牌价值评估机构包括 Interbrand、Brand Finance、Future Brand、Young &

Rubicam、World Brand Lab(WBL),其他还有《金融世界》杂志、《福布斯》杂志等。国外品牌价值评估使用的方法有 Interbrand 评估法、世界品牌实验室(WBL)、十要素评估法、尼尔森模型、溢价法、HIROSE 模型等。

国内品牌价值或品牌指数的评估研究起步较晚,2005 年开始中国管理科学研究院企业发展研究中心和中国品牌资产评价中心联合组织国家发改委、国资委、商务部等专家共同参与中国品牌 500 强评选,对全国重点产品品牌资产进行全面评估。另外,北京名牌资产评估事务所参照《金融世界》的评价体系和计算方法,建立了“中国品牌价值评价体系”。直至目前,较有影响力的有中国品牌力指数、胡润品牌指数、北京名牌资产、千家品牌等。从聚焦内容上看,普遍关注的品牌要素为品牌收益、消费者影响力、财务数据、附加值等。

而针对该行业的品牌价值评估,除了上述常规品牌价值评估所必须的要素外,我国国内针对文化企业或文化产品提出了以下两类具有代表性的评估模型:一是 2015 年发布的中国文化企业品牌价值 TOP50,由中国人民大学创意产业技术研究院在中国文化产品交易会上正式发布。此榜单根据我国文化企业品牌发展的实际情况,从文化传承、企业成长、创新能力、市场影响、消费者评价等多角度,构建文化企业品牌价值评估模型测算得出。此次排名情况如表 3-1(前十名)。

表 3-1　中国文化企业品牌价值前十位

排名	企业名称	品牌价值 (百万元人民币)	主营业务关键词
1	腾讯	247779.01	游戏、网络文化
2	百度	65725.65	信息服务、网络文化
3	华侨城	23350.48	文化旅游
4	网易	19893.95	游戏、网络文化
5	金山	9652.6	游戏、软件服务
6	盛大游戏	7339.81	游戏
7	360	5088.49	游戏
8	华谊兄弟	4973.62	影视、娱乐
9	中南传媒	4117.61	新闻出版
10	老凤祥	3885.99	创意设计、珠宝首饰

二是中国产业信息网发布的2015年中国文化产品品牌企业排名，涵盖了包括扑克、钢琴、文具等多个细分文化行业的企业。本课题所涉及的一些上市公司，如姚记扑克、珠江钢琴、晨光文具等在这些排名中甚至夺得行业品牌价值第一名。

（二）上市公司品牌综合指数的主要特征

同其他品牌指数或品牌价值评估不同，上市公司品牌综合指数以上市公司品牌作为主要研究对象。在现有的评估方法中，上市公司或上市公司下属的产品品牌是其中重要的组成部分，但完全以上市公司为对象进行计算的品牌指数排名几乎没有。这也就决定了该指数的独特性。

首先，同一般的企业品牌指数相比，上市公司在一定程度上代表了中国优质企业发展的实力，以此为对象计算的品牌指数更能反映中国品牌发展的实际水平。相对于非上市公司而言，上市公司数据、信息的透明度方面，在以企业品牌（而非产品品牌）为核心的知名度方面更具有优势。

其次，同产品品牌指数或产品品牌价值评估相比，以公司为载体的指数计算不仅包含了有形产品价值，同时还注重考虑企业在文化、管理、技术、创新等方面的综合素质和综合能力。简言之，就是在强调品牌硬实力的同时，还要强调品牌软实力。这一特性也决定了在构建上市公司品牌指数的指标体系过程中，软性指标被放置在同硬性指标同等重要的地位。

第三，以提高上市公司品牌综合管理能力为主要目标。书稿进行指数计算的目的不仅仅是为了对上市公司的品牌价值进行排名并发布（尽管这是其中最为重要、最为基础的环节），更是为了能够通过指数评估剖析上市公司在品牌管理中存在的主要问题，从而促进上市公司树立品牌意识、提升品牌管理能力、提高企业竞争力。

三、文教体娱制造业上市公司发展概况

在经济结构转型的背景下，我国由重化工业向服务导向型产业转型成

为大趋势。随着人民生活水平的提高以及二孩时代的正式到来，文化、教育、体育、娱乐等服务方面的消费在居民整个消费支出中的占比将逐步提升，作为现代服务业的基础，文教体娱制造业将迎来挑战与机遇并存的发展阶段。

文化方面，“十三五”规划建议明确，到2020年，文化产业要成为国民经济支柱性产业，文化作为连接民生与消费两端的重要产业，对于在新的历史发展阶段满足国人精神文化方面的需求与实施大消费战略上都具有十分重要的意义。教育方面，教育法修改在即，二孩时代正式来临、营利性教育组织/公司有望大规模崛起，解决普惠教育之外的多元化等市场效率问题。体育方面，根据国务院46号文的规划，到2025年我国体育产业要达到5万亿元的市场空间，预计整个市场年化增长率将达到13.3%。娱乐方面，智能手机、点事等智能终端的快速成长，AR(Augmented Reality，增强现实技术)、VR(Virtual Reality，虚拟现实)等技术逐渐推广应用，呈现形式在不同的终端上无缝对接，文化娱乐消费方式由之前的被动变为主动，从而进入物联网下的场景文化消费，衍生出更多对娱乐产品制造业的需求。

(一) 文教体娱制造业的行业发展概况

文教体育用品制造业属于我国轻工业中子行业之一，行业规模以上企业数2187家，仅占轻工业企业总数的2.02%，行业各项主要指标占轻工比重亦较小；但文教体育用品各项主要经济指标2016年增速均高于轻工整体水平，行业整体运行态势良好。2015年，我国运动文教体育用品制造业规模以上企业主营业务收入增速高于轻工全行业4.97个百分点，利润增速高于轻工2.83个百分点，亏损面略低于轻工0.54个百分点，在轻工行业换挡调整，进入中速增长阶段的大环境下，文教体育用品依旧保持较高增长水平。在轻工总体出口压力增大，出口额出现负增长的大背景下，文教体育用品出口仍保持正增长态势。同时，行业利润率仍低于轻工全行业0.1个百分点，表明行业盈利能力仍有待进一步提高。

表 3-2　文教体娱制造业发展概况

指　　标	文教体娱制造业	轻工业
规模以上企业数(个)	2187	108395
亏损面(%)	9.56	1.01
主营业务收入增速(%)	9.59	4.62
利润增速(%)	10.40	7.57
主营业务收入利润率(%)	6.35	6.45
进出口总额增速(%)	0.54	-5.35
出口总额增速(%)	1.61	-2.79
进口总额增速(%)	-11.41	-15.65

资料来源:中国文教体育用品协会。

从行业四大子行业主营业务收入分布看,2015 年,体育用品制造完成累计主营业务收入 1393.07 亿元(占 42.66%);文教办公用品制造完成累计主营业务收入 970.83 亿元(占 29.73%);游艺器材及娱乐用品制造完成累计主营业务收入 479.75 亿元(占 14.69%);本册印制业完成累计主营业务收入 422.22 亿元(占 12.93%)。

(二) 文教体娱制造业上市公司发展概况

文教体娱制造业上市公司作为行业中的优质企业典型,在企业管理、商业模式、资本运作、品牌塑造等方面都在同行业企业中具有显著优势。文教体娱上市公司的发展状况不仅能够综合反映所属行业的整体发展现状,也在一定程度上关系到未来整个国民经济文教体娱产业的消费模式与发展运行。

1. 上市历程

根据中国证监会行业分类(新),我国文教体娱制造业上市公司共 30 家,其中 2 家主板,8 家中小板,2 家创业板,18 家新三板。我国第一家文教体娱制造业上市公司是广博集团股份有限公司,成立于 2001 年,于 2007 年登陆深交所上市,主营业务是以纸制品文具为主的文化用品的生产和销售。随后,奥飞娱乐、齐心集团、高乐股份等企业逐步进入到 A 股主板市场。自 2014 年以来,行业新增了 20 家上市公司,其中只有晨光文具和邦宝益智两家公司进入主板,其余均集中于新三板。目前,我国制造业上市公司共 1899 家(不包括新三板),共分为 31 个细分行业,平均每个细分行业的上市公司数量为 60 家左右,科教体娱制造业上市公司只有12家(不包括新三板),说明该行业仍处于初级发展阶段,在资产证券化方面仍有广阔的前景。

表3-3 文教体娱制造业企业的上市历程

证券代码	证券名称	首发上市日期	成立日期
002103.SZ	广博股份	2007-01-10	2001-12-20
002292.SZ	奥飞娱乐	2009-09-10	1993-12-17
002301.SZ	齐心集团	2009-10-21	2000-01-12
300043.SZ	星辉娱乐	2010-01-20	2000-05-31
002348.SZ	高乐股份	2010-02-03	1989-10-14
002502.SZ	骅威文化	2010-11-17	1997-08-26
002575.SZ	群兴玩具	2011-04-22	1996-09-02
002605.SZ	姚记扑克	2011-08-05	1989-09-13
002678.SZ	珠江钢琴	2012-05-30	1967-04-22
300329.SZ	海伦钢琴	2012-06-19	2001-06-15
430384.OC	宜达胜	2014-01-24	2001-11-06
430545.OC	星科智能	2014-01-24	1999-12-16
430518.OC	嘉达早教	2014-01-24	2001-08-15
430681.OC	芒冠股份	2014-04-10	2006-03-22
830877.OC	康莱体育	2014-07-21	2006-03-29
831015.OC	小白龙	2014-08-14	2004-01-06
831192.OC	海明威	2014-10-08	2008-03-14
831326.OC	三利达	2014-11-12	1998-11-11
831461.OC	百年巧匠	2014-12-09	2008-01-14
831489.OC	天衡股份	2014-12-11	2011-12-22
603899.SH	晨光文具	2015-01-27	2008-07-18
832201.OC	无人机	2015-04-13	2011-12-13
832269.OC	耶萨智能	2015-04-13	2011-07-28
832604.OC	中源欧佳	2015-06-15	2009-12-10
832956.OC	光阳游乐	2015-07-23	2004-10-27
832730.OC	蓝贝股份	2015-07-27	2005-08-17
832875.OC	富仕德	2015-07-29	2010-10-08
832961.OC	铜官府	2015-07-30	2012-06-25
834061.OC	佳奇科技	2015-11-06	2002-12-25
603398.SH	邦宝益智	2015-12-09	2003-08-18

资料来源:同花顺iFind数据库。

证券市场的资本运营可以为上市公司的发展带来诸多益处。在公司经营方面,证券市场拓宽了融资渠道。证券市场是一个高效率的直接融资市场,可以根据企业的发展需求发行股票、债券、权证等融资工具,而且在间接融资市场上,相对于非上市企业,农业上市公司在银行贷款方面更具有优势,其完善的现代企业制度将为上市公司带来更高的信贷额度以及更低的贷款利率,极大地降低了企业的生产成本。在品牌建设方面,证券市场一方面是公司品牌的试金石,我国上市公司的条件对公司在盈利能力、公司规模、财务安全性、产品质量及知名度方面有相对严格的要求,所以上市公司相对同行业其他公司应更具有品牌知名度。同时,证券市场也使公司的品牌形象更加凸显,上市公司的一个重要特点就是其信息的公开与透明,信息的传递将不断修正及强化上市公司在公众心中的品牌形象。最后,上市公司的品牌形象将对公司在资本市场上的表现产生重要影响,良好积极的品牌形象将稳定投资者对公司的信心,导致其整体市值的稳定。

2. 行业及区域分布

我国文教体娱制造业上市公司的经营业务主要包括文教制造、工美制造、体育娱乐制造和综合经营四种模式。在30家上市公司中,14家公司属于文教制造业,9家公司属于体育娱乐制造业,2家企业属于工美制造业,5家公司进行多元化的综合经营。

文教体娱制造业上市公司的区域分布主要集中于东部沿海地区,其中广东14家,浙江4家,山东3家,上海3家,安徽2家,江苏、湖南、河南、河北各1家。这样分布主要原因为,东部沿海地区是我国制造业的重点区域,同时文教文娱产品的海外需求非常旺盛,东部沿海港口为产品出口外销提供了便利的交通条件。

表3-4　文教体娱制造业上市公司的行业分布

分　类	数量	分　类	数量
文教制造	14	工美制造	2
体育娱乐制造	9	综合经营	5
合　计	30		

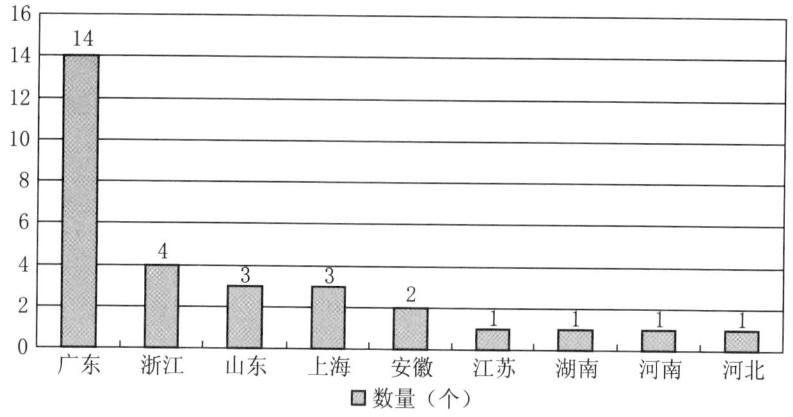

图 3-2 文教体娱制造业上市公司的地区分布

资料来源:同花顺 iFind 数据库。

3. 资产与估值特征

资产与股权是企业规模的最直接体现。对公司品牌而言,企业规模意味着品牌的市场占有率及成长的稳定性,因此企业规模往往是评价品牌竞争力的重要指标之一。

从资产规模看,文教体娱制造业属于标准的轻资产行业,在 29 个制造业细分行业中,文教体娱制造业的平均资产规模为 22.1 亿元,位列第 29 位,排名第一位的制造业为黑金属冶炼,其资产规模为 464.8 亿元。在 30 家上市公司中,9 家企业资产总额超过 10 亿元,10 家企业资产总额在 1 亿元—10 亿元之间,11 家企业资产总额低于 1 亿元,梯度分布非常明显,其中奥飞动漫的资产规模为 43.8 亿元,在 30 家文教体娱制造业上市公司中排名第一,芒冠股份以 0.14 亿元的资产规模排名最后。

从估值表现来看,文教体娱制造业以 140.8 倍的市盈率位在 29 个制造业细分行业中位列第 14 位,表明了市场对该行业具有一定的认可度。总体而言,资产规模排在前列的行业的估值情况都不理想(黑色金属冶炼、交通设备、汽车制造等),说明了随着产业结构调整升级,资本市场对轻资产制造业的前景更为看好。

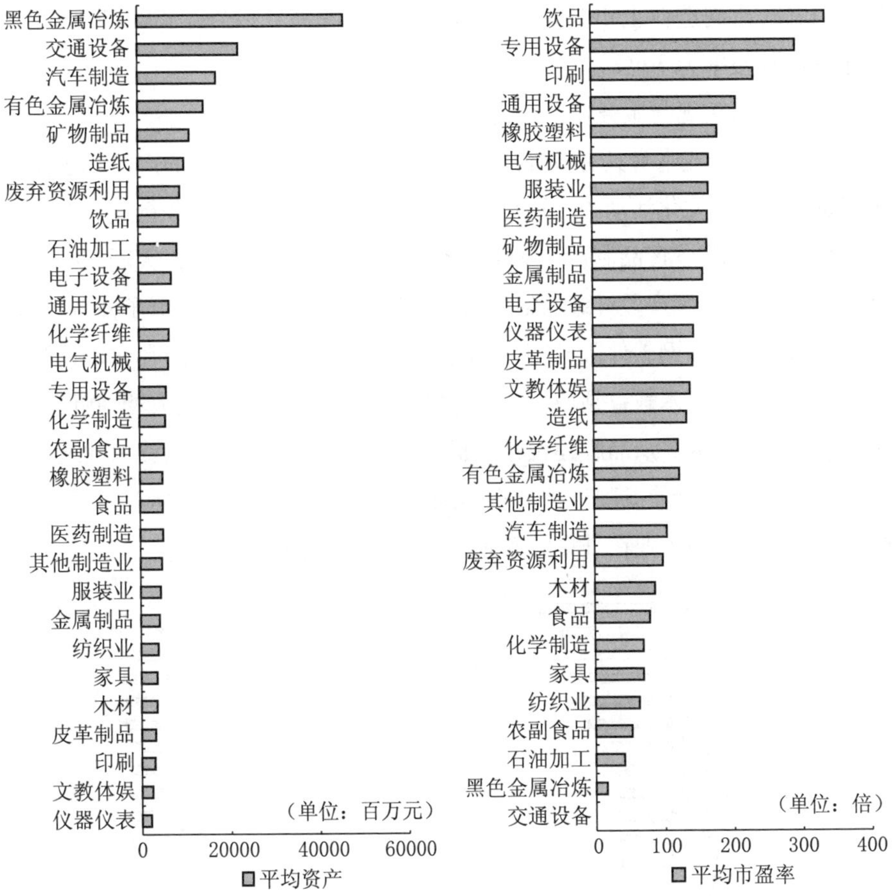

图 3-3　制造业上市公司的资产规模与估值表现

资料来源：同花顺 iFind 数据库。

4. 经营状况

企业品牌可以通过形成品牌效应，提升市场对企业产品的认知、认可与推崇，从而改善经营状况，实现利润增值。文教体娱制造业上市公司的经营状况是对其品牌建设效果的直接体现。我国这类上市公司的经营状况主要呈现以下特点。

（1）经营状况良好，市场表现优秀

2015 年，文教体娱制造业上市公司的净利率和净资产收益率在制造业 29 个细分行业中分别排名第六和第七名。净利率达到 12.6%，比制造业上市公司平均净利率高 7 个百分点（制造业平均净利率为 5.44%）。净资产收益率达到 10.12%,比制造业上市公司平均净资产收益率高 6.5 个百分点(制造业平均净资产收益率为 3.6%)。

(2)逐渐实现与服务业的融合发展

文教体娱产业本身具有较强的社会属性,文教体娱制造业的产品几乎全部被消费者运用于文化活动中,所以文教体娱制造业与相应的服务行业具有很高的契合度,逐步实现产品制造与文化服务的融合发展,既是公司扩大利润来源的有效途径,也是实现产业升级的根本路径。如广博股份涉足跨境电子商务领域;齐心集团进入互联网软件服务行业;珠江钢琴和海伦钢琴均利用其在乐器制造的优势逐步介入艺术教育领域;姚记扑克更是每年开展多项扑克大赛,并设立电子彩票的运营服务。从品牌建设角度而言,文化产品与服务若能够承载统一的品牌理念,那么将会使品牌形象变得丰满从而形成良好的品牌效应,同时,良好的品牌形象也将使企业在进军服务业市场时更容易被消费者接受。

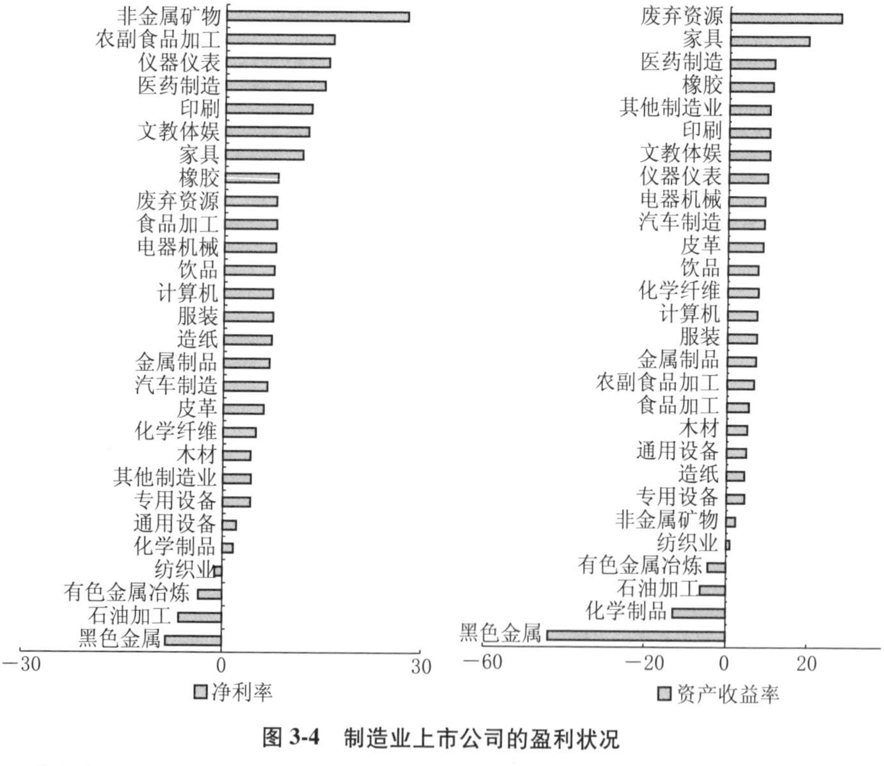

图 3-4 制造业上市公司的盈利状况

资料来源:同花顺 iFind 数据库。

(三) 文教体娱制造业上市公司的品牌建设现状

我国文教体娱制造业上市公司较为稀缺,在数量上仅有 12 家(不包含新三板上市公司),因此均是行业中的知名企业,在品牌建设方面具有显著的优势。晨光文具、姚记扑克、珠江钢琴等企业的产品市场占有率处于行业第一,是行业中的代表性企业,具有较高的品牌识别度。同时,通过整理各上市公司 2015 年年报可以发现,所有上市企业均将品牌建设列为公司未来发展的主要方向之一,部分企业已建立了明确的品牌发展战略。

表 3-5　文教体娱制造业上市公司的品牌建设现状

企业名称	品牌建设现状
邦宝益智	始终坚持发展自主品牌战略、“邦宝”、“叻之宝”已成为积木玩具行业的优质品牌。
晨光文具	“2013 年最受欢迎的中国十大文具品牌排行榜”第一名,“中国轻工业制笔行业十强企业第一”,“上海市著名商标”,“上海轻工卓越品牌(产品)”。
广博股份	公司品牌已经在国内市场进入到综合文具供应商第一品牌的阵容。
奥飞娱乐	成立广州奥飞动漫品牌管理有限公司对公司动漫 IP 品牌进行培养。
齐心集团	签约国内影视巨星陈道明先生作为公司品牌形象代言人,并与国内最具影响力的广东省广告股份有限公司签署品牌推广合作协议,在央视一套等媒体投放品牌广告,利用互联网平台持续提升公司行业形象和产品知名度。
高乐股份	公司自有的“GOLDLOK”品牌玩具在中国、欧盟、美国、俄罗斯、日本、拉美、中东等国家和地区享有较高市场知名度。
骅威文化	引进国际优质 IP 等资源,做国内精品产品,提升公司在国内乃至国际的品牌影响力。
群兴玩具	国内最大的自主品牌电子电动玩具企业之一,“广东省制造业百强企业”、“广东省企业 500 强”。企业宗旨:“质量为本、信誉为魂、追求卓著、独树品牌”。
姚记扑克	企业宗旨“树百年姚记,创世界品牌”,中国文教体育用品协会向社会公布的“中国扑克牌行业知名品牌”的六大品牌之一。
珠江钢琴	形成了在高、中、普及各档次均具较强国际竞争力的民族品牌体系,其中珠江牌钢琴是最早获得“中国名牌产品”、“中国驰名商标”的乐器名牌。
星辉娱乐	实现内容创作、推广营销以及品牌打造的融合发展。
海伦钢琴	海伦钢琴被美国 *The Piano Book* 列入世界钢琴质量排名消费级钢琴品牌最高级别,2012—2014 年,海伦钢琴连续三年在北美斩获北美 MMR(经销商最喜爱)奖项,2015 年,海伦钢琴荣获终身成就奖。

资料来源:根据各公司 2015 年年报整理。

四、上市公司品牌综合指数指标体系

在品牌评价指标体系的构建过程中,我们充分汲取了品牌相关理论研究的成果、现有品牌指数或品牌评估的方法,充分考虑我国品牌发展的基本国情,以及上市公司、文教体娱板块、品牌评估等不同关键词的特征,结合资源、信息和数据的可得性等因素,建立了一套具有适应性和创新型的指标体系。

五、上市公司(文教体娱板块)品牌指数排名

(一)综合指数排名

上市公司品牌综合指数考量了上市公司品牌支撑能力、品牌治理能力、品牌竞争能力、品牌创新能力、品牌培育能力和品牌运营能力。根据相关指标和数据计算得出的上市公司品牌综指排名如表 3-6 至表 3-12 所示。其中,Top 10 的上市公司分别为奥飞娱乐(002292)、珠江钢琴(00268)、海伦钢琴(300329)、星科智能(430545)、姚记扑克(002605)、齐心集团(002301)、星辉娱乐(300043)、广博股份(002103)、芒冠股份(430681)、晨光文具(603899)。

表 3-6 文教体娱制造业品牌综合指数排名

排名	代码	公司名称	综合指数
1	002292	奥飞娱乐	0.7450
2	002678	珠江钢琴	0.5114
3	300329	海伦钢琴	0.4572
4	430545	星科智能	0.4037
5	002605	姚记扑克	0.3985
6	002301	齐心集团	0.3836
7	300043	星辉娱乐	0.3821
8	002103	广博股份	0.3792
9	430681	芒冠股份	0.3789
10	603899	晨光文具	0.3690
11	002575	群兴玩具	0.3673

续表

排名	代码	公司名称	综合指数
12	002502	骅威文化	0.3612
13	002348	高乐股份	0.3579
14	430518	嘉达早教	0.3378
15	830877	康莱体育	0.3154
16	832730	蓝贝股份	0.3103
17	831461	百年巧匠	0.2977
18	831015	小白龙	0.2875
19	832269	耶萨智能	0.2808
20	603398	邦宝益智	0.2602
21	832961	铜官府	0.2588
22	834061	佳奇科技	0.2427
23	832956	光阳游乐	0.2393
24	430384	宜达胜	0.2267
25	832875	富仕德	0.2239
26	832201	无人机	0.2138
27	831326	三利达	0.2076
28	831489	天衡股份	0.2072
29	831192	海明威	0.1803
30	832604	中源欧佳	0.1745

表 3-7　支撑能力指数排名

排名	代码	公司名称	支撑能力指数
1	002678	珠江钢琴	0.8439
2	002292	奥飞娱乐	0.7440
3	002502	骅威文化	0.6947
4	300329	海伦钢琴	0.6935
5	002301	齐心集团	0.6388
6	002103	广博股份	0.6066
7	002348	高乐股份	0.6004
8	002575	群兴玩具	0.5830
9	300043	星辉娱乐	0.5740
10	603899	晨光文具	0.5622

表 3-8　竞争能力指数排名

排名	代码	公司名称	竞争能力指数
1	002292	奥飞娱乐	0.9550
2	300329	海伦钢琴	0.8033
3	002678	珠江钢琴	0.6584
4	002605	姚记扑克	0.5585
5	603899	晨光文具	0.4962
6	832961	铜官府	0.4571
7	002575	群兴玩具	0.3734
8	300043	星辉娱乐	0.3713
9	002103	广博股份	0.3699
10	831192	海明威	0.2354

表 3-9　营运能力指数排名

排名	代码	公司名称	营运能力指数
1	002292	奥飞娱乐	1.0000
2	300043	互动娱乐	0.2663
3	603899	晨光文具	0.2442
4	002678	珠江钢琴	0.1890
5	831489	天衡股份	0.1373
6	430518	嘉达早教	0.1312
7	832604	中源欧佳	0.1286
8	832201	无人机	0.1241
9	831015	小白龙	0.1237
10	834061	佳奇科技	0.1229

表 3-10　培育能力指数排名

排名	代码	公司名称	培育能力指数
1	002292	奥飞娱乐	0.9293
2	002301	齐心集团	0.8217
3	002605	姚记扑克	0.8059
4	002678	珠江钢琴	0.7934
5	002502	骅威文化	0.7867

续表

排名	代码	公司名称	培育能力指数
6	002103	广博股份	0.7428
7	300043	星辉娱乐	0.7349
8	002348	高乐股份	0.6987
9	300329	海伦钢琴	0.6390
10	002575	群兴玩具	0.5915

表 3-11　治理能力排名

排序	代码	公司名称	治理能力指数
1	002103	广博股份	0.7202
2	830877	康莱体育	0.6607
3	603398	邦宝益智	0.6042
4	832269	耶萨智能	0.5881
5	832730	蓝贝股份	0.5625
6	430545	星科智能	0.5565
7	832956	光阳游乐	0.5565
8	832875	富仕德	0.5470
9	430518	嘉达早教	0.5345
10	831015	小白龙	0.5286

表 3-12　创新能力指数排名

排名	代码	公司名称	创新能力指数
1	430681	芒冠股份	0.6545
2	430545	星科智能	0.5723
3	002678	珠江钢琴	0.4504
4	300329	海伦钢琴	0.4450
5	002348	高乐股份	0.4246
6	002575	群兴玩具	0.4208
7	831461	百年巧匠	0.4032
8	002301	齐心集团	0.3950
9	002292	奥飞娱乐	0.3659
10	832730	蓝贝股份	0.3516

(二) 排名分析

我们对上述文教体娱制造业品牌综合指数排名及各个分指数排名进行了进一步分析,可以看出:第一,从品牌综合排名来看,新三板市场挂牌企业明显落后于主板、中小板和创业板市场的上市公司。第二,从品牌分指数排名来看,由于该行业仅有 2 家主板市场上市公司,因此主板企业在排名中的表现并不明显,相对而言,晨光文具品牌排名靠前。中小板上市公司在品牌培育能力中的表现最为突出,全部 8 家企业均进入 Top 10,可见中小板上市公司在品牌传播、危机公关、社会责任(环保和捐赠)等方面的能力较强。此外,中小板企业在品牌创新能力 Top 10 排名中也占了 50%的比重。新三板挂牌企业则在品牌营运能力和品牌治理能力 Top 10 中均表现不俗,其中品牌治理能力排名中共有 8 家企业入榜,占该 Top 10 榜单的 80%,占新三板挂牌企业总数的 44%,可见新三板企业对于品牌战略性的考虑还是值得关注的。

和品牌创新能力的排名在 Top 10 中比较靠后。因为,对于奥飞娱乐而言,未来应进一步从战略高度认识品牌在企业发展中的重要作用,将公司品牌发展纳入企业发展的战略体系中,从而提升品牌在公司整体治理体系中的重要性。

六、 品牌价值

品牌价值即品牌赋予其载体(包括产品、企业等)的、超过其载体有形价值的那一部分增值或溢价。理想状态下,上市公司品牌价值就等同于上市公司溢价,即上市公司总市值超过其净资产的那部分价值。但是,由于上市公司这一载体的特殊性,导致了其品牌价值不能完全等同于溢价。原因在于,上市公司溢价一方面是由公司内部产品、经营、管理等以及行业供需等因素所决定,另一方面则受到公司外部包括宏观政策、非理性预期等非市场因素影响。因此,在计算上市公司品牌价值时,还需要剔除公司外部非市场因素的影响。

在充分借鉴了收益法、成本法、替代成本法和股票市值法等品牌价值评估方法的基础上,本书认为,上市公司品牌价值实际上取决于两大因素:一是上市公司溢价，即上市公司总市值超过其净资产的那部分价值；二是品牌指数，该指数综合反映了上市公司的品牌支撑能力、品牌竞争能力、品牌治理能力、品牌创新能力、品牌培育能力和品牌营运能力，反映了上市公司能够以品牌作为解释力的那部分溢价。因此，上市公司品牌价值评估的基本方法是：上市公司品牌价值=上市公司溢价×品牌指数。

需要特别说明的是，品牌指数的计算是品牌价值评估的核心。品牌指数在(0, 1)区间内的分布，反映了不同上市公司品牌价值的稳定性，品牌指数越高，表明该公司溢价是相对稳定的，而品牌指数越低，则表明该公司溢价很大程度上受到其他不可控、不可知的因素影响，这就意味着这种溢价是不稳定的。

根据上述方法计算的文教体娱上市公司品牌价值如表 3-13 所示。需要特别说明的是，由于部分上市公司在 2015 年市值为零，因此其品牌价值难以直接估算。

表 3-13 文教体娱制造业品牌价值

编号	代码	公司名称	指数	品牌价值
1	002292	奥飞娱乐	0.7450	45246817634.74
2	002678	珠江钢琴	0.5114	7407397883.50
3	300329	海伦钢琴	0.4572	2796477312.55
4	430545	星科智能	0.4037	193040670.77
5	002605	姚记扑克	0.3985	3402880400.39
6	002301	齐心集团	0.3836	2671012913.06
7	300043	星辉娱乐	0.3821	6675356221.51
8	002103	广博股份	0.3792	1412765825.05
9	430681	芒冠股份	0.3789	48361264.57
10	603899	晨光文具	0.3690	6298754387.87
11	002575	群兴玩具	0.3673	3247911332.22
12	002502	骅威文化	0.3612	2805782537.14
13	002348	高乐股份	0.3579	2535342774.82
14	430518	嘉达早教	0.3378	128600262.52
15	830877	康莱体育	0.3154	25449109.70
16	832730	蓝贝股份	0.3103	
17	831461	百年巧匠	0.2977	

续表

编号	代码	公司名称	指数	品牌价值
18	831015	小白龙	0.2875	69333280.32
19	832269	耶萨智能	0.2808	
20	603398	邦宝益智	0.2602	2165436700.68
21	832961	铜官府	0.2588	
22	834061	佳奇科技	0.2427	
23	832956	光阳游乐	0.2393	
24	430384	宜达胜	0.2267	9928231.83
25	832875	富仕德	0.2239	
26	832201	无人机	0.2138	35001051.10
27	831326	三利达	0.2076	
28	831489	天衡股份	0.2072	8141152.63
29	831192	海明威	0.1803	
30	832604	中源欧佳	0.1745	36882817.27

七、 媒体发布量

就媒体发布量统计,相关互联网信息发布量排名前十的企业为奥飞动漫、姚记扑克、珠江钢琴、群兴玩具、骅威股份、齐心集团、晨光文具、互动娱乐、海伦钢琴和广博股份此类相对知名度较高的企业。在整体数据发布量中,敏感

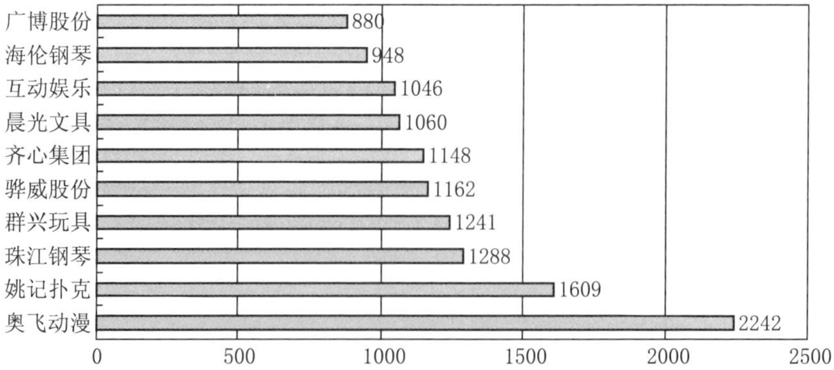

图 3-5 信息发布量企业排名(前十名)(单位:奈特)

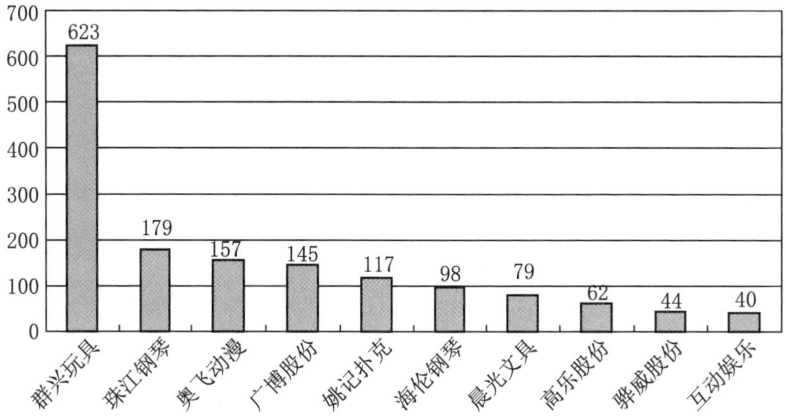

图 3-6　敏感信息发布量企业排名(前十名)(单位:奈特)

信息最多的为群兴玩具、珠江钢琴、奥飞动漫等拥有较多产品线的企业,其中以群兴玩具最为突出。

八、总　结

综合分析,30 家企业互联网数据分布主要以正面宣传报道及中性公司动态为主,伴有少量股价、业绩下滑、产品质量问题等敏感信息,整体成健康趋势。

参考文献:

赵德武、马永强、黎春:“中国上市公司财务指数编制:意义、思路与实现路径”,《会计研究》2012 年第 12 期。

谢京辉:《品牌经济发展与中国经济强国之路》,格致出版社 2014 年版。

谢京辉主编:《2016 年上海品牌发展报告:全球经济复苏下的品牌经济》,上海社会科学院出版社 2016 年版。

高明华、张惠琳等:《中国公司治理分类指数报告 No.15(2016)》,东方出版中心 2016 年版。

专 题 篇

第四章
品牌的知识产权运用与保护

李　刚①

一、品牌成长与知识产权保护

品牌是具有经济价值的无形资产，凝聚着企业的创新成果，可转化为市场竞争优势和创造市场价值。加强品牌建设，就是助推创新驱动发展战略。

随着我国市场经济建设的发展，商品经济时代逐渐发展成品牌经济时代，许多行业开始由产品竞争转向品牌竞争，消费者的消费行为也逐渐从商品消费进入品牌消费。在品牌经济时代下，品牌对企业在提升形象、提高市场占有率、提升盈利能力等方面的作用已显露无遗，谁拥有消费群体所公认的强势品牌，谁就会在市场"大浪淘沙"的过程中异军突起。

近年来，我国品牌建设取得较快发展，2017 年全球最具价值品牌排行榜中已有 16 家中国品牌入列②。但是品牌侵权案件近来也出现多发易发趋势，

① 李刚，上海社会科学院世界经济研究所助理研究员，经济学博士，主要从事世界经济、国际金融、品牌经济等领域研究工作。

② Brand Finance 是世界知名的品牌价值及战略咨询公司，每年都会评估全球数千个知名品牌，并在年度"Brand Finance 全球 500 强"报告中列出最具价值的品牌。据悉，上述机构在计算品牌价值时考虑了多重因素，其中包括"品牌强度"、品牌授权潜在价值、未来的销售额等。榜单同时也考虑到了品牌未来收益的归属。在 2017 年的评选中，Brand Finance 公司是以"一家公司愿意就像未曾拥有其品牌一样为之付出"为计算值量，评选维度包括公众熟悉程度、忠诚度、推广活动、营销投资、员工满意度以及企业声誉等。按 2017 年此报告显示，谷歌取代苹果，成为全球最具价值品牌，夺得领先地位，苹果位居其次。亚马逊和 AT&T 则分别位列第三和第四名。前 10 名的企业中，8 家美国企业，一家韩国企业，一家中国企业。韩国企业是三星，中国企业是工商银行。Brand Finance 称，谷歌在搜索业务领域"没有对手"。而苹果透支了用户的信任，Apple Watch 等新产品没有能带来大量营收，没有能证明它在开发创（转下页）

比如出现“九阳”、“苏泊尔”、“红双喜”、“七匹狼”等品牌侵权案例。由于好的品牌与知识产权中的保护客体(如商标、专利、版权、地理标志、植物新品种等)密切相关,甚至可将品牌本身看作知识产权的一种形态,所以大力促进品牌建设必须强化知识产权保护,促进创新驱动发展战略,创造更多全球知名品牌。

近年来,上海在深化知识产权体制领域改革和加强知识产权保护方面卓有成效,有力促进了上海品牌经济的发展。

二、2016年上海知识产权运用与保护的现状及特点

2016年,市知识产权联席会议各单位、各区政府全面贯彻落实党中央、国务院关于知识产权强国建设的系列重大部署,以推进建设亚太地区知识产权中心城市为目标,以支撑建设具有全球影响力的科技创新中心为主线,深入实施知识产权战略,大力加强知识产权保护和运用,加快培育知识产权发展新动能,各项工作取得了新发展新成效,实现了“十三五”时期上海知识产权工作良好开局。《中国知识产权指数报告2016》显示,上海知识产权综合实力位列全国第10位。

(一)知识产权的数量与质量同步提升

截至2016年12月底,上海有效发明专利拥有量为85049件,同比增长21.5%,每万人口发明专利拥有量为35.2件(按照常住人口2415万计算)。

(接上页)新性技术。苹果品牌失去往日光彩,除老对手三星外,它还必须与华为、一加等中国手机厂商同台较技。中国总共有16个品牌跻身前100位,除了工商银行以外,还有中国移动(第11位),中国建设银行(第14位),阿里巴巴(第23位),中国银行(第29位),中石化(第32位),中石油(第33位),中国建设银行(第34位),华为(第40位),腾讯(第47位),中国建筑(第53位),中国电信(第70位),中国平安(第79位),招商银行(第91位),京东(第97位),微信(第100位)。在中国品牌中,中国工商银行挤进全球前十,品牌价值478亿美元,中国移动以467亿美元紧随其后。阿里巴巴排名全球第23位,中国第4位,品牌价值同比上升48.5%,从180亿美元飙升到329亿美元。靠后一些的华为、腾讯、京东和微信也呈现较大的增长幅度,品牌价值分别上涨21.4%、55.3%、31.3%和50.7%。食品饮料行业上榜企业有可口可乐、百事可乐、红牛、百威等国际品牌。中国食品饮料品牌仅有伊利、茅台、洋河三家企业上榜。

2016年,全市新增注册商标15.8万件;至2016年底,全市有效注册商标总量达到71.8万件,上海共有著名商标1331件和驰名商标194件。2016年,上海作品版权登记数217249件,同比增长9%。

表4-1　2016年上海市专利申请量、授权量分布表

分类		申请		授权	
		数量(件)	构成(%)	数量(件)	构成(%)
总量		119937	100	64230	100
按种类分					
发明		54339	45.3	20086	31.3
实用新型		51836	43.2	34101	53.1
外观设计		13762	11.5	10043	15.6
按对象分					
非职务发明		9749	8.1	4273	6.7
职务发明		110188	91.9	59957	93.3
职务发明	总量	110188	100	59957	100
	大专院校	12314	11.2	5974	10.0
	科研单位	5341	4.8	2672	4.5
	工矿企业	89922	81.6	50079	83.5
	机关团体	2611	2.4	1232	2.0

资料来源:上海市知识产权局。

(二)知识产权工作改革创新有序推进

市政府与国家知识产权局签订了第三轮合作会商议定书;上海成为首批国家引领型知识产权强省试点省;国家工商总局在沪设立了注册商标专用权质权登记申请受理点;浦东新区政府全面推进了知识产权综合管理改革和上海自贸区知识产权制度建设;上海产业知识产权运营创业投资中心、上海产业知识产权运营基金、上海国际知识产权学院相继成立;知识产权纠纷人民调解工作深入开展;"迪士尼"知识产权保护工作整体推进。

(三) 知识产权领域宏观管理显著加强

上海市委、市政府正式发布了《关于加强知识产权运用和保护支撑科技创新中心建设的实施意见》。《上海市国民经济和社会发展第十三个五年规划纲要》将“每万人口发明专利拥有量”列入上海国民经济和社会发展指标。上海市商务委出台了《上海市关于加强互联网领域侵权假冒行为治理的实施意见》,组建了全国首个“打击假冒伪劣涉案物品检验平台”;强化了知识产权海外维权,全年上海国际贸易知识产权海外维权服务基地协调处理了本市企业涉及美国337调查案件5起。市科委加强科技中介服务体系建设,落实技术转移服务能力提升补贴政策,培育了40余家科技中介服务机构,试点了“科技中介服务创新券”,发掘了服务佣金、服务入股、知识产权期权等盈利模式。市教委在出台的市属高校教师分类考核评价制度指导意见中强化了知识产权运用导向,在12所市属高校中持续开展了技术转移体系建设,推进了华东政法大学卓越知识产权人才培养实验班建设。上海市住建委引导行业企事业单位在承担国家和本市重大科技研发项目中加强知识产权创造。市知识产权局启动了《上海市专利资助办法》及其配套政策的修订工作。市质监局开展了地理标志产品相关地方标准的制修订工作。市食药监局深入推进打击侵犯知识产权和制售假冒伪劣食品药品工作,开展了互联网领域相关专项整治行动。市高级人民法院在全国率先制定了《知识产权审判“十三五”规划》。市人民检察院出台了《上海检察机关服务保障科技创新中心建设的意见》,提出了重点严厉打击侵犯知识产权犯罪。市经信委、市知识产权局共同主办了以“供给侧结构性改革和品牌经济发展”为主题的第二届中国品牌经济(上海)论坛。市知识产权局与市教委共同启动了中小学知识产权教育试点示范工作。

(四) 对知识产权保护力度不断加大

2016年,全市检察机关共受理涉嫌侵犯知识产权审查逮捕案件133件231人,批准逮捕76件103人;受理侵犯知识产权犯罪审查起诉案件215件

412 人,提起公诉 170 件 279 人。全市法院受理各类知识产权案件 12171 件,审结 12255 件,同比分别增加 20.74%和 31.28%,同期结案率 100.48%,同比上升 9.51%。全市公安机关共立侵犯知识产权犯罪案件 373 起,破案 281 起,抓获犯罪嫌疑人 498 人。专利管理部门立案处理专利案件 258 件,其中立案受理专利纠纷案件 200 件,立案查处假冒专利案件 58 件;派员入驻 41 个大型国际展览会,现场处理专利侵权纠纷投诉 300 余件,在第四届"上交会"期间再次实现知识产权零投诉,在全市商业系统的 277 家单位 3244 个门店持续开展了"销售真牌真品,保护知识产权"承诺活动。工商部门和市场监管部门立案查处商标侵权违法案件 1253 件,没收各类商标侵权商品和标识 17 万件(只),移送涉嫌商标犯罪案件 16 件;深入组织开展"迪士尼"注册商标保护专项行动,累计立案查处各类侵犯"迪士尼"注册商标专用权案件 112 件,没收相关侵权商品 1729 件。文化执法部门检查各类文化经营场所 2.24 万家次,立案处罚 329 起,收缴违法音像制品 47.5 万余张(盘)、违法书刊 10 万余册(份)、非法印刷品 7.3 万余件。城管执法部门对街面上的知识产权侵权行为实施行政处罚 2014 起。上海海关查获侵犯知识产权案件 237 起,涉案侵权货物 529 万件,案值 4850 万元,同比上升 69.7%。

(五) 知识产权助推企业产业加快发展

全市知识产权局系统在 20 余个经济科技活动项目中实施了知识产权分析评议工作。市科委在高新技术企业认定、高新技术成果转化项目认定、科技小巨人工程企业认定、企业享受研发费用加计扣除政策等过程中,突显知识产权分值权重,强化知识产权导向。市经信委大力支持产业创新联盟开展相关领域知识产权战略研究、数据库建设等工作,推动成立了国内首家 3D 行业知识产权联盟。市卫计委深入推进了本市卫生计生系统知识产权示范、试点单位创建活动,组织开展了相关考核验收工作。市农委大力推进崇明、浦东孙桥、市农科院建设农业科创中心,将知识产权作为构建现代农业产业技术体系的重要指标。市质监局积极推进采标标志工作,实践探索建立团体标准联盟,不断加强崇明老白酒、崇明老毛蟹等地理标志产品保护工作。

(六) 知识产权人才队伍建设稳步前行

2016年,上海有8人入选第二批国家知识产权专家库专家,累计已有18人入选;有46人入选第一期全国专利信息实务人才名单。至2016年底,上海有专利代理机构117家,比2015年增加17家,执业专利代理人1037名,比2015年增加65人。有72人通过市人社局相关任职考试获得"专利管理工程师"资格,有1300余人通过市知识产权局培训与考试获得了"上海市专利工作者"证书。市人社局与市知识产权局共同在全市18872名企事业单位专业技术人员中开展了知识产权公需科目继续教育。市知识产权局组织完成了2667人报名参考的2016年全国专利代理人资格考试上海考点考务工作,上海考点合格人数375人,先后举办了"上海市领导干部知识产权与科创中心建设"专题研讨班、知识产权评议工作研讨班以及园区知识产权工作培训班、"加强知识产权保护,规范商业经营管理"培训班。

(七) 知识产权领域国际交流深入开展

市政府与世界知识产权组织共同举办了以"尊重知识产权,激励创新创造"为主题的第十三届上海知识产权国际论坛。市知识产权局与世界知识产权组织仲裁与调解中心、世界知识产权组织中国办事处分别在沪共同举办了"WIPO调解与仲裁"专题研讨会、"WIPO知识产权服务体系有效运用高级研修班"。以"全球经济下的知识产权执法:中国当前的趋势和挑战"为主题的美国大使知识产权圆桌会议、2016年全球知识产权及创新峰会也先后在沪举行。

(八) 知识产权文化弘扬传播形式丰富

市知识产权联席会议各单位和各区政府组织开展了以"加强知识产权运用和保护,支撑上海科技创新中心建设"为主题的知识产权宣传周活动。市知识产权联席会议办公室举办了《国务院关于新形势下加快知识产权强国建设的若干意见》宣传解读会，发布了 2015 年上海知识产权白皮书，公布了 2015 年上海知识产权十大典型案件，制作了《乘风破浪、扬帆远航——上海市知识产权事业“十二五”发展纪实》宣传片，编印了《知识产权政策选编（2015年）》，举办了面向外国驻沪领馆、外资企业、外国商会和境内外媒体的上海知识产权状况通报会，与苏浙两省共同召开了长三角地区知识产权新闻发布会，举办了知识产权强国建设、知识产权文化建设和上海“迪士尼”知识产权保护培训班。

三、 上海在知识产权运用与保护工作中的主要问题及政策举措

在总结成绩的同时，也应该清醒地看到上海在知识产权运用与保护工作的体制机制、治理能力、基础建设等方面还存在着短板与瓶颈，表现在：政府知识产权工作体制机制的协调性、顺畅性还有待增强，行政管理水平和公共服务水平还有待提高；知识产权在区域经济发展中的融入度、贡献度尚未充分显现，区域知识产权发展不均衡状况尚未根本改变，区域知识产权发展特色多元化尚未完全形成；知识产权“量多而质不优”问题仍需解决，企事业单位知识产权运用能力仍需提高，知识产权交易运营体系仍需完善，知识产权人才队伍建设仍需加强，知识产权侵权易发多发态势仍需遏制。

对于这些问题，2017 年市知识产权联席会议办公室提出并实施了以下 6 个方面 30 项工作的政策举措：

（一）深化知识产权领域改革

在中央统一部署下开展知识产权综合管理改革试点，适应知识产权事业发展需要。总结浦东新区知识产权综合管理改革经验，为国家开展知识产权综合管理改革提供有益经验。加快推进上海自贸区知识产权管理体制机制改革，带动上海自贸区知识产权保护和运用等重点环节的全面改革。大力推进上海商标注册便利化改革，做好商标注册申请受理点、国家工商总局商标审查

协作上海中心和商标局办事处落户工作。推进各区知识产权联席会议制度功能建设,推动知识产权深度融入区域经济发展,形成区域知识产权工作发展特色。

(二) 建设“国家引领型知识产权强省试点省”

细化上海建设“国家引领型知识产权强省试点省”工作部署,公布实施方案,明确工作内容、责任分工和推进节点。推进落实市政府与国家知识产权局签署的“部市合作”协议、与世界知识产权组织签订的合作谅解备忘录,重点推进在沪申设世界知识产权组织知识产权仲裁和调解分中心、上海国际知识产权学院、知识产权国际论坛等工作。

(三) 促进知识产权加快运用

指导和支持上海产业知识产权运营创业投资中心、上海产业知识产权运营基金完善运作机制、探索运营模式,提升运用效益。完成上海知识产权交易中心组建,建立资源集聚、运转活跃的知识产权交易市场。大力推进品牌建设,召开本市实施商标品牌战略大会,制定本市贯彻落实商标品牌战略的意见措施。推进漕河泾新兴技术开发区建设“国家知识产权服务业集聚发展示范区”。围绕科创中心建设确立的重大战略项目和基础工程,选择若干细分重点领域,开展知识产权分析评议工作,为本市科技重大布局提供参考依据。推动高校技术转移中心完善工作制度,优化管理流程,加快进入实质化运行,促成一批高校职务发明成果转化。

(四) 优化知识产权保护环境

深化知识产权司法审判机制改革,扎实推进知识产权民事、行政和刑事案件审判“三合一”工作,完善知识产权案件繁简分流办案机制,简化知识产权裁判文书。开展知识产权刑事诉讼制度改革试点,健全知识产权案件鉴定人出庭机制,完善知识产权刑事案件的罚金刑,推动知识产权权利人权利义务告知工作。深入组织开展打击侵犯知识产权和制售假冒伪劣商品工作,加强知识产权、工商、公安、市场监管、文化执法、城管执法、海关等部门开展知识产权行政执法协作，推进知识产权行政执法与司法保护有效衔接。构建知识产权快速协同保护体系，申请在沪组建集快速审查、快速确权、快速维权于一体的张江产业知识产权保护中心。全面推进知识产权纠纷人民调解工作，健全各区相关人民调解委员会和人民调解工作室，完善相关司法确认机制。加快建立知识产权保护社会诚信体系，将侵权行为信息纳入上海市公共信用信息服务平台和上海市企业信息公示系统。加强知识产权海外维权工作，依托上海国际贸易知识产权海外维权服务基地探索设立“上海浦东新区国际贸易知识产权海外维权服务调解中心”和“上海国际贸易知识产权海外服务促进中心”。加大对展会、电子商务、专业市场等重点领域的专利行政执法力度，做好第五届“上交会”知识产权保护工作。

（五）推进创新主体知识产权工作

提升专利申请质量，修订《上海市专利资助办法》及其配套政策。强化知识产权金融服务，全面推进知识产权质押融资、专利保险工作。深入推广专利导航项目，在重点产业园区实施产业规划类专利导航项目，推动形成基于专利竞争优势的产业集群；在重点科技型企业实施运营类专利导航项目，培育一批高价值核心专利。新认定一批“上海市专利工作试点示范单位”和“上海市知识产权试点示范园区”。在“上海市专利工作试点示范企业”中推行国家《企业知识产权管理规范》的贯标工作。

（六）夯实知识产权发展基础

加强专利信息利用、企业知识产权实务管理、知识产权运营等方面急需紧缺人才的培养。加大知识产权服务品牌机构培育力度，完善知识产权服务业发展扶持政策，开展知识产权服务业统计调查工作，推动建立上海知识产权服务业协会（联盟）。推进建设集各类知识产权信息和服务于一体的市级知识产权公共服务平台。不断推进知识产权文化建设，深入组织开展知识产权宣传周大型活动，加大知识产权宣传普及教育力度，加强知识产权领域媒体采访报道工作,推进中小学知识产权教育试点工作。

参考文献:

李玉光:“强化知识产权保护,大力推动品牌建设”,《中国科技产业》2016 年第 4 期。

上海市知识产权局相关文件汇编,2017 年。

信超:“打造知识产权服务示范区,促进上海科创中心建设”,《华东科技》2017 年第 7 期。

严剑漪、陈凤:“‘国际范儿’是如何炼成的?——上海法院知识产权审判的国际化战略”,《上海人大月刊》2017 年第 5 期。

孔元中:“上海积极开展与世界知识产权组织的交流合作”,《中国发明与专利》2016 年第 2 期。

第五章
上海商标品牌的运用与保护

李 刚

一、 品牌与商标的影响关系

品牌源于商标,而又升华超越商标。市场著名营销专家菲利普·科特勒博士给予品牌的定义是:品牌是一个名称、名词、符号或设计,或者是它们的组合,其目的是识别某个销售者或某群销售者的产品或劳务,并使之同竞争对手的产品和劳务区别开来。这个定义已为学界和产业界广为接受。

"品牌"与"商标"的联系和区别,简单来说商标是品牌的基本组成部分,是品牌的识别标识。根据科特勒博士给予"品牌"的定义,其符号性的识别标记,指的就是"商标"。而品牌所涵盖的领域,则会超越商标,它还包括商誉、产品、企业文化以及整体营运的管理。因此,品牌不单包括"名称"、"徽标",还扩及系列的平面视觉体系,甚至立体视觉体系。但一般常将其窄化为在人的意识中围绕在产品或服务的系列意识与预期,成为一种抽象的形象标志。甚至将品牌与特定商标画上等号。

品牌从独占性的商业符号,也就是商标诞生,然后,这一符号需要被消费者所认知,并共同赋予内容,才能形成品牌。

概而言之,商标是品牌的组成部分之一,是法律概念;而品牌不仅是一个用于区分的符号,更是一个综合的象征,它包括企业的形象、商誉、商标等。商标是品牌的基础和载体,品牌是商标的升华。基于商标与品牌之间的关系,结合企业的生命周期,建立两者影响关系的二维模型(如图 5-1 所示)。

象限一:商标与品牌的影响力都很强。这种情形一般出现在成熟型的企业中,由于商标与品牌的影响力在市场上一样强,往往给予消费者商标即是品

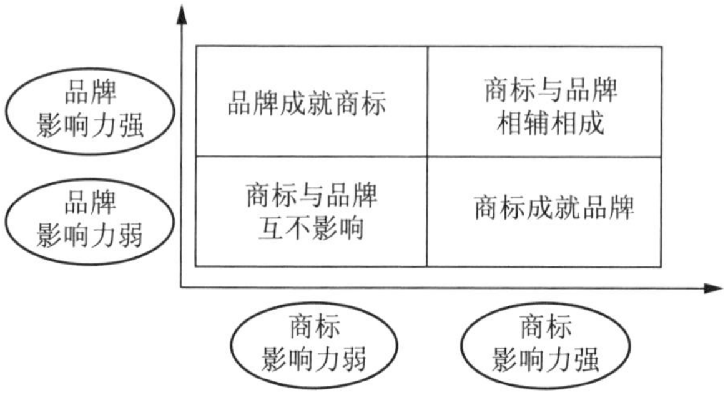

图 5-1　品牌与商标的影响关系模型

牌的感知。在此种情形下,企业可以对不同档次的产品注册不同的商标,从而在维持现有商标和品牌的影响力下,逐步发展其他档次产品的商标影响力。

象限二:商标影响力弱,品牌影响力强。企业可以凭借强大的品牌影响力优势,进行商标的宣传,以增强商标的影响力,这时往往是品牌成就了商标。

象限三:商标与品牌的影响力都很弱。这种情况一般出现在发展型和衰退型的企业中,这些企业资金有限,发展的规模和发展的战略往往落后于成长和成熟型的企业,因此如果这类企业的商标与品牌命名不一致,则不建议商标与品牌影响力的同时提升,需要有的放矢地进行商标或品牌影响力的增强。

象限四:商标影响力强,品牌影响力弱。商标对企业品牌的塑造具有重要意义,企业可以凭借具有强影响力的商标进行产品、品牌形象等的宣传,这时商标成就了品牌。

二、 2017 年上海商标品牌运用和保护的现状及特点

在品牌经济时代,商标品牌战略是推动经济转型发展的重要途径,已成为众多地方政府的共识。2017 年,全市工商和市场监管部门认真贯彻落实市委市政府和国家工商总局关于商标品牌工作的决策部署,按照“放管服”改革要求,积极推进商标品牌战略实施,大力开展商标品牌保护工作,主动服务于上

海“四个中心”、科创中心及自贸区建设，成效显著。2017 年，上海商标注册量为 19.1 万件，连续十年呈高速增长态势（如图 5-4 所示）；截至 2017 年底，上海有效注册商标总量为 88.8 万件。截至 2017 年 9 月，上海市共有著名商标 1331 件、驰名商标 194 件。著名商标中服务类商标比重达到 28%（如图 5-6 所示）。与全国相比，截至 2017 年第三季度，上海有效注册商标总量排名第五（如图 5-2 所示）。

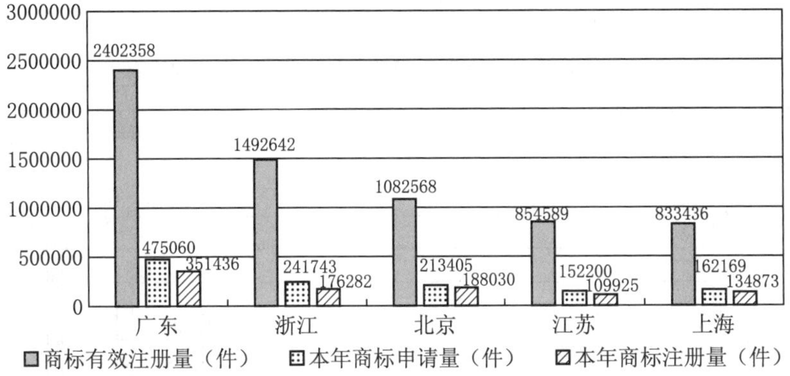

图 5-2　上海市商标拥有量在全国城市中的排名情况图（排名前五名）

资料来源：上海市工商局。
注：2017 年数据截至第三季度。

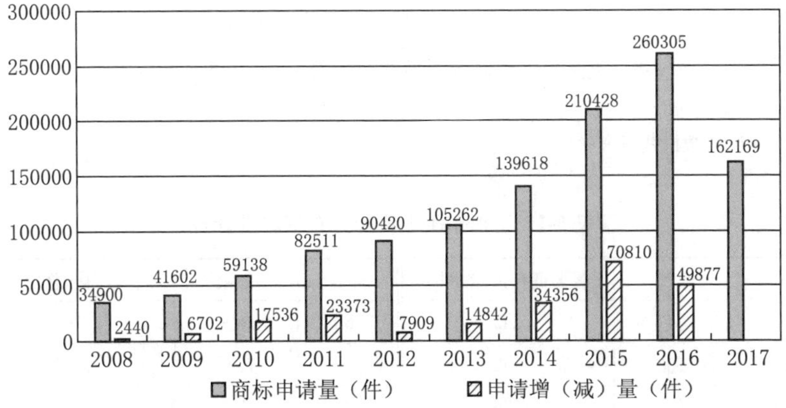

图 5-3　上海市商标申请量近十年发展趋势情况图（2008—2017 年）

资料来源：上海市工商局。
注：2017 年数据截至第三季度。

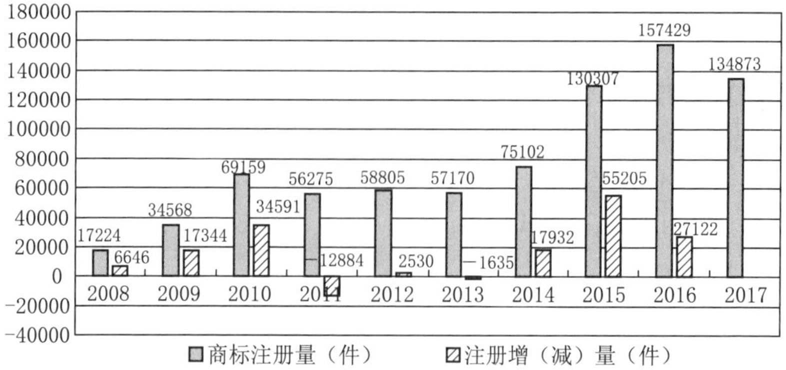

图 5-4　上海市近十年商标注册量情况图(2008—2017 年)

资料来源:上海市工商局。
注:2017 年数据截至第三季度。

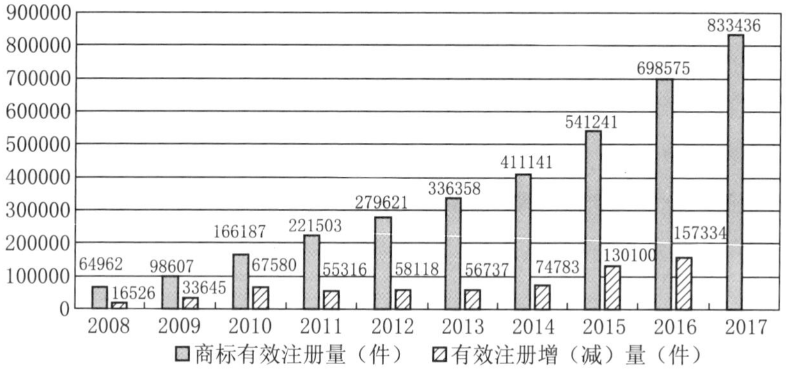

图 5-5　上海近十年商标有效注册量情况图(2008—2017 年)

资料来源:上海市工商局。
注:2017 年数据截至第三季度。

表 5-1　上海市著名商标分布情况统计表

排名	区域	著名商标总量(件)	排名	区域	著名商标总量(件)
1	浦东	245	6	静安	92
2	黄浦	142	7	青浦	82
3	嘉定	126	8	松江	74
4	闵行	104	9	徐汇	71
5	奉贤	100	10	普陀	65

续表

排名	区域	著名商标总量(件)	排名	区域	著名商标总量(件)
11	金山	57	15	虹口	32
12	宝山	45	16	崇明	26
13	长宁	38	合　计		1331
14	杨浦	32			

资料来源:上海市工商局。
注:数据2017年截至第三季度。

表5-2　上海市商标拥有量在全国城市中的排名情况表
（截至2017年9月）

区域	有效注册量(件)	有效注册量排名	本年商标申请量(件)	本年商标申请量排名	本年商标注册量(件)	本年商标注册量排名
广东	2402358	1	475060	1	351436	1
浙江	1492642	2	241743	2	176282	3
北京	1082568	3	213405	3	188030	2
江苏	854589	4	152200	5	109925	5
上海	833436	5	162169	4	134873	4

资料来源:上海市工商局。

截至2017年9月,上海市马德里商标国际注册总量达到1297件(如表5-3所示);马德里商标注册总量最多的区域是浦东新区,共计391件(如表5-4所示);马德里商标注册总量最多的类别是第9类,共计283件。

表5-3　2008—2017年上海市马德里商标注册情况表

年份	注册量(件)	增长量(件)	增长率
2008	68	−3	−4.23%
2009	62	−6	−8.82%
2010	98	36	58.06%
2011	125	27	27.55%
2012	95	−30	−24.00%
2013	151	56	58.95%
2014	115	−36	−23.84%
2015	111	−4	−3.48%
2016	156	45	40.54%
2017年前三季度	76		

表 5-4　上海市各区域马德里商标累计注册情况表

排名	区域	注册总量(件)	排名	区域	注册总量(件)
1	浦东	391	10	普陀	42
2	嘉定	141	11	静安	40
3	松江	111	12	杨浦	32
4	闵行	102	13	长宁	31
5	奉贤	87	14	宝山	23
6	青浦	87	15	崇明	10
7	黄浦	80	16	虹口	8
8	徐汇	65	合　计		1297
9	金山	47			

2017 年,上海市工商部门共查处商标违法案件 1254 件,同比略有上升;罚款 909.77 万元,同比上升 9.84%;没收各类侵权商标标识和商品共计 16.77 万件(只);收缴主要用于制造商标侵权商品和标识的模具印版等工具 281 件;移送涉嫌商标犯罪案件 22 件,同比上升 37.5%。

(一) 不断加大商标监管执法力度,营造良好商标保护环境

1. 认真部署开展“双打”工作。针对本市侵权假冒行为特点,组织开展保护涉外高知名度商标专项行动、打击侵犯老字号商标专用权行动、小商品市场售假整治行动等三次全市性商标专项整治。重点加强对“迪士尼”、“老凤祥”、“喜茶”等高知名度商标的保护。如,黄浦区市场监管局根据市局转办线索,从地铁沿线发现的迪士尼商标侵权情况开始排摸,顺藤摸瓜,一举查获了一个隐藏在福佑门小商品市场内的售假窝点,当场查获涉嫌侵犯迪士尼商标专用权书包 70 只、发箍 68 个。奉贤、青浦等区市场监管局积极查处假冒“喜茶”商标案件,得到权利人赞扬。

2. 大力打击网络商标假冒侵权行为。主动对接网监部门,加强与电商平台沟通,运用网络大数据侵权线索资源,加大网络商标侵权违法案件查处力度,实现线上线下一体化监管。参加长三角“云剑联盟”会议,开展云剑联盟行动,推进互联网领域的跨部门、跨地区协作,认真协查涉网商标侵权违法

案件。

3. 开展溯源专项行动打击跨地区商标侵权行为。根据工商总局方案要求,制定本市溯源专项行动方案,收集涉嫌侵权行为线索,组织开展了打击侵犯外省商标(如“大光明”眼镜商标)专用权等一系列专项行动;同时向工商总局提供本市企业商标跨省被侵权的案件线索11件。

4. 公布十大商标典型违法案例。通过市工商局官网、微信公众号等媒介向社会公布2016年度十大商标典型违法案例。其中,市工商局检查总队查办的上海有象文化发展有限公司擅自使用联合国名称和徽记案入选国家工商总局“2016年工商和市场监管部门查处商标侵权典型”,金山区市场监管局查办的上海金咏文化艺术策划有限公司侵犯“迪士尼”等注册商标专用权案入选“2016年上海知识产权十大典型案件”。这种公开案件、以案说法、以案释法的形式,不但进一步增强了公众的商标法制意识,还起到了震慑制假者和售假者的作用,营造了尊重和保护商标专用权的良好氛围。

5. 举办高知名度商标商品真伪鉴别培训会。市工商局邀请六家涉外高知名度商标权利人共同组织召开商品真伪鉴别培训会。会上,韩国MCM公司、美国新平衡公司、澳大利亚富邑红酒集团、法国爱马仕公司、欧莱雅集团和历峰集团分别介绍了旗下品牌的发展历程、真伪商品鉴别方式及具体典型售假案例,现场展示了真假商品,解答了参会人员执法当中的困惑。市工商局商标处、检查总队、机场分局和各区市场监管局商标广告科负责人及市场监管所(支队)一线执法人员共计120余人参加了培训会。培训会通过现场实物教学、面对面沟通交流,有效提升了执法人员发现和打击商标侵权行为的能力。

6. 召开“中国(上海)自贸试验区商标保护工作座谈会”。5月17日,市工商局召开“中国(上海)自贸试验区商标保护工作座谈会”。工商总局商标局和商评委领导、本市各司法和行政执法机关代表以及法学界相关专家学者在会上结合各自专业领域进行了主题发言,就如何加强自贸区商标保护工作进行了充分的交流,共同探讨研究适合上海自贸区创新发展的商标监管体制和模式。

7. 召开企业商标国际战略培训会。2017年9月,市工商局与世界知识产权组织联合举办企业商标国际战略培训会。世界知识产权组织官员、外企高管、上海化妆品出口型企业及各区商标科负责人等共计40多人参加了培训会。培训会围绕品牌国际化与知识产权海外保护经验、知识产权组织的全球服务等展开,拓展了上海企业的商标品牌国际视野,增强了企业“走出去”的意识和能力。

8. 进一步加强区域执法协作。2017年10月,“苏浙沪皖工商局商标行政执法区域协作会议”在杭州召开。四省市工商局(市场监管局)分析研究了跨省商标侵权案件的线索交换和协同,进一步交流了商标行政执法区域协作情况,并对如何加强网络商标监管、打击网上商标侵权工作进行了探讨。在迪士尼商标保护方面,上海继续加强与各地,尤其是华东地区和长三角、珠长三角的信息互通和执法协作,有效地维护了迪士尼商标专用权。

(二)不断推进商标品牌战略实施,促进上海社会经济发展

1. 争取先行先试,全面推进上海商标注册便利化改革。上海以服从和服务国家战略为宗旨,积极参与总局商标注册便利化改革,争取总局各项试点在沪落地。2016年7月28日,上海在徐汇区行政服务中心设立商标质押受理窗口,为企业开展商标质押业务受理工作,解决企业融资难问题。2017年3月1日,国家工商行政管理总局商标上海(徐汇)商标受理窗口在徐汇区行政服务中心设立,进一步打通企业创业创新全链条。9月29日,上海商标审查协作中心正式落户徐汇区,至此国内商标的申请、审查和马德里商标国际注册等业务都能在上海办理,上海的企业真正实现“足不出沪”即可办理国内外商标业务。这是国家工商总局在京外设立的第二个商标审查协作中心,同时也是唯一能开展马德里商标国际注册的受理点。一年多时间,上海的商标注册便利化改革就迈出了“三大步”,为上海打造国际化、法治化、便利化营商环境提供了重要支持,也积极助力上海企业实施“走出去”战略。

2. 开展部市合作,大力实施商标品牌战略。2017年9月29日,上海市政府与国家工商总局共同签署了《关于大力实施商标品牌战略的合作协议》。这是自2017年5月《工商总局关于深入实施商标品牌战略推进中国品牌建设

的意见》印发后，首个关于实施商标品牌战略的部市合作协议，充分体现了上海市对商标品牌战略实施的高度重视和工商总局对上海商标品牌工作的大力支持。协议主要包括八方面内容：推动上海市成为国家商标注册便利化改革实验区，推进上海实施商标品牌战略，促进商标品牌有效运用和集聚，探索推进统一市场监管框架下的知识产权综合管理改革，推动商标品牌海外发展，强化商标专用权保护，加强商标相关专业人才培养，共同建立商标品牌研究合作机制。协议提出了“将上海市打造成国家商标品牌战略实施示范区、商标品牌发展和保护的新高地，建成辐射华东、服务全国的商标品牌发展中心”的目标。

3. 加大服务企业力度，推进商标培育发展工作。市区两级工商（市场监管）部门通过“走千家企业”活动、商标知识专题培训、重点企业个案辅导、中小企业商标普及教育等，开展多种形式的商标服务。市工商局商标处走访了金山、奉贤、嘉定，指导地理标志商标注册工作，走访宝山区支持邮轮产业发展中的商标注册保护，走访普陀区指导天地软件园探索建设商标品牌创业创新基地。2017 年 6 月 30 日至 7 月 1 日间，第三届中国商标金奖颁奖大会和第八届世界地理标志大会在扬州举办。锦江国际（集团）有限公司被授予中国商标金奖——商标运用奖，上海联影医疗科技有限公司被授予中国商标金奖——马德里商标国际注册特别奖，上海市普陀区市场监管局获得中国商标金奖——商标保护奖（提名）。上海选送了嘉定“马陆葡萄”和“嘉定竹刻”两个地理标志产品参加世界地理标志大会。国务委员王勇、国家工商总局局长张茅、副局长刘俊臣和世界知识产权组织总干事高锐等到现场参观。

4. 多措并举，深入开展商标品牌文化宣传。市工商局与移动电视联合制作了“商标课堂”、“商标零距离”、“商标档案”、“十大案例”、“商标活动现场”、“商标鉴别现场”等 6 个主题共计 8 集的对话商标系列宣传片。宣传片从 4 月 18 日至 30 日通过地铁电视、公交电视、楼宇电视、迪士尼园区、机场指路机、大型电子屏、候车亭广告牌等多种形式进行了 2000 多万人次/天的播放和展示，较好地向社会公众普及了商标知识。市工商局还抓住上海审协建设的有利契机，在上海审协大楼建成“上海商标历史文化走廊”并编印相应图集,运用丰富的史料展示上海商标的悠久历史和发展成果,有效宣传商标历史文化,进一步增强社会公众和企业的商标意识,更好地营造商标发展和保护氛围。

5. 促进商标代理行业规范发展,更好服务企业商标品牌建设。在 2016 年制定出台《商标代理服务规范》(上海市地方标准)后,市工商局指导市商标协会制定了《上海商标代理服务规范达标单位认定办法》,以制度为抓手推进商标代理行业规范发展。截至 2017 年三季度工商总局备案的上海商标代理机构共 1129 家。2017 年 9 月,上海市商标协会在全国率先申请注册成功 1 件证明商标,以证明商标为纽带对全市商标代理机构进行自律管理。

6. 深化信息统计工作,夯实商标工作基础。市工商局建立了商标报告定期发布制度,借助第三方商标信息服务专业力量,定期发布《上海市商标战略发展报告》,全面总结分析上海的商标品牌发展状况和特点,不但便于基层准确掌握辖区商标情况更好开展商标监管,还有利于纵向横向的工作信息交流和共享。

7. 加强商标工作对外宣传,营造良好商标保护环境。市工商局更加注重商标工作的对外宣传,不但及时将全市商标发展成果向社会公布,激励提升上海企业的商标意识;同时通过商标案件新闻报道,进一步公开展示商标执法成效、发布消费警示、提醒经营风险、威慑侵权违法者。关于“喜茶”商标侵权案件,《新闻晨报》、《新民晚报》、《劳动报》、“上观新闻”、“澎湃新闻”等有影响的本地传统媒体及网络媒体记者均作了采写报道,并被“东方网”“新浪网”“网易”等国内大型网络平台争先转载。

8. 广泛开展知识产权宣传周活动。2017 年宣传周主题为“创新创造改变生活　知识产权竞争未来”。各区市场监管部门结合辖区特点和工作实际,深入开展宣传活动。如长宁区市场监管局约谈商户并签署诚信经营、保护知识产权承诺书,进行现场咨询等;奉贤区市场监管局利用微信公众号曝光典型案例,并开展送法进企业、窗口宣传展示、线上有奖问答、企业走访、“挑战 4.26 公里”跑步赛事等商标宣传活动;金山区市场监管局举办了有奖问答、主题讲座、送知识进社区进企业等商标宣传活动。

三、 2018年上海商标品牌运用和保护的重点和方向

2018年上海市商标管理工作将认真贯彻落实党的十九大精神，根据市委、市政府提出的“打造品牌优势”的工作要求以及工商总局工作部署，全面推进“上海服务”、“上海制造”、“上海购物”、“上海文化”四大品牌建设，深入贯彻实施商标品牌战略部市合作协议，大力开展打击商标侵权假冒行为，积极推进各项商标工作取得新成效，全力服务和保障中国（上海）自贸区建设和科创中心建设。

（一）严厉打击侵犯商标专用权行为

针对上海市场侵权特点，结合双打工作要求，组织开展互联网领域“查网店、净网络”专项行动、专业市场领域“查售假、净市场”专项行动、生产加工环节“查制假、净环境”专项行动。要突出高知名度商标、地理标志、老字号商标等重点，围绕互联网平台、汽配市场、城郊接合部、仓库等敏感地区和领域，加强日常监管，落实监管职责。充分运用驰名商标保护手段加大对知名品牌合法权益的保护，引导企业通过诚实守信和公平竞争做大做强。要创新与行业协会、电商平台、商标权利人、企业的互动，加大商标行政保护协同力度。要开展网络专项搜索，加大网络搜索监测频次，提高网络商标违法行为的发现率。

（二）深化“打、建”结合的商标长效机制

按照总局事中事后监管要求，深入推进商标事中事后监管，开展对商标行为的“双随机，一公开”①抽查工作。围绕重点领域的重、热点，以问题为导向，开展商标“月月特色专题活动”，深入探讨解决社会反响强烈、媒体关注度高、

---

① 即在监管过程中随机抽取检查对象，随机选派执法检查人员，抽查情况及查处结果及时向社会公开。这是国务院办公厅于2015年8月发布的《国务院办公厅关于推广随机抽查规范事中事后监管的通知》中要求在全国全面推行的一种监管模式。

关乎群众利益的商标问题。建立健全商标侵权易发风险点巡查制度,制定具有针对性、个性化的监管方案,落实巡查监管责任,防范规模性、群体性的商标侵权行为发生。创新商标监管方式,充分利用大数据、云计算等现代信息化手段,探索实行“互联网+监管”模式,增强对商标违法行为线索的发现、收集和甄别能力。加大商标案件处罚公示,对商标违法行为予以信用制约和失信惩戒。建立健全商标执法保护的快速反应机制。

(三) 加强商标跨部门跨区域执法协作

深化长三角地区的商标保护协作,逐步形成对假冒侵权商品的生产、流通、销售的全链条联合打击。要以网络为重点,推进“云剑联盟”行动,提升跨部门、跨地区的互联网综合治理能力。要密切与公安、检察院和法院的协作,联合查办一批具有典型意义的商标大要案件。要深化两法衔接,加大涉嫌犯罪案件移送力度。

(四) 深化商标注册便利化改革

将以上海商标审查协作中心窗口建设为抓手,深化商标注册便利化改革,使改革红利辐射长三角、华东地区以及长江经济带,积极发挥商标服务经济功能,带动区域经济发展。积极争取国家工商总局支持,增加上海商标审查协作中心的商标变更、转让、续展等业务职能,同时在上海其他有条件的区增设商标受理窗口和商标质押窗口,方便企业就近办理各项商标业务。认真开展商标业务受理窗口规范化建设,建立窗口工作制度、规范工作流程、优化服务环境,提升业务素质,不断优化营商环境。

(五) 积极助推上海打造国际品牌

将以上海的马德里商标国际注册窗口为平台,助推上海在全球范围配置资源,提升上海在全球的吸引力和竞争力。进一步加强马德里商标国际注册的企业宣传,召开马德里商标国际注册推进会,开展马德里商标国际注册业务培训,增强企业商标国际注册意识,指导企业海外商标布局规划。

(六) 探索设立上海商标品牌金奖

充分发挥商标监管职能,将上海四大品牌建设与上海商标品牌金奖评选紧密相结合,全力打造上海品牌优势,服务上海经济社会发展。要以上海商标品牌金奖作为创新商标品牌建设的新抓手,提升政府引导服务功能。要通过开放的工作格局、公正的评选体系、科学的评估模型和独立的专业机构,评选出上海商标品牌中的精品,充分发挥上海商标品牌金奖在商标品牌建设方面激励先进、推广经验、鼓舞社会的作用,正确引导全市商标品牌战略实施和大力推动商标品牌经济。

(七) 加快设立商标品牌工作指导站

在商标集聚度比较高的园区(市场)设立商标品牌工作指导站,加大服务企业商标品牌发展的力度,提升商标保护效能。要落实指导站工作职责,分类指导企业实施商标品牌战略,指导开展商标注册、品牌设计、价值评估、法律咨询、维权投诉等服务和保护工作,争取培育一批商标品牌集聚区,发挥高知名度商标品牌的引领和凝聚作用。

(八) 创建商标品牌创业创新基地

鼓励、指导企业在创业创新过程中注重商标品牌的注册、培育和发展。结合上海实际情况,制定商标品牌创业创新基地认定标准,在有条件的园区开展试点。条件成熟时召开现场推进大会,鼓励更多的区域开展创建工作,引导当地政府以商标品牌创业创新基地为抓手,发挥基地的辐射带动作用,集聚商标品牌资源、吸引优质企业,大力发展商标服务业和商标密集型产业。

(九) 认真开展“走千家企业助改革创新”调研活动

将以服务为宗旨、商标为主线,围绕改革创新,结合区域经济发展特点,抓住支持产业和特色行业,如文创产业、海外出口企业等,积极走访企业、园区,开展商标工作大调研。要重点了解企业和园区在商标注册、运用、保护和管理中遇到的问题,及时帮助企业解决商标问题,指导企业创建自己的品牌、打响自己的品牌。要在走访中注重分析研判新问题、总结归纳共性问题、收集推广示范经验,实实在在为区域商标品牌建设打下扎实基础。

(十) 深入开展商标品牌宣传培训

依托已建成的“上海商标历史文化走廊”,继续推进商标宣传教育基地建设,让更多的企业和公众增强商标意识、了解商标文化;以文化走廊为平台,大力开展商标品牌论坛、商标品牌研讨、商标品牌报告发布等活动;继续制作商标宣传片和发布上海商标品牌发展报告,更好地营造商标发展氛围。以商标执法保护和商标注册受理知识为重点,开展多层次、多形式的商标培训,提升工商(市场)监管队伍的商标管理能力。

(十一) 努力推进统一市场监管框架下的知识产权综合管理改革

按照上海市政府与国家工商总局签订的《关于大力实施商标品牌战略的合作协议》和市政府《关于推进上海美丽健康产业发展的若干意见》,加快制定在统一市场监管框架下的知识产权综合管理改革方案,支持徐汇、奉贤等区开展试点工作。

(十二) 服务规范商标代理中介行业

根据商标代理服务规范,提升商标代理服务质量和能力,培育服务市场,形成一批商标代理服务业集聚区。加强商标代理市场专项整治。支持商标代理机构专业委员会通过注册使用证明商标的手段,实现代理企业行业自治和诚信建设。

(十三) 开展“5.10”品牌日活动

在活动日期间,协助工商总局办好品牌博览会。

参考文献：

上海市工商局:《上海市商标战略发展报告》,2017年。

《上海市工商局商标品牌相关文件汇编》,2017年。

周正:"实施商标品牌战略　引领品牌经济发展——解读《关于深入实施商标品牌战略 推进中国品牌建设》",《中华商标》2017年第6期。

张国炎:"商标保护对上海未来经济发展的影响",《上海经济研究》2012年第12期。

左旭初:"上海近现代商标历史研究与史料收藏",《上海商学院学报》2015年第2期。

第六章
上海质量品牌提升的现状与趋势

李　刚

一、质量与品牌的影响关系

众所周知，质量、品牌对任何企业或区域都意味着实力、信誉和竞争能力，因而也有着十分重要的地位和作用。

质量指工作或产品的优劣程度，是一切工作或产品的基础。任何工作或产品没有好的质，量也就失去了意义。品牌顾名思义就是牌子，而著名的有信誉的品牌则称其为名牌。名牌一般具有质量好、信誉高、有特色、有内涵的特点。也就是说名牌的前提一定是质量好、靠得住，信誉高则必须依靠长时期的积累，不可能一日成名；有特色则表明有特点、有优势，也就意味着必须不断创新；有内涵是指名牌必须要有文化内涵，体现诚信负责、追求完美的企业或区域精神。

党的十八大以来，党中央国务院高度重视质量工作。习近平总书记科学判断经济的新常态和发展的大逻辑，深刻指出要“切实把推动发展的立足点转到质量和效益上来”，强调“以提高质量和效益为中心”；李克强总理指出要“全面提升质量水平，广泛开展质量提升行动，加强全面质量管理”，表明我国正处于质量发展的新阶段，也指明了迈入质量时代的新要求。

二、上海质量品牌提升的现状

上海是中国近现代重要的民族工业发祥地、民族品牌发源地和集聚地，早在20世纪30年代就崛起了上海手表、正广和、冠生园等一批家喻户晓的民族品牌。在大飞机、新能源汽车、生物医药、机器人等先进制造业和战略性新兴产业也已重点布局。同时,上海的现代服务业近年来也得到快速发展,在全市国民经济中的比重已超过60%,在教育、旅游、养老、物流、电子商务等领域诞生了不少有影响力和辐射力的企业。

2016年,是《国民经济和社会发展第十三个五年规划纲要》和供给侧结构性改革开局之年,也是"中国制造2025"的全面实施之年。2016年5月11日国务院常务会议提出,培育和弘扬精益求精的工匠精神,引导企业树立质量为先、信誉至上的经营理念,立足大众消费品生产推进"品质革命",推动"中国制造"加快走向"精品制造",赢得大市场。上海按照习近平总书记、李克强总理关于质量工作的重要论述精神,在市委市政府的正确领导下,上海市质量工作领导小组结合本市实际制定的《上海市质量发展规划(2011—2020年)》提出产品、服务、工程、人居四方面的质量发展目标。2016年,上海市质量总体水平持续提升,上海制造业质量竞争力指数继续位列全国第一,供水供气、公共交通、装饰装修等十大服务行业质量测评公众满意度持续提升,工程质量总体处于较好水平,环境空气质量总体改善,市民对于质量发展的"获得感"进一步增强。产品质量方面,上海制造业质量竞争力指数①为92.70,排名继续位于全国第一,持续保持较强的质量竞争能力。服务质量方面,供水供气、公共交通、装饰装修等十大服务行业质量测评公众满意度平均得分为81.95,较往年持续提升。工程质量方面,上海市工程实体监督抽检合格率95.8%,同比上升2.81%。人居质量方面,全年环境空气质量API优良率为75.4%,同比上升4.7%;主要河流断面水环境目标达标率为63.3%,同比上升26.6%。在国务

---

① 为了准确反映我国制造业产品质量水平和发展能力,推动我国产品质量整体水平提高,自2005年起,国家质量监督检验检疫总局和国家统计局联合发布年度制造业质量竞争力指数。质量竞争力指数包括2个二级指标(质量水平和发展能力)、6个三级指标(标准与技术水平、质量管理水平、质量监督与检验水平、研发与技术改造能力、核心技术能力和市场适应能力)和12个统计指标(产品质量等级品率、工程技术人员比重、质量管理体系认证率、质量损失率、产品监督抽查合格率、出口商品检验合格率、研究与试验发展经费比重、技术改造经费比重、每百万元产值拥有专利数、新产品销售比重、人均产品销售收入和国际市场销售率)。

院开展的省级政府年度质量工作考核中,上海连续三年蝉联A等的好成绩,经济社会发展稳步迈入质量时代。

(一) 产品质量:持续保持较强的竞争能力

1. 工业品质量竞争力指数连续8年蝉联第一。2016年上海制造业质量竞争力指数为92.70,比全国平均水平高8.86,排名位于全国第一,自2009年起连续8年蝉联第一,继续保持较强的质量竞争能力,见图6-1。

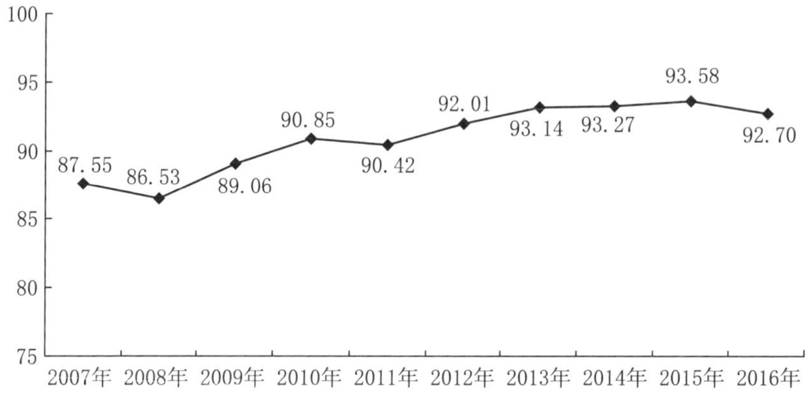

图6-1　2007—2016年上海制造业竞争力指数

2. 食品抽检合格率不断提升。截至2016年底,上海共有约25.1万张有效的食品生产经营许可证,其中,食品生产许可证1800张、食品流通许可证187790张、餐饮服务许可证60742张、食品相关产品生产许可证565张。

2016年,上海市共报告发生集体性食物中毒7起,中毒人数229人(无死亡),集体性食物中毒报告发生率为0.95例/10万人口,继续保持在2011年以来集体性食物中毒报告发生率不高于1例/10万人口的较低水平,未发生重大食品安全事故,见图6-2。

全市食品监督抽检总体合格率为98.5%,食品各环节监督抽检合格率均较上年有所提高,见表6-1。

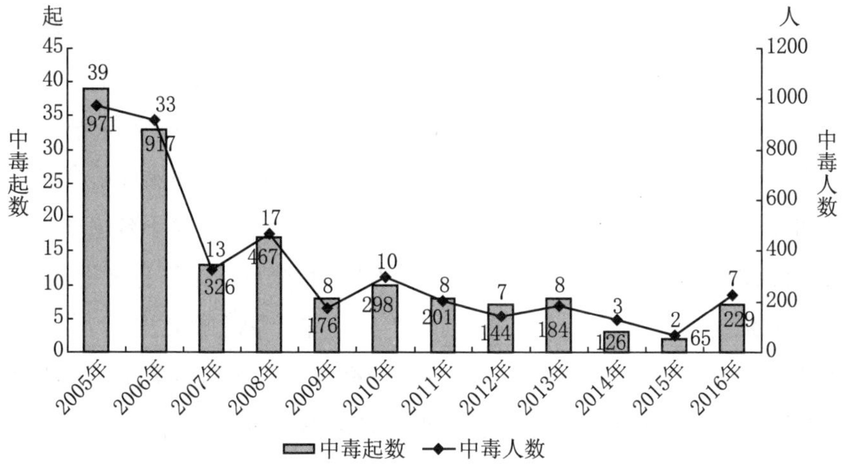

图 6-2　2005—2016 年上海市食物中毒的发生起数和人数

表 6-1　2011—2016 年上海市各环节食品监督抽检合格率

	种植业	生产	流通	餐饮	进出口
2011 年	99.9%	97.8%	91.2%	86.1%	99.0%
2012 年	99.9%	94.4%	94.2%	88.9%	99.1%
2013 年	99.9%	96.3%	94.3%	86.9%	99.4%
2014 年	99.9%	94.0%	94.7%	88.4%	99.0%
2015 年	99.9%	97.8%	97.5%	90.3%	99.5%
2016 年	99.9%	99.1%	98.5%	94.6%	99.5%

3. 药品、医疗器械和化妆品合格率保持较高水平。2016 年，上海抽检药品抽样 12686 件，完成检验 10955 件，不合格 216 件，合格率 98.0%。其中，药品生产环节抽检 2287 件，合格率 97.1%；药品经营环节抽检 4623 件，合格率 98.1%；药品使用环节抽检 5511 件，合格率 98.4%。医院制剂抽检 265 件，合格率 98.8%。抽检药品包装材料 274 件，完成检验 236 件，检出不合格 14 件，合格率 94.1%。抽检医疗器械 895 件，完成检验 520 件，检出不合格 23 件，合格率 95.6%。抽检化妆品 2901 件，完成检验 2411 件，合格率 99.3%。其中，生产环节抽样 989 件，完成检验 907 件，合格率 99.2%；流通环节抽样 1912 件，完成检验 1504 件，合格率 99.3%。

4. 进出口商品不合格货物有所上升。2016年,上海市在出入境检验检疫中检出不合格货物157950批,不合格金额1091183万美元,较上年分别增加77.84%和56.2%,批次不合格率和货值不合格率分别为10.65%和9.61%,较上年分别增加5.38和4.89个百分点。其中:出境检验检疫中发现不合格商品2579批,不合格金额52644万美元,批次不合格率和货值金额不合格率分别为1.66%和6.87%,同比分别增加了0.9和6.07个百分点。按不合格批次排序,前五位分别为食品化妆品、化工品、动物产品、植物产品和轻工业品,占不合格总批次的98.1%;检出入境不合格商品153991批,不合格金额1029033万美元;批次不合格率和货值不合格率分别为11.69%和9.77%,较上年分别增加了5.94和4.84个百分点。按不合格批次排序,前五位分别为食品化妆品、机电产品、纺织品、植物产品和动物产品等,占不合格总量的90.19%。入境不合格商品的主要原因为无中文标识、货物包装不符合入境要求、品质缺陷、携带一般性有害生物、夹带杂草草籽等。

(二)服务质量:公众满意度持续提升

2016年,上海市积极开展服务业质量提升工作,启动实施服务业质量提升与监测基础工程,引导各服务行业加强质量管理,树立品牌意识,完善服务标准体系,强化制度与技术支撑,形成一批质量效率型增长的行业典型,提升全社会的质量获得感。公共服务领域,本市开展了供水、供气、旅游目的地、社区卫生、社区服务、装饰装修、快递物流、检验检测、公共交通、汽车维修等10个行业的服务业质量测评;旅游服务领域,推动一批旅游区参与各级知名品牌创建示范区建设,开展旅游服务质量升级试点及旅游服务质量对比提升活动;物流服务领域,推进国家物流标准化试点,制订一批物流领域团体标准,形成一系列可复制、可推广的标准化成果;质量技术基础服务领域,积极推动《上海市检验检测条例》的制定及出台,规范检验检测行业管理,提升行业服务能级。同时,积极推动政府质量奖、上海名牌等在服务领域的覆盖范围和比重,发挥质量奖励和名牌评价的示范引领作用,培育一批管理先进、服务精良、消费者认可的服务业企业及品牌,带动服务领域质量提升。

截至2016年底,有效期内上海名牌服务共计373项,占上海名牌总数的31.3%,共涉及信息技术服务、餐饮、商业零售、旅游、装饰装修、机动车维修等13个领域,扩大了高质量服务的有效供给,见图6-3。

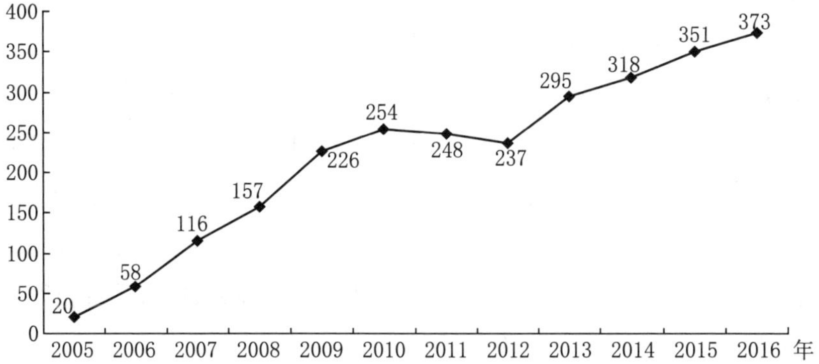

图6-3　2005—2016年上海市服务名牌数量变化图

2016年,上海国际机场股份有限公司、上海申通地铁股份有限公司、上海市对外服务有限公司、大众出租租赁汽车公司、上海中信信息发展股份有限公司、上海建科检验有限公司等一大批服务业质量先进企业荣膺2015年度上海市市长质量奖及上海市质量金奖。为了进一步宣传推广服务质量标杆企业的先进质量管理理念和方法经验,引领带动更多企业、市民关注质量,本市开展了政府质量奖获奖企业市民巡访活动,邀请市民走进申通地铁、国际机场、建科检验等企业,实地体验服务质量,增强消费者与企业的互动,共推服务质量的进一步提升。

(三) 工程质量:总体处于较好水平

1. 建筑工程质量实现零事故。2016年,上海市工程质量总体处于较好水平,未发生工程质量事故。全市各工程质量监督机构开展工程实体监督抽检14612组,合格率95.8%,同比上升2.81个百分点,其中混凝土实体强度抽检(回弹法)合格率92.6%,同比上升3.56个百分点,钢筋保护层厚度实体抽检合格率99.13%,同比上升2.96个百分点。住宅工程质量总体稳中有升,分户验收抽检复核相符率有所提高，主控项目复核相符率达到82%，一般项目复核相符率为80%。

2016年，上海建工集团股份有限公司等8家建筑企业承建的6个项目获得中国建设工程“鲁班奖”(国家优质工程)。中铝南方总部项目、华能上海大厦项目等137个项目获评上海市建设工程“白玉兰”奖(市优质工程)。

2. 建筑材料总合格率大幅提升。2016年，本市各工程质量监督机构对结构性建材的监督抽检总样品数4347组，总合格率为96.78%，较上年提高了8.25个百分点。其中，钢筋、水泥、混凝土(抗压)强度合格率分别达到97.6%、97.5%和96.7%，总体稳定在较高水平；对节能材料共抽取样品900组，合格率为95.7%，同比上升2.63个百分点；防水材料共抽取样品218组，合格率为97.2%，同比下降1.66个百分点，见图6-4。

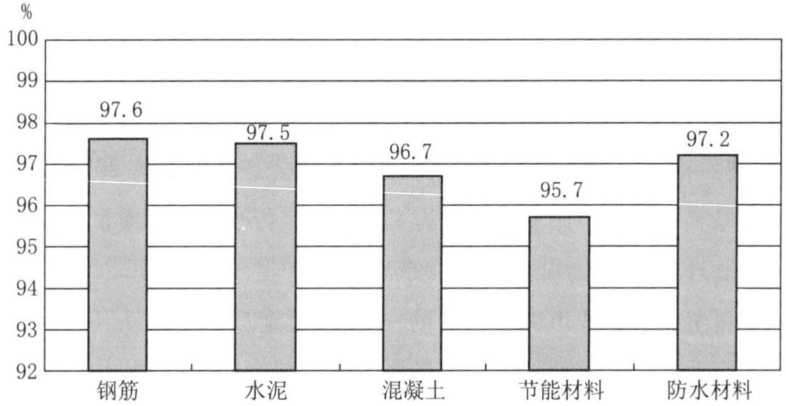

图6-4 2016年上海市各类结构性建材质量监督抽查合格率

(四) 人居质量：公众感受度不断提升

1. 空气质量总体改善。2016年，细颗粒物(PM2.5)浓度为45微克/立方米，较上年下降了8微克/立方米；较基准年2013年下降了17微克/立方米，降幅达到27.4%，提前一年实现较2013年下降20%的目标。二氧化硫(SO_2)、可吸入颗粒物(PM10)、二氧化氮(NO_2)年均浓度分别较上年下降了 11.8%、14.5%和 6.5%。2016 年 PM2.5、SO_2、PM10 和 NO_2 年均浓度均为历年最低。

2. 地表水环境质量总体较上年明显改善。2016 年,上海市主要河流断面水环境目标达标率为 63.3%,较上年上升 26.6 个百分点。Ⅱ—Ⅲ类水质断面占 16.2%,较上年上升 1.5 个百分点;Ⅳ—Ⅴ类断面占 49.8%,较上年上升 20.9 个百分点;劣Ⅴ类断面占 34.0%,较上年下降 22.4 个百分点,见图 6-5。

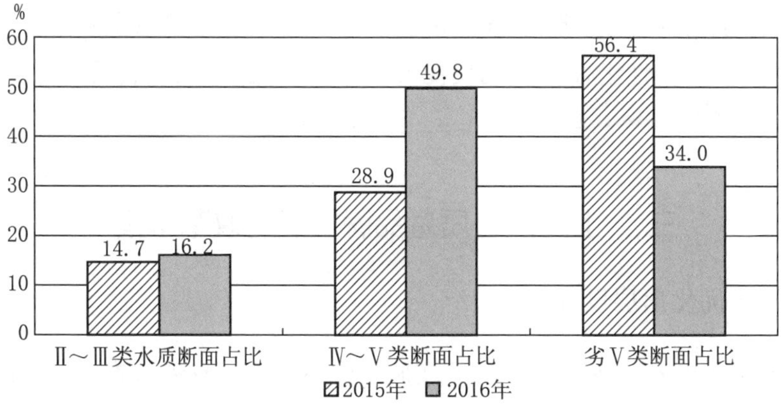

图 6-5　2015—2016 年上海市地表水环境质量

上海市主要河流高锰酸盐指数平均浓度为 4.80 毫克/升,较上年下降 10.9%;总磷平均浓度为 0.272 毫克/升,较上年下降 21.0%;氨氮平均浓度为 1.90 毫克/升,较上年下降 23.4%。

3. 大力实施城市“更新增绿”,提高居民绿色感受度。2016 年,本市新建绿地 1221 公顷,其中公园绿地 560 公顷;新增林地 2400 公顷。截至 2016 年底,上海市人均公园绿地面积达到 7.82 平方米,建成区绿化覆盖率达到 38.8%,森林覆盖率达到 15.6%。

2016 年,上海智慧城市发展水平指数为 97.65,较上年提高 10.1%。其中,网络就绪指数为 92.9,智慧应用指数为 105.7,发展环境指数为 88.43,上海市现阶段智慧城市继续在国内处于整体领先地位。

4. 市民对智慧城市建设的感知度不断提升。根据市经济信息化委开展的

“2016 上海智慧城市市民感知度调查”反映,89.98%的受访者对上海智慧城市建设有所了解,39.02%的市民对智慧城市感受最深的体现在“便捷惠民的公共服务”,其次分别是“宽带和无线网络接入”(34.88%),“智能精细的社会治理”(17.61%)、“高效透明的政务服务”(8.50%)。市民对智慧城市建设获得感提升的同时,也提出了进一步的需求。如市民普遍关注“智慧医疗”,希望进一步提高健康服务水平,改善就医体验;市民对“智能精细的社会治理”也比较关注,希望通过智能化手段提高城市管理效率,完善公共服务;市民还对强化基层智慧建设比较期待,希望进一步发挥街道基层的服务和协助作用,结合不同市民的个性化需求,向居民提供界面友好、操作便捷的优秀智慧产品与服务。

三、 上海推进质量品牌发展的改革举措

(一) 优化顶层设计

2016 年以来,上海相继出台并实施了一系列重大政策措施,为上海质量品牌发展工作提供顶层设计。如:“关于推进供给侧结构性改革促进工业稳增长调结构促转型的实施意见”、“‘中国制造 2025’上海行动纲要”、“上海市质量发展三年行动计划(2016—2018 年)”、“关于本市贯彻《消费品标准和质量提升规划(2016—2020 年)》的实施意见”、“关于本市贯彻落实《装备制造业标准化和质量提升规划的实施方案》”。

(二) 推进“放管服”改革

2016 年,上海市质量技监局出台《推进简政放权放管结合优化服务改革暨降低制度性交易成本的实施方案》,从制度设计、审批改革、有效监管和优质服务等 4 方面推出 20 项举措。截至 2016 年底,上海市质量技术监督领域的行政审批事项由过去的 74 项精简至 26 项,审批收费项目减少至 3 项,审批平均时限缩短近一半。其中,食品相关产品许可审批时限缩短三分之二;取消了组织机构代码证书、国内计量器具新产品型式批准证书费、计量考评员证书费

等，每年为企业节省费用4000万元以上；取消了特种设备许可鉴定评审费，为企业节约支出700万元以上。

（三）提升标准水平

1. 培育团体标准。2016年，上海市质量技监局印发了《关于培育和发展团体标准的指导意见》，提出加强团体标准化工作的十项举措，旨在建立市场主体自主制定、政府规范引导、企业广泛参与、社会监督反馈的团体（联盟）标准化工作机制。同时，针对“毒跑道”事件，上海市积极推动《学校运动场地塑胶面层有害物质限量》团体标准的制修订，并发布了《加强本市基础教育学校塑胶场地建设管理工作的通知》，将该团体标准作为上海市学校塑胶场地建设和验收标准①，在重塑上海制造、上海服务、上海城市建设和社会管理的领先地位方面发挥了重要作用，也初步形成了市场自律和政府社会协同共治的团体标准发展模式路径。

2. 推进国际标准化。2016年，上海市积极推进国际标准化高地建设，提升上海在国际标准化领域的影响力和话语权。一是推动《ISO18664：2015 中医药—中草药重金属限量》等一批国际标准发布；二是积极争取泛美标准委员会中国联系成员秘书处落户，配合国家标准化管理部门开展秘书处成立筹备工作，提升泛美地区标准化研究能级；三是创新立项“超级电容公交车中国—白俄罗斯标准国际化试点”，推动中国标准走向国际。

（四）实施质量标杆引领

1. 加强质量激励。至2016年底，上海已建立了由市长质量奖、质量金奖、

---

① 2015年秋季，“毒跑道”问题引起社会的强烈反响，劣质原料和粗糙施工是构成跑道有毒有害物质的主要源头，由于标准缺失难以对跑道质量做有效控制是“毒跑道”事件发生的重要原因。为此，市质量技监局组织上海市化学建材行业协会组建了工作组，从控制塑胶运动场地面层材料的有害物质释放水平和从原料源头建立塑胶运动场地面层产品质量保障措施两方面入手，开展团体标准的制定工作。工作组于2015年11月底形成标准草案稿。2016年4月30日，《学校运动场地塑胶面层有害物质限量》团体标准通过上海市质量技监局登记备案。

区长质量奖构成的三级政府质量奖励制度体系。为上海增强质量竞争力,打造具有国际竞争力的质量高地起到了积极的推动作用。自2002年设立上海市质量金奖以来,全市共计133家组织、71名个人获奖,自2008年设立市长质量奖以来,全市共计13家组织、8名个人获奖。此外,自2012年中国质量奖设立以来,上海市获奖组织和个人的数量居全国首位,政府质量奖励制度的设立于完善对引导本市各类组织宣传和推行卓越绩效管理模式,激励各类组织完善管理、提升质量、持续创新,增强核心竞争能力,都发挥了重要作用和积极效应。

2. 落实名牌引领。截至2016年,上海名牌推荐工作经历二十余年的发展,已取得较好成效。上海名牌数量已从1995年的152项,增加至目前的1191项,已形成了一个上海名牌集群。其中,名牌产品808项、名牌服务367项、明日之星16项,涌现了上海电气、荣威、红双喜、老凤祥、龙凤、绮芳、信谊、雷允上、外服等一批有核心竞争力的自主品牌;上海名牌企业的经济贡献作用不断提高,2016年上海名牌企业销售收入已达2.2万亿元,资产总额超过1.85万亿元(1995年300亿元);上海名牌企业的盈利能力总体增强,2016年上海名牌企业的总利润已达1300多亿元(1995年不足50亿元),平均利润1.27亿元(1995年0.3亿元),见图6-6。

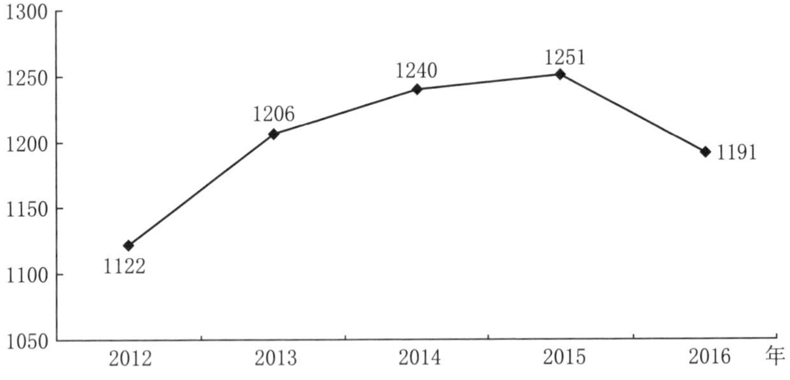

图6-6　2012—2016年有效期内上海名牌总数(单位:项)

(1) 名牌产品。截至2016年底,有效期内上海名牌产品共计808项,涉及机电、轻工、医药等13个行业，名牌产品数量排名前三的依次为机电(208项)、轻工(141项)、医药(64项)，分别占名牌产品总数的比重为25.7%、17.5%和7.9%，见图6-7。有效期内上海名牌产品数量较上年减少了75项。主要原因是本市在上海名牌推荐工作中探索实施社会信用联动惩戒，通过查询上海市社会信用信息平台核实申报企业的社会信用情况。部分企业申报产品因申报企业涉及质量安全、消防安全、环保安全、虚假宣传、违规建设等方面行政处罚的失信记录而被“一票否决”。

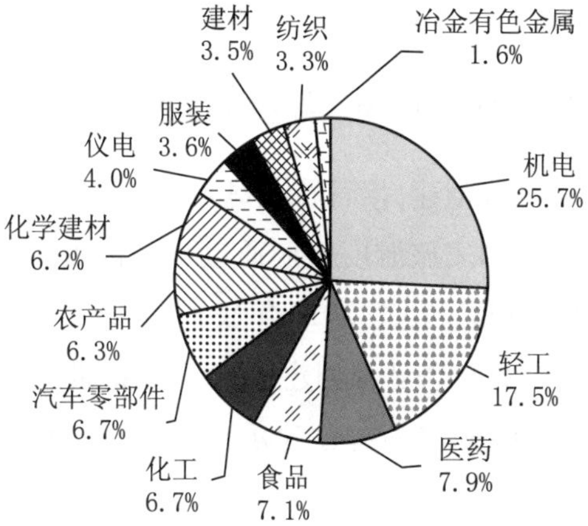

图6-7　2016年有效期内上海市名牌产品行业分布情况

(2) 名牌服务。上海市自2005年起，启动了上海名牌服务试点推荐工作。截至2016年，有效期内上海名牌服务共计367项，覆盖信息技术服务、旅游、会展等13个领域。从服务名牌的行业分布情况看，信息技术服务名牌数量达到68项，居服务名牌数量首位，占比达到18.5%，商业零售、现代物流、旅游的占比分别为15.0%、9.0%、8.4%；人才服务、检测认证服务比重为6.5%和2.7%，表明上海名牌服务结构持续优化，与上海“四个中心”及科创中心建设战略紧密结合，生产性服务业和生活性服务并重，服务名牌行业分布情况见图6-8。

(3) 知名品牌示范区。2016年，本市以名牌企业集聚、细分行业符合国家产业结构需求、名牌战略推进成效显著的区域为重点培育对象，推进国家和

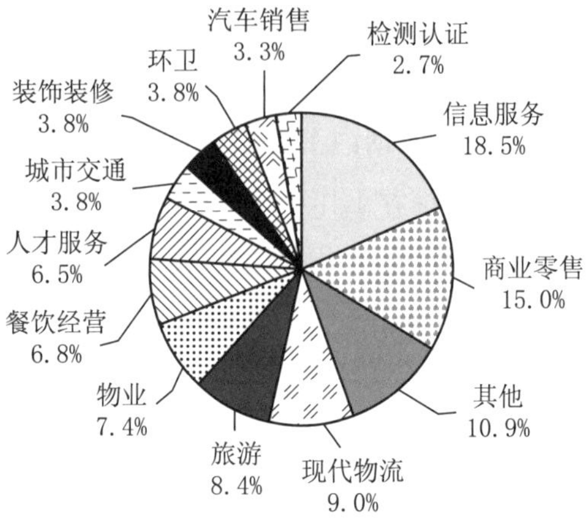

图 6-8　2016 年有效期内上海市名牌服务行业分布情况

市级两级知名品牌示范区创建,培育特色显著、竞争力强的区域品牌,推动提升区域品牌价值。佘山国家旅游度假区通过全国都市生态旅游产业知名品牌创建示范区的现场验收。截至 2016 年底,上海共有已批准的全国知名品牌创建示范区 4 家、市级知名品牌创建示范区 9 家;批准筹建的全国知名品牌创建示范区 3 家、市级知名品牌创建示范区 27 家,初步形成健康发展的梯度模式。

(4)“上海品质”认证。2017 年 6 月,上海市质量技术监督局正式启动“上海品质”建设工作,并发布了相配套的上海地方标准《上海品质评价通用要求》(DB31/T 1048-2017),标准将于 2017 年 8 月起实施。获得“上海品质”称号的组织,其产品或服务要能在质量、品牌、技术、管理等方面体现国际性、包容性、引领性等特征。“上海品质”认证的有效期为 3 年,获得“上海品质”认证的产品,可以在产品及其包装上标注产品认证标志;获得“上海品质”认证的服务,可以将服务认证标志悬挂在获得服务认证的区域内。通过开展“上海品质”建设,力争到 2020 年,发布实施一批国际先进、国内一流的产品标准和服务标准,形成充分体现上海特点和质量水平的“上海品质”标准体系;在一批具有重要影响力的行业、企业开展“上海品质”认证,形成社会广泛认同的“上海品质”评价体系;培育一批具有市场价值和上海城市文化内涵的高品质产品和服务,形成制造业、服务业多元发展的“上海品质”品牌体系。下一步，本市将从优化顶层设计，开展试点实施，完善标准体系、发布系列标准以及成立“上海品质”认证联盟等方面积极、稳妥地推进“上海品质”建设工作。

参考文献

《上海市质量状况白皮书》，2017 年。

刘勇：“加强质量品牌建设，推动实体经济优化升级”，《中国经贸导刊》2017 年第 4 期。

武志军：“2017 年《政府工作报告》质量品牌亮点解读”，《中国品牌》2017 年第 4 期。

雅文：“质量：改善供给　引领未来——第二届中国质量（上海）大会综述”，《上海质量》2017 年第 9 期。

实践篇

第七章
上海城区品牌建设探索与实践

李　刚

一、黄浦区

黄浦区是上海的经济、行政和文化中心所在地，在全市发展大局中具有重要地位。2016 年，黄浦区区域经济稳步增长，全年实现地区生产总值（GDP）2019.16 亿元（按现行价格计算，下同），比上年增长 8.0%。全区第三产业增加值 1961.86 亿元，比上年增长 8.2%，占全区地区生产总值的比重为 97.2%。区级财政收入位居全市中心城区首位，全年全区财政收入 612.68 亿元，比上年增长 21.2%。服务经济、楼宇经济、涉外经济特征明显，高端服务业发展体系基本形成。外滩、人民广场、南京路步行街、淮海中路商业街、新天地、豫园、田子坊等一大批内涵丰富、特色鲜明的"城市地标"蜚声中外，全方位展示了上海国际大都市中心城区的独特魅力。

黄浦确定奋斗目标是：建成世界最具影响力国际大都市中心城区的基本框架，成为上海国际金融中心、国际贸易中心的核心功能区，上海科创中心建设的重要服务区，上海国际文化大都市的核心引领区，宜商宜居宜业的精品城区，社会主义现代化国际大都市的核心标志区。围绕这一奋斗目标，黄浦区将进一步深化、优化功能布局，着力加强区域功能联动，在更大范围内推动资源整合，打造"一带四组团"功能新布局。围绕打造上海国际金融中心核心功能区的目标，按照"一城一带"的战略布局，加快推进外滩金融集聚带形态建设和功能提升，基本建成外滩金融集聚带，形成具有较强创新引导力和影响力的全国性、国际化资产管理中心、资本运营中心和金融专业服务中心。具体功能区：南京东路—人民广场功能组团。以商旅文联动为纽带，推动南京东路商业街和人民广场文化商务区的联动融合发展,打造繁荣繁华的世界级商业街区和世界知名文化演艺集聚区。淮海中路—新天地功能组团。以国际化、高端化为方向,加快推进一批重点商业商务项目建设,推动淮海中路商业街和新天地国际高端商务区的联动融合发展,打造时尚高雅的世界级商业街区和国际高端商务区。南外滩—豫园功能组团。以传承、融合为引导,加快推进一批重点项目开发建设,推动南外滩和豫园地区的联动融合发展,基本建成国际一流的南外滩中央活动区、上海最具民俗特色的文化旅游区和国内外高端品牌集聚的国际黄金珠宝商贸功能区。打浦桥—世博浦西园区功能组团。以创新、创意为重点,加快推进一批重点项目开发建设,推动打浦桥和世博浦西园区的联动融合发展,打造具有国际影响力的创新创意集聚区和极具人气的商业商务中心。按照市委、市政府提出的打造“四个标杆”和“四个前列”的新要求,黄浦将坚持“双自联动”发展战略,主动服务上海科创中心建设,以昂扬的精神和崭新的姿态,向着建设世界最具影响力的国际大都市中心城区和经典黄浦、精品城区的目标全力迈进。

黄浦区是海派商业的发源地,拥有南京路、淮海路及豫园商城等三大市级商业中心,在国内外拥有广泛的知名度。通过海纳百川、兼容并蓄,进而发展成为商品品牌的聚集地。黄浦区原有128个中华老字号品牌,目前还在运作的有96个,占上海老字号总量的半壁江山;2016年,黄浦区拥有中国驰名商标25项,上海市著名商标141项,上海名牌81项。与此同时,黄浦区还引进了大批国内外知名品牌。从而形成了品种丰富、门类齐全的商品品牌体系。

(一) 实施品牌发展战略

2016年,黄浦区全面贯彻落实国务院40、44号文件精神和上海38号文件精神,会同专业机构开展《“十三五”黄浦区品牌战略研究》课题的调研,制定《黄浦区品牌建设三年行动计划(2016—2018)》,旨在打造黄浦未来成为上海品牌之都的核心功能区、优质品牌的集聚区和品牌消费的示范区。为将品牌战略落到实处,一是开展“十二五”品牌专项资金的绩效评估。总结经验,分析不足,修订完善“十三五”品牌发展专项资金管理办法,进一步发挥政策的针对性和引领性。二是搭建品牌发展工作平台。组织召开2016年黄浦区品牌发展战略推进大会,加强各方联动。会上发布“黄浦区品牌三年行动计划”,明确各部门职责,有力推动各部门资源整合,协同推进。三是集聚搭建品牌高地的功能要素。组织参与2016中国国际品牌经济(上海)论坛,推动论坛永久落户黄浦。引进上海品牌之都促进中心,对接服务上海市品牌交易中心、上海品牌发展基金等功能平台,进一步优化黄浦区品牌发展服务体系。

(二) 扎实推进品牌工作

2016年,黄浦区坚持发扬传统优势,探索创新老字号品牌发展。一是摸清底数,完成96家老字号企业调研报告,建立老字号企业数据库。二是加强宣传,组织黄浦区54家老字号企业参加“2016中华老字号博览会”。三是推动“上海优礼”,积极推进老字号产品向上海伴手礼的转型升级,组织企业定制设计30余种上海老字号的创新优选伴手礼产品,并在老字号博览会“老字号优选伴手礼展示区”集中展示。四是总结经验,以案例形式呈现了10余家品牌企业的发展故事,在全区品牌大会上展示发布。五是加强反思,深刻总结“老半斋”①事件,召开专题会议,制定“最放心商品、最优质服务”的工作方案,加强对老字号企业服务意识和产品质量的监督管理。

(三) 政策扶持品牌发展

2016年,黄浦区不断完善品牌政策保障,落实专项扶持资金。按照《黄浦区品牌创新发展专项资金扶持办法》,全年共落实2015年度黄浦区品牌创新发展专项资金1641.5万元,合计80家企单位、171个项目获得奖励和扶持。

(四) 首次颁发“区长质量奖”

在2016年举行的全区品牌大会上首次颁发了“区长质量奖”。2016年首

---

① 2016年4月,一家日本电视台制作了一起综艺节目,专门寻找那些评价极差的“零分餐厅”,体验究竟能差到何种地步,位于上海黄浦区福州路上的有着111年历史的上海老半斋酒楼不幸“入围”。

届区长质量奖获奖组织 3 个[上海老凤祥有限公司、银行间市场清算所股份有限公司(上海清算所)、上海古今内衣集团有限公司],个人 1 个(上海新世界集团假日酒店管理有限公司总经理、党委书记刘智勤);入围奖组织 4 个[上海思南公馆商务管理有限公司、邦信阳中建中汇律师事务所、北京外企德科人力资源服务(上海)有限公司、上海吉晨卫生后勤服务管理有限公司],入围奖个人 1 人[法利投资(上海)有限公司执行总裁、大中华区工业与设施事业部总经理贺满]。

(五) 获评“国际消费城市示范区”

2016 年 11 月 19 日,2016 福布斯 · 静安南京路论坛在上海展览中心举行。本届论坛以“全球城市愿景下的国际商圈新定位”为主题,探讨国际商圈“多元融合、互动发展”的新模式。为进一步推动上海商业发展国际化进程,上海市人民政府决定向黄浦、静安两区授予“国际消费城市示范区”称号。

(六) 制定黄浦区质量发展“十三五”规划

2016 年,制定执行《黄浦区质量发展“十三五”规划》,将努力实现“四个显著提升”的目标:一是以产品质量、服务质量、工程质量、人居环境质量为重点的整体质量水平显著提升,为持续深入推进质量强区奠定坚实基础;二是以品牌经济为标志的区域竞争力显著提升,为区域经济发展提供新的活力;三是以精细化管理为核心的质量安全监管效能显著提升,为城区安全运行提供有力保障;四是以“人人关注、人人参与”为特征的全民质量意识显著提升,为质量发展营造社会氛围。到 2020 年,力争培育 1 至 2 家全国知名品牌示范区,2 至 3 个上海市知名品牌示范区,3 至 5 项园区服务品牌。至 2020 年,努力实现上海名牌数量达到 100 项左右,上海著名商标数量达到 150 项。

(七) 大力推进品牌园区建设

1. 南京路商圈概况。南京路商圈东起外滩,西至成都北路,全长 2500 米。其中段为著名的南京路步行街,东起河南中路,西至西藏中路,全长 1033 米。

该商业街集“购物、旅游、休闲、商务、展示”等五大功能于一体，具有“万国商品博览会、繁荣繁华不夜城、购物天堂欢乐游、两个文明大窗口”的四大特点，集聚了数十个中华老字号旗舰店，享有“中华商业第一街”的美誉，成为展现上海国际都市魅力、引领消费文化、提振消费信心、繁荣城市商业的重要舞台。平时每天接待海内外游客 60—70 万人次，节假日日均人流量可达 130—150 万人次。2016 年，黄浦区主动应对网上销售及周边商业分流的激烈竞争态势，深入开展实地调研，积极破解调整难题，坚持以重点项目（大丸百货、外滩·中央、益丰·外滩源、洛克外滩源）联动为切入点，带动周边区域商业能级整体提升。已联合外脑研究编制部分路段转型升级概念策划整体框架。并统筹协调，跟踪推进南京路地区的外滩·中央、一百商业中心等重点项目的结构调整。

2. 淮海路商圈概况。淮海中路商圈东起西藏南路，西至陕西南路，全长 2.2 公里，拥有商业商务面积 100 万平方米，其中商业面积近 50 万平方米，独立门店近 200 个，历经百余年，始终保持高雅时尚的特质不变，是上海最具代表性的商业街之一。近年来，形成百年经典、活力创新、高雅精美等细分商圈。从功能及特色定位分，陕西南路—瑞金南路为“百年经典”段，以历峰双墅为重点，初步形成经典品牌长廊；瑞金南路—重庆南路为“活力创新”段，以 H&M 为重点，集聚一批国内外快时尚消费品牌；重庆南路—西藏南路为“高雅精美”段，以爱马仕为重点，集聚一批国际一线品牌。风格迥异的建筑街景、深厚悠远的历史文化，高雅时尚的商业气质，与国际高端商业潮流的相契合，成为上海高端商业的新地标，初步形成世界级商业街的雏形。2016 年，针对淮海中路中段（重庆南路至成都南路）空铺多、业态低端、招商困难的实际情况，深入排摸分析，精心制定方案，积极推进国购和一百淮海店打通空间以及区段公共空间优化等工作。同时，还抓紧完成新歌商厦等项目调整，加快推进淮海商都等项目建设，跟踪服务瑞安广场（原太平洋百货）、锦江国购等项目改造，进一步打造区段商业标杆。

3. 豫园商圈概况。豫园商城位于黄浦区东中部，地处人民路以西、以南，河南南路以东，昼锦路、光启路、方浜中路以北，占地 49 公顷，是一个融园林、庙宇、商市为一体,既有明清历史建筑,又有现代化设施的市级商业旅游中心。豫园商业源远流长,传统文化氛围浓厚,是上海古代商业、近代商业的发源地之一,也是上海本土文化发源地之一。2016 年,豫园地区继续以打造“上海第一旅游品牌”为目标,积极策划举办新春民俗灯会等商旅文系列活动,不断吸引集聚广大国内外游客。取得了明显的经济效益和社会效益。

二、徐汇区

徐汇区是上海的文明之源,西南门户。全境 54.93 平方公里,常住人口百余万人。明末文渊阁大学士、著名科学家徐光启曾在此立说,开启东西方文化交流之先河;其后在蒲汇塘、肇嘉浜、法华泾三水交汇处繁衍成族,徐家汇亦因此得名,并发展成今天上海市市级商业、商务、公共活动中心,被“上海 2040”确定为“中央活动区”。千年龙华塔,见证了历史的变迁;梧桐掩映下的衡山路、武康路记载了众多大家名流的传奇故事。

2016 年全区完成增加值 1522.2 亿元,比上年增长 8.2%,完成区级财政收入 186 亿元,增长 23.1%。产业结构持续优化。第三产业实现增加值 1364.5 亿元,比上年增长 9.3%,占区增加值比重达 89.6%。现代服务业引领发展,实现增加值 685.8 亿元,增长 11.1%,占区增加值的比重达 45.1%,实现营业收入 2030.6 亿元,增长 14%。落实工业稳增长政策,完成规模以上工业总产值 538.1 亿元。消费增长基本平稳,全年完成社会消费品零售总额 634.9 亿元,增长 5.8%,完成商品销售总额 4473.8 亿元,同比增长 5.5%。推动产业集群式发展,加强产业联盟建设,加快重大项目启动,信息技术、生命健康、文化创意、创新金融四大产业集群布局初见成效。以媒体、艺术、数字内容、创意设计、广告会展为代表的文化创意产业实现总产出 1570 亿元,同比增长 7%,文化创意产业已经成为区域经济重点支撑产业。

2016 年,徐汇区贯彻落实国家及本市有关品牌建设工作的指导意见,以“创建徐汇一流品牌”为目标,充分发挥市场在资源配置中的决定性作用,以品牌经济为引领,以创新创意为动力,实施创新驱动发展战略,激发企业培育和发展品牌的内生动力，帮助企业培育和发展品牌，持续提升品牌建设水平。

(一) 积极培育企业、区域品牌

与第三方权威研究机构合作，率先在全市开展独立的品牌价值评估工作，从专业的标准和角度，深入研究企业品牌定位与发展短板，促进企业品牌发展战略的深入实施。积极推动区域重点企业、区域开展名牌争创、标准化示范和著名商标等评选。2016 年，共有 28 家企业 29 个注册商标申报著名商标，20 家企业 21 个注册商标获评，其中 17 家 18 个商标为续评，3 个商标为新申报。组织开展年度上海名牌申报工作，共推荐 15 家企业 16 个品牌参加上海名牌申报，其中新增申报企业 4 家，13 家企业 14 个名牌获评，其中 2 个名牌为新申报。截至 2016 年底，徐汇区共有中国质量奖提名奖 2 个、上海市市长质量奖 2 个、上海市质量金奖 14 个，上海名牌 45 个，2 家企业、1 名个人荣获"苏浙皖赣沪"四省一市质量工作先进单位（个人）称号，徐家汇、衡山路—复兴路地区、上海西岸被上海市城市总体规划（2016—2040）列入中央活动区范畴，2577 创意大院、尚街 LOFT 园区获认定为"上海市示范创意产业集聚区"，SVA 越界和慧谷高科技创业中心获评"上海品牌园区"，Withub 慧谷创业商标获得上海市著名商标认定。上海市首批认定的 18 家文化创意产业园区中徐汇区有 5 家，位列全市第一，分别为 2577 创意大院、SVA 越界、X2、尚街 Loft、数娱大厦。第二批市文创园区徐汇区有 6 家，分别为文定生活、浦原科技园、慧谷软件园、D1 国际创意空间、西岸创意园、尚街 loft 滨江时尚服饰园。2016 年底，徐汇区获得上海市经信委认定的市级创意产业园区共 12 家已有 11 家获得了文创园区授牌。徐汇区还被授予"上海创意产业发展示范区"称号，实现了产业园建设和管理的良性发展。

(二) 注重品牌知识产权维护与发展

受市工商局委托，区市场监管局成为上海唯一一家国家工商总局商标局注册商标专用权质权登记受理点，发放了首张商标专用权质权登记证，为推动徐汇区品牌经济发展争取了有利先机。积极开展商标审查协助中心落户徐汇的筹备工作。区知识产权局在政策体系建设取得重要突破,推动区域知识产权新发展,制定的徐汇区关于加快发展知识产权服务业发展的扶持办法,现已形成送审稿。扶持办法在全市率先提出了支持知识产权服务业发展,首次集成了专利、商标、版权“三合一”政策,重点针对知识产权国际化发展、服务平台建设、人才培养等关键环节提出扶持措施。2016 年专利数量和质量稳步提高,全年专利申请量、专利授权量均二位数增长。成功创建服务业示范区,加快推进知识产权服务业建设。2016 年 4 月,国家知识产权局正式批复同意上海漕河泾建设首批国家知识产权服务业集聚发展示范区,徐汇区已经制定示范区建设方案,逐步推进中。到 2018 年,示范区将培育国家级品牌服务机构 6—8 家,国际品牌(分支)机构 3—5 家,示范区万人从业人员自主知识产权拥有量达到 200 件以上,打造若干“互联网+”模式的知识产权服务新业态,形成 2 个国内示范的知识产权密集型产业,争取成为上海建设具有全球影响力的科技创新中心和亚太地区知识产权中心城市的先行者和排头兵。协助世界知识产权组织中国办事处和上海市知识产权局共同举办“WIPO 知识产权服务体系有效运用高级研修班”,研修班是落实徐汇区建设科创中心承载区发展的具体举措,让中国企业和服务机构更好地运用国际专利合作条约(PCT:Patent Cooperation Treaty)、专注国际商标保护的马德里体系和专注外观设计保护的海牙体系等,助力企业“走出去”战略。举办《企业知识产权管理规范》外审员培训,鼓励认证机构和中介服务机构加快贯标相关从业人员培养,通过贯标认证工作,帮助企业建立科学的知识产权管理体系,提升企业核心竞争力。联合上海交通大学于 9 月底启动知识产权法律硕士研修班,研修班为期一年左右。研修班重点培养知识产权实务人才,在课程内容、授课师资、授课形式、招生范围等进一步优化。开展专利行政执法检查工作,重点检查标有专利号、专利标记的商品是否标注规范,检查标有专利号和专利标记的商品是否有假冒、冒充专利的情况,现场指出问题,并责成予以更正。

(三) 创新品牌发展投融资体系

支持大型企业自身组建或参与有利于自主品牌发展的产业基金。此类公司所成立的产业基金所投资的领域，往往是公司所在产业的上下游企业，有利于公司对产业链进行垂直和外延式的布局，从而完整产业链。同时，政府持续跟踪基金发展，进行政策上的扶持，信息上的对接，有利于地区的产业集聚。2016 年，协助飞乐音响与华鑫证券、建设银行共同设立"飞乐智慧城市产业基金"，投资方向为智能照明领域；推动东方明珠产业基金的成立，投资文化领域。多举措并举推动区内优秀企业上市，加强品牌在市场上的知晓度。根据国家与市两级政策精神及时修订完善本区推动企业上市扶持办法，增强了政策的针对性和有效性；从一线多方排摸企业信息和需求，汇总形成"拟上市企业库"，目前备案企业有 180 多家；同时，建立"上市服务微信群"等信息平台，动态跟进企业需求，进一步加强并做好对接和服务。搭建综合服务平台，打通上市服务绿色通道；发挥上市专家顾问组中金融机构、专业机构等团队力量，针对性地进行后续辅导和培训。2016 年，全区新增上市（挂牌）企业 28 家，其中上影股份上海主板上市，巨人网络、恺英网络通过借壳在中小板上市，俊芮网络、万怡会展、麦广互娱等 25 家企业在新三板挂牌。累计已有 101 家区内企业实现了境内外上市或场外交易市场挂牌。

（四）丰富发展品牌文化

品牌文化，主要反映的是区域品牌精神，徐汇区提出"创建徐汇一流品牌"这一目标，也是品牌文化的一项重要内容。追求品牌，即追求卓越，所以徐汇区将目标定位为"一流"。与"徐汇现代化国际大都市一流中心城区"建设目标相呼应。同时，对于品牌也进行了新的认识，这里的"品牌"包含了质量，质量是基础，品牌是体现。随着工业 4.0，中国制造 2025、科创中心建设等概念和政策的出台，又赋予品牌工作更多的内涵。2016 年，徐汇区积极开展品牌精神的宣传。下一步，还将推出区域品牌方面的微信公众号，让品牌工作走进群众，深入百姓。

（五）大力推进品牌商圈建设

1. 徐家汇商圈品牌发展情况。为推进徐家汇商圈"十三五"期间的健康高速发展,凸显商圈的整体品牌效应,提升商圈的业态附加值,徐汇区于2016年完成了《徐汇区徐家汇地区发展“十三五”规划》,规划对徐家汇地区“十三五”期间发展进行了纲要性界定描述,主要包括:内外部环境分析、战略目标与功能定位、重点功能建设、保障措施和重点建设项目等目标定位。核心是以建设“徐家汇国际商务商业核心区”为基本目标,以打造“全球卓越城市核心功能承载区和国际一流城市中央活动区”为战略目标,积极构建“商务环境高效、消费环境舒适、创新环境活跃、人文环境独特、生活环境宜人”等五大目标体系。在空间布局上实施“一圈四块区”发展格局,即“商务商业核心圈”与“绿色人文”、“科技创新”、“时尚设计”、“体育休闲”等四个功能区块相互促进、协同发展的空间布局。

为持续商圈业态能级提升,徐汇区2016年加大了政策引导,全年政策性引导资金投入共1900万元,以推动商圈的品质品牌建设。其中,投入1000万元支持太平洋数码二期商场淘汰落后数码业态、拆落地重建;投入300万元引导百脑汇经营品牌的业态调整;投入600万元支持恒隆港汇、太平洋百货、美罗城、六百、汇联商厦等商家引进品牌专柜(店)专卖经营。通过全面业态调整、品牌引进,商圈的面貌和品质有了明显改观,消费者满意度、商圈人气大幅度提升,美罗城、百脑汇人气上升尤其明显。

2016年,美罗城建成容纳近800人的“上剧场”并顺利开业,填补了商圈剧场空白。完成了二楼“东来坊”、三楼“罗薇道”、五楼艺文廊、六楼“上海风情大食代”等改造;东方商厦进行了历史性闭店停业调整:通过改变经营模式、优化购物环境、突出VIP服务体验、增设自营人气品牌咖啡店和在二楼五楼引进买手制经营模式、实现高端男女服饰专卖等,做大做强“礼在东方”服务品牌。T20商厦(原西亚宾馆)建成后,实现了建筑与自然、商厦和公共空间的有机结合、完美融合,得到众多外资总部的青睐,进一步增强了徐家汇商圈的品牌吸引力和竞争力。恒隆港汇启动了开业以来最大改造工程,一期(新翼部分)已全部停业改造,二期(商场部分)即将实施改造,计划用3年时间、投入资金10个亿、对8万平方米营业面积实现品牌品质提升,分别于2018年下半年及2020年完工。改造后商场的空间、环境、经营品牌的能级无疑将成为徐家汇商圈新地标。

2016年，为推广商圈的品牌效应，在区商联会牵头下，商圈持续不断开展系列节庆营销活动，通过岁末年初元旦、春节等节庆活动、“商旅文”结合夏季营销活动、“十一黄金周·上海购物节”活动，发挥了商圈的品牌效应，集聚了人气，增加了营收，唱响了徐家汇商圈的文化品牌、商业品牌。

2. 上海西岸品牌发展情况。上海西岸位于徐汇滨江地区，岸线长约11.4公里，面积约达9.4平方公里，是上海中心城区内最具公共活力的滨水新城区。作为上海“十二五”规划中的六大功能区之一，西岸以“规划引领、文化先导、产业主导”为总体开发思路，围绕“西岸文化走廊”品牌工程、“西岸传媒港”、“上海梦中心”等功能性载体项目建设，目标打造汇集国内外顶尖文化艺术、信息传媒、创新金融、商贸、生活为一体的国际级滨水新城区，成为与巴黎左岸、伦敦南岸比肩的独具魅力的城市文化新地标。2016年，上海西岸共集聚了20家文化艺术机构，共举办文化活动113场，主要包括西岸食尚节、西岸音乐节、西岸艺博会、国际水岸论坛等活动，同时举办市场化活动101场，参观人数超过100万人次。

三、静安区

“静安”因境内古刹静安寺而得名，地处上海市中心，周边与6个区相邻，历史文脉悠久、城市环境优美、商业商务发达、创新活力迸发、信息交通便捷，是上海对外交流的重要窗口。2015年10月，国务院批复原闸北、静安两区“撤二建一”，设立新的静安区。全区总面积37平方公里，常住人口107万，下辖13个街道1个镇，276个居(村)委会。

2016年，静安区实现地区生产总值1649.72亿元，同比增长8.7%；完成区级一般公共预算收入229.7亿元，同比增长18.2%；全社会固定资产投资额315.4亿元，同比增长11.9%；社会消费品零售总额623.2亿元，同比增长7.1%；完成税收总收入648.2亿元，同比增长24.6%；其中商贸服务业、专业服务业、金融服务业、文化创意服务业、信息服务业五大产业实现税收467亿元，占税收总额的比重72.05%。

2016年静安区被上海市人民政府授予“国际消费城市示范区”称号,先后建立了“国际消费城市”示范区建设工作领导小组、南京路品牌评审小组等品牌建设联席推进机制,积极培育品牌、树立企业标杆、助推企业发展;静安区通过大力实施名牌发展战略,发挥品牌引领作用,制定并实施培育品牌发展的制度措施,制定了《静安区关于推进上海“国际消费城市”示范区建设》方案,主动对标国际,加快创新试点,坚持供给侧和需求侧两端发力,坚持商品消费和服务消费两端并重,坚持本地消费和外来消费两端共举,创造消费新需求、培育消费新热点,优化商业发展综合环境,多措并举建设全球品牌高地,夯实消费创新基础,努力成为上海建设国际消费城市的标杆和示范。

静安区将品牌培育工作列为一项系统、长期的规划,按照“培育一批、扶持一批、推荐一批”的原则,建立起衔接紧、后劲足、实力强的品牌创建梯队,保证重点品牌重点培育,形成层层递进的创建格局和工作态势。截至2016年,静安区共有中华老字号企业23家,上海老字号企业6家,中国驰名商标5个,上海市著名商标92个;共有41家企业的43项品牌申报上海名牌,其中产品类13项、服务类30项,新申报企业7家,占申报企业总数的16%。

(一) 制定相关规划和举措

制定了《静安区关于加强品牌建设的实施意见》(静府办发〔2016〕14号)和《静安区商标广告发展“十三五”规划》(2016—2020年),着力推进静安区各类品牌快速健康发展,不断提高产业核心竞争力,有效促进发展方式转变。

(二) 落实相应政策资金保障

制定了《关于对静安区品牌建设获奖组织和个人实施奖励细则》,对在本辖区上一年度获得“中国驰名商标”和“上海市著名商标”认定的商标权利人给予资金奖励;颁布了《静安区品牌建设专项资金管理办法》(静商委发〔2016〕52),推进区域品牌建设和发展工作。

(三) 强化“会商旅文体”联动

主办具有国际影响力的论坛,如成功举办主题为“顶级品牌的未来:体验至上”的2016中欧·静安顶级品牌高峰论坛,定期开展“中欧·静安时尚产业沙龙”系列活动;成功举办主题为“全球城市愿景下的国际商圈新定位”的2016福布斯·静安南京路论坛。举办各类主题活动,加强与各商场的互动联系,成功举办了“静安国际咖啡文化节”、“静安国际购物嘉年华”、“大宁情北欧风圣诞乐”、“游走静安,寻宝找‘福’”等一批影响力大、人气足、广受好评的活动。承办重要时尚活动,成功举办2016上海时装周,并在上海时装周期间在静安区举行上海国际少儿模特大赛总决赛,为区域时尚产业的发展提供动力;成功举办以“设计新应用,创造新需求”为主题的“2016设计之都活动周”。举办2016上海·静安现代戏剧谷,以“融”为主题,联动全城9大剧场,轮番上演国内外名家名剧;此外,还有华语地区重要的戏剧奖项壹戏剧大赏、“透过橱窗看戏剧”以及“向白领致敬”等系列活动纷纷亮相,全面营造了“相约戏剧、相聚静安,街艺登场、全城有戏”的文化氛围。

(四) 积极推进区域品牌培育

静安区积极推进区域品牌培育,推动开展知名品牌示范区、产业集群区域品牌创建工作,目前共拥有市北高新园区和“梅泰恒”商圈2个国家级品牌示范区。2016年静安区开展了文化创意产业园区星级评定,进一步规范静安区产业园区建设和管理,形成文创园区特色品牌,目前全区共有文化创意类产业园区40余家,其中市级文创园区18家。区域品牌已成为区域经济转型升级不可或缺的重要载体,在静安区经济和社会发展中起到了重要作用。

(五) 组织开展服务质量提升活动

静安区制定了《静安区服务业发展改革“十三五”规划》(静府发〔2016〕19号),指导区域服务业发展;通过实施服务业标准体系建设、服务诚信规范建设、服务业质量评价等多项措施推动服务质量提升。静安区标准化体系建设的服务业类别覆盖了金融服务、现代商贸、文化创意、航运物资、信息服务、旅游会展等支柱服务业以及重点新兴服务业和社会服务业;涉及的标准包括:高端商务楼宇服务质量标准、静安南京路服务、创意产业园区星级评定标准、商业服务业企业从业人员行为礼仪规范、街道社区事务受理服务中心质量服务标准、低碳创意园区建设技术标准等,服务标准的涵盖领域逐年提高。同时,依托静安商业诚信信息平台,以静安商业企业诚信经营测评标准为考评依据,运用材料审核、实地调研、问卷调查、听取汇报、第三方评级机构出具专业评级意见等方法,对静安南京路地区诚信建档商业企业进行诚信经营测评;同时结合诚信建档工作,制定区域重点服务行业管理制度,并通过开展"诚信计量"、"真牌真品"等活动,在区域内起到良好的示范引领作用。

(六) 加强知识产权服务体系建设

以软件信息行业为重点,加大知识产权专利试点和示范企业的创建工作,着力提高企业知识产权产出率;积极推进和实施以知识产权为主的无形资产质押融资项目的实施,做好知识产权质押融资相关资助政策服务;出台静安区知识产权托管的相关实施意见,以企业集聚区为重点,实施知识产权托管项目,增强知识产权创造、运用、保护和管理能力。

(七) 大力扶植知名商圈品牌发展

1. 南京西路商业中心。由成都北路—威海路—延安中路—乌鲁木齐北路—万航渡路—愚园路—南阳路—奉贤路—凤阳路围合而成的区域,总用地面积约 118.3 公顷。"十三五"时期,围绕新静安"一轴三带"发展战略,南京西路地区在原有基础上扩展成为"南京西路高端商务商业集聚带",面积扩张到 2.6 平方公里。"十三五"时期,"南京西路高端商务商业集聚带"的产业定位将更加清晰,总部经济特色将更加明显,楼宇高地将更加凸显。

一是商业布局进一步优化。基本实现南京西路商圈东、中、西平衡;品牌梯度发展结构进一步确立。二是品牌高地进一步建立。品牌数量进一步提升;品牌企业、品牌旗舰店进一步集聚;首入店不断引入。三是商业创新典型进一步涌现。大力培育新业态、新模式;适应并引领新消费发展趋势。四是商业生态更趋和谐。南京西路主街与后街共同形成了各具特色、功能互补、错位发展、衔接呼应的发展格局,商业生态更加和谐。五是商业活力进一步激发。通过商旅文体联动促消费亮点打造;通过营销模式创新促消费热点引领。六是国际影响力进一步提升。南京西路先后与纽约第五大道、法国香榭丽舍大街、意大利蒙特拿破仑大街等国际知名商街结成友好街区。经意大利总领馆合作,首次在上海展览中心引入国际知名的米兰国际家具展。

未来,按照“高起点、外向型、国际化”的发展思路,进一步提升高端商务商业的集聚度和影响力,建设成集国际商务活动、精品商业服务、时尚生活消费、繁荣城市景观于一体的综合商业功能区,具有国际影响力的商业中心。规划形成以南京西路为主轴,吴江路、威海路、陕西北路、铜仁路等支马路为支撑,纵横条状发展的空间格局。

2. 大宁商业中心。以广中西路为界分为南北两块,其中南块由南北高架路—延长中路—大宁支路—广中西路围合而成,面积 33.8 公顷;北块由南北高架路—灵石路—大宁支路—广中西路—万荣路—永和路围合而成,面积 70.6 公顷。

紧扣“生态、文化、体验、人性化”主题,以打造商业繁荣、商务繁盛、文化繁华为目标,进一步优化布局、完善功能、提升能级、强化配套,整合商圈及周边的文化、商业、旅游资源,成为以现代商业商务为主导,融合文化、娱乐、消费、居住功能为一体的现代生态及体验型都市商业中心。广中西路以北区域,打造现代商务区,满足地区商务人群和居民的消费需求。广中西路以南区域,形成文化演艺与休闲体验融合的消费时尚新地标。

参考文献

黄浦区人民政府:《黄浦区品牌建设相关文献汇编(2016—2017)》。
徐汇区区人民政府:《闵行区品牌建设相关文献汇编(2016—2017)》。
静安区人民政府:《静安区品牌建设相关文献汇编(2016—2017)》。

第八章 上海郊区品牌建设探索与实践

李 刚

一、闵行区

闵行区位于整个上海的地域腹部，形似一把“钥匙”，黄浦江纵贯其南北，分区为浦东、浦西两部分，东与徐汇区、浦东新区相接；南靠黄浦江与奉贤区相望；西与松江区、青浦区接壤；北与长宁区、嘉定区毗邻；虹桥国际机场位于区境边沿。闵行是上海市主要对外交通枢纽，西南地区重要的工业基地、科技及航天新区。作为上海最靠近市中心的郊区之一，闵行的城市化程度较高、进度较快。2016 年，实现地区生产总值 2101.26 亿元，比上年增长 7.0%。其中，第一产业增加值 1.47 亿元，增长 5.2%；第二产业增加值 1031.37 亿元，增长 1.7%；第三产业增加值 1068.43 亿元，增长 12.5%。

2016 年，闵行区通过开展质量强区工作，进一步加强品牌建设。年内组织召开质量安全工作领导小组工作会议，制定《闵行区质量强区工作 2016 年行动计划》，发布《2015 年闵行区质量状况分析报告》，开展质量强区阶段性工作总结，鼓励区内园区申报各类国家级、市级称号。

（一）完善知识产权工作体系，高标准建设国家知识产权示范城市

一是研究制定了《闵行区推进实施知识产权战略行动计划（2016—2020 年）》，明确知识产权助推“南科创”建设、完善联席会议机制、实施严格保护、强化企业工作、促进运用转化、健全纠纷化解机制以及构建人才和诚信系统等 8 方面的工作重点和任务分工。二是有序推进国家知识产权示范城市工作。

国家知识产权局正式发文批准闵行区入选第四批国家知识产权示范城市。三是完善区域知识产权工作体系。强化区知识产权联席会议统筹协调机制，召开区知识产权联席会议工作会议，联合徐汇区知识产权局、新虹街道开展专利执法检查。2016 年全年，闵行区专利申请总量 14714 件，其中发明专利申请量为 8196 件，占 55.7%；专利授权总量 7737 件，其中发明专利授权量为 3084 件，占 39.86%。截至 2016 年底，闵行区有效发明专利拥有量达到 12471 件，每万人发明专利拥有量达到 49.1 件；上海市名牌和著名商标拥有量分别超过 100 件。此外，闵行区还着力加强企业、园区知识产权工作。2016 年，1 家企业获评国家知识产权优势企业，1 家企业获评国家知识产权示范企业，12 家企业获评上海市专利工作试点单位，10 家企业获评上海市专利工作示范单位，全年培育区级专利示范企业 21 家；推动 1 家企业获得知识产权质押融资贷款 500 万元。

(二) 不断推进制造业转型升级，产业结构调整不断提升

一是加强重点项目建设。加快重点产业项目供地，加强重点企业技术改造，6 家单位申报市产业转型升级发展专项资金，总投资 17.7 亿元，25 个本市重点技改项目完成验收，投资达 43.6 亿；建立工业投资三年滚动项目库，新增投资项目备案 53 个，总投资 99 亿元，158 个生产型建设项目（租赁类）通过联合评审，计划总投资约 17 亿。二是推进产业结构调整。全年产业结构调整累计完成 559 家，超额完成年度目标；排摸梳理出 16 个成片转型升级地块，涉及土地一万亩；推动存量工业地块二次开发，积极推动力波啤酒东地块等五个地块转型、用地容积率调整等相关事宜。三是推进园区转型升级。推进闵行区与临港集团签署战略合作框架协议，明确共同行动计划，年内漕河泾新兴技术开发区跨境电商产业园正式运营，科技创新产业园开工建设、生命健康产业园部分开工建设、文化创意产业园完成控规调整并获市规划局批准；加快推进闵行经济技术开发区前期工作。

(三) 加快科创中心建设，产业体系不断创新

一是着力打造“紫竹创新创业走廊”。举办市、区、高校、园区六方签约仪

式,加快推进零号湾国家双创示范基地建设,沧源科技园及其周边转型升级等工作。二是推进军民融合产业发展。上海市军民融合产业基地、上海市军民融合产业联盟揭牌。积极申报国家军民融合创新示范区,推进一批军民两用项目落地。三是增强企业主体创新能力。全年新增市级企业技术中心10家,新增区级企业技术中心18家,市级知识产权优势企业认定3家。四是推动"四新"①基地建设。新增漕开发浦江园区"高端医疗器械与设备"和莘庄工业区"智能电网"2个"四新"经济创新基地。通过市级认定的"四新"经济创新基地达到8个。五是大力发展高新技术产业。指导上海拓璞数控科技有限公司航天中型运载火箭箭体智能制造车间试点示范项目成功申报并入选2016年智能制造综合标准化与新模式应用项目;推荐上海仪电显示材料有限公司彩色滤光片智能车间试点示范项目成功申报并入选2016年国家智能制造试点示范项目。

(四)现代服务业发展提速,多层次集聚格局基本形成

一是重点商务区推进有力。虹桥商务区核心区352栋楼宇中有338栋实现结构封顶,建筑总面积达587万平方米,已入驻企业累计557户。莘庄商务区多个项目完成建设并开始招商,七宝生态商务区宝龙城项目建成开业。"上海莘庄工业区智慧科创生产性服务业功能区"被认定为上海市生产性服务业功能区。二是楼宇经济发展成效初显。全区有189幢重点楼宇纳入监测,129幢列入考核。考核楼宇全年实现税收49.8亿元,同比增长13.58%,单位面积产出914元/平方米,增长13.94%,全年实现19幢亿元楼。三是推动文化创意产业发展。15个项目获得1560万元市文创资金扶持;上海云部落TMT产业园和黎安展示产业园被认定为第三批上海市文化创意产业园区,目前闵行区已有5家市级文创产业园区。四是推进生产性服务业有序发展。莘庄工业区西区作为"上海莘庄工业区智慧科创生产性服务业功能区"被认定为上海市生产性服务业功能区;红美电子商务公司获得2016年度"双推"服务平台企

① 新技术、新产业、新业态、新模式。

业称号;中电投电力等3家企业获得总集成总承包专项扶持资金。

2016年,闵行区新建、改建13家标准化菜市场,引进智慧微菜场,发展社区商业,形成多渠道、多业态的农副食品供应体系,建成上蔬永辉、宝燕市集、盒马鲜生等4个转型升级新模式菜场。食行生鲜在全区建设120个智慧微菜场,基本覆盖所有街镇,网上、电话预定生鲜后次日即可到楼下的生鲜存储柜刷卡自助提取。上蔬永辉生鲜超市结合传统农贸市场与现代超市的特点,实现连锁化、品牌化经营。盒马鲜生及宝燕市集采用超市化经营模式,实现线上购买和线下体验的有机统一。积极构建市级、区域级、社区级商业网点体系,着力打造虹桥天地、七宝万科、龙湖天街等一批重点商业综合体,重点推进虹桥商圈发展高品质都市型商业,吸引丽宝、万科、新华联、龙湖等知名开发商,虹桥天地商业、办公和演艺中心正式投入运营。年内宝龙城市广场、宝燕商城、七宝万科广场、浦江城市生活广场、万科虹桥中心等相继开业。莘庄永利生活广场、梅陇新荟城和浦江三弦海上金街三个社区商业中心已建成,为周边居民带来新的消费热点。宝燕市集、悦管家成功入选上海市商业转型升级示范项目。

二、宝山区

宝山是上海的北大门,位于长江、黄浦江、蕰藻浜三江交汇之处,南与杨浦、虹口、静安、普陀4区毗连,西与嘉定区交界,西北与江苏太仓市为邻。1988年1月由原宝山县和吴淞区合并成立宝山区,区域面积近300平方公里,成为上海首个城乡一体化新区,1/3是中心城,1/3是城郊接合部,1/3是郊区农村。作为传统老工业基地,宝山区始终在谋求转型发展,提升城市软环境,从而逐步探索走出一条创新创意创业相促进、生态生产生活相融合、宜居宜业宜游相协调的发展道路,“黑、粗、旧、堵”的老宝山正在加快脱胎换骨成为“绿、精、新、顺”的新宝山。特别是进入21世纪以来,宝山经济社会发展迈上新台阶。2016年,完成增加值1046亿元、地方财政收入142亿元、可用财力391亿元、社会消费品零售总额638亿元,第三产业占增加值比重达到69%。

“十三五”期间,宝山将围绕国家“四个全面”战略布局的要求,立足上海建设“四个中心”、科创中心和国际大都市发展目标,结合宝山阶段性发展特征,以科技创新为引领,以老工业区转型为突破口,以城市更新为路径,以创新、和谐、共享、绿色、便捷、智慧为导向,以优化融合“一带三线五园”①的产业格局为抓手,加快转型发展和产业结构调整,聚焦现代服务业发展,推进先进制造业升级,全面深化改革和推动制度创新,促进城市功能布局与生产力布局的协同互促,把宝山建设成为发展战略性新兴产业的重要承载区、城市功能转型的最佳实践区,迈向更高水平的城乡一体化,打造创新创意创业相促进、生态生产生活相融合、宜居宜业宜游相协调的现代化滨江新城区。

依据 2017 年 6 月新发布的《上海市宝山区支持产业发展“1+9”政策文件汇编》,宝山区今后将重点加强服务业、先进制造业、农业、文化创意产业等专项扶持,引导和促进产业发展及品牌化建设。

(一) 加快制造业创新发展

结合新一轮“1+9”②政策发布,搭建“政策服务平台”,宝山区经委 2017 年开展 5 期“政策进园区”活动,联合顾村镇城市园区、宝山工业园区等举办制造业政策培训;举办制造业创新发展主题活动,进一步激发企业创新活力,全年举办 10 期的政策培训宣贯、技术对接交流等活动。完成 7 家企业区级企业技术中心认定评审工作,组织上海广联环境岩土工程股份有限公司等 9 家企业申报 2017 年度上海市企业技术中心,上海景峰制药有限公司申报 2017 年度国家级企业技术中心,截至 2017 年第三季度,宝山区已创建国家级企业技术中心 1 家,市级 28 家,区级 49 家;组织企业申报市级节能技改及合同能源管

---

① “一带”,即宝山滨江带,围绕从邮轮港到邮轮城的产业升级布局;“三线”,即依托轨道交通 1、3、7 号线在宝山的 30 个站点,分别围绕创新、创业和创意,形成面上辐射点上集聚,线上联通的现代服务业发展格局;“五园”即宝山工业园、宝山城市工业园、上海机器人产业园、吴淞工业园和南大生态科技园,侧重制造业的升级和整体地区转型。

② 即与宝山区“调结构、促转型”支持产业发展专项资金相关的 10 个意见及办法,涉及服务业、先进制造业、科技创新、节能减排、金融服务、环保、农业、人才、文化创意 9 大方面,主要于 2014—2017 年相继出台。

理项目等，认真组织落实上海市重点技改项目、上海市智能装备首台套突破和示范应用专项、产业技术创新体系、制造业创新中心、工业互联网、工业强基等一系列市级政策项目申报，做好政策服务指导工作，积极发挥政策引导作用。

（二）建立自主品牌培育库

对区域自主品牌企业进行排摸，在各街镇、园区以及委办局的帮助下，建立了宝山区自主品牌企业培育库。同时，按照企业的成熟度，开展相应培训及培育，推荐企业申报上海名牌、上海市著名商标以及区长质量奖。目前，自主品牌企业培育梯队已经逐步形成，首届区长质量奖参评组织与个人标杆作用突出，美钻能源总经理张鹏举荣获 2016 年度上海市质量金奖，复控华龙参与研制的“北斗导航与位置服务关键技术及产业化”项目获得上海市科技进步特等奖，相宜本草在 2015 年度上海市重点产品质量攻关成果评比中获一等奖，都实现了宝山在这些奖项上的突破；品牌区域与品牌企业数量持续增长，区域内现有市级知名品牌创建示范区 3 家，质量教育基地 2 家，上海名牌产品（服务）总数 40 项，著名商标 41 件；结构继续合理化，服务类名牌数量占比从 2015 年的 18.6%提升至 2016 年的 27.5%，驰（著）名商标数量比 2015 年增长了近 10%。

（三）开展品牌相关宣讲培训

一是组织开展卓越绩效评价准则培训会，向区域自主品牌企业介绍卓越绩效管理模式，帮助企业学习实践卓越绩效模式、提升企业质量竞争力；二是开展质量发展政策培训会，向企业介绍品牌与标准奖励政策，同时也帮助企业了解如何循序渐进，通过实施标准化及自主品牌建设，逐步发展壮大。

（四）编印《宝山自主品牌荟集》，为宝山自主品牌企业鼓与呼

以上海名牌、驰（著）名商标、高新技术企业为核心，广泛约稿，精心甄选，编撰成《质量·品牌——宝山自主品牌荟集》一书，展示区域质量标杆企业追求卓越的理念及做法。全书共分“卓越质量篇”“品质宝山篇”“政策扶持篇”

三部分:在“卓越质量篇”中,2015年度宝山区首届区长质量奖获奖组织(获奖个人所在组织)分享树立品牌、打造品牌的经验;在“品质宝山篇”中,选取了部分有效期内的上海名牌、驰(著)名商标、高新技术企业、市级知名品牌创建示范园区,以图文并茂的形式予以介绍,展示企业风采和品牌发展愿景;在“政策扶持篇”中,集中发布了上海名牌、驰(著)名商标、高新技术、知名品牌示范园区等自主品牌奖励政策、申报流程及有关服务,培育和促进宝山自主品牌发展。

(五)大力实施品牌创新战略

1. 以上海市创新创业大赛为抓手,继续举办好宝山赛区活动,为投资机构与创新创业者提供对接平台。通过创业沙龙、创业讲堂、创业训练营等活动,邀请和聚拢一批拥有丰富经验和创业资源的企业家、天使投资人和专家学者,搭建服务大众创业的开放创新创业平台,以赛事带动宝山创新创业氛围营造。同时,加强创新创业宣传工作,依托微博、微信等新媒体平台,扩大科技创新创业政策、活动、先进典型等在不同人群中的认知度和知晓率,进一步弘扬“尊重创新、容忍失败、敢于冒险、追求卓越”的创新文化,营造宝山良好的创新创业氛围。

2. 落实扶持政策,加强服务,为创建农业品牌注入活力。实施农业品牌战略是一个系统的工程,涉及方方面面和各个环节,离不开政策扶持和资金投入。宝山区在认真落实国家、市有关扶持政策的同时,从2011年出台了《宝山区进一步稳定和完善农业规模经营若干意见》(宝府办〔2011〕61号)和《宝山区农业产业化发展和农业规模经营专项资金使用管理办法》(宝府办〔2014〕38号),加大对农业基础设施、农产品基地、产业化建设、标准化生产、产地产品认证、农业科研等方面的投入,2016年就产业化发展收购本区农产品、农产品认证、创立名优农产品、开办展销店和专柜等项目给予的专项补贴,达235万元。同时,积极组织农业企业参加国际、国内的农业展览会、农产品交易会、农产品展销会,为提高宝山区农业企业和农业品牌知名度、市场占有率牵线搭桥,搞好服务工作。

3. 重点抓好农业龙头企业发展，打造本区主导产业品牌。一是以“宝农34”为重点，着力发展上海宝锦农业科技发展有限公司。公司在罗泾镇建立了“宝农34”优质大米产、加、销一体化基地，“宝农34”这一品牌已成为宝山农业最响亮的名片。二是以“净菜加工”为重点，着力发展了上海景瑞农业科技有限公司。公司在顾村镇建立了以净菜加工为重点的配送基地，通过“龙头企业+合作社（农场）+市场”产业模式，将蔬菜销往全市各大超市卖场、配送众多大型企业，公司获中国蔬菜行业十大知名品牌、食用农产品十大畅销品牌。三是以“菌菇”为重点，着力发展了超大（上海）食用菌有限公司。公司在罗店镇天平村建设了食用菌产、加、销一体化基地，建立了从原料基地到终端客户的全程监控和可追溯制度，并通过了QS、CIQ注册以及HACCP、ISO22000等质量体系认证。产品大量配送乐购、麦德龙等多家大型超市和湾仔码头、顶新集团、金宝汤等诸多食品企业，出口产品远销东南亚及欧美市场。四是上海汉康豆类食品有限公司始终遵循坚持走做精做强的品牌发展之路，成为上海市豆制品行业内硬件设施先进、产销量大、品牌知名度高的龙头企业之一，产销量连续数年名列上海豆制品行业前茅，被中国食品工业协会豆制品专业委员会授予“中国豆制品著名品牌企业20强”，被中国商业联合会评为“中国商业名牌企业”。目前宝山区已通过无公害认证的合作社43家，认证面积近3万亩，通过GAP认证的基地7家，通过蔬菜标准园创建的合作社12家。沪宝水产养殖专业合作社养殖的长江蟹连续4年获“王宝和”杯全国河蟹大赛一等奖，宝农34连续6年获得上海市优质稻米评比金奖，被市有关媒体进行专题报道，获得了良好的社会反响。

4. 围绕“春之樱、夏之邮、秋之艺、冬之阅”文化四季品牌，不断提升市民素养和城市文明程度。全年开展电影下乡4200多场，文化下乡演出100场，文化资源配送1280余场（次），总量比去年增加28%，文化宝山和文化云平台贴近百姓，全年发布活动信息2000余条，名列各区县前茅。围绕“15分钟文化圈”构建，完成20个“一村一居一舞台”政府实事项目建设，全区总量达到114个，比上年增长21%。着眼地标打造，有序推进长滩音乐厅、樱花大剧院、区文化馆修缮和淞沪馆二期工程建设。区图书馆接待读者218.7万人次，文献外借总量达102.8万余册,开展讲座、培训250余场(次)。区文化馆与月浦文化馆开展文艺活动、赛事、展览、培训近1000场(次),接待市民逾200万人次。在新一轮全国文化馆评估中宝山区文化馆、月浦文化馆均被评为国家一级文化馆。2016上海市民文化节宝山专场活动共举办1.3万多场,同比去年增长69%,荣获51个市级奖项,吸引参与市民逾190万人次,同比去年增长52%。拓展内涵,做专陈伯吹国际儿童文学奖。借势借力,做优"宝山大剧荟",10个剧种的15场精品演出在宝山精彩上演。提升素养,做深"市民艺术修身导赏计划",按照音乐、美术、文学、建筑、舞蹈、戏剧、电影七大艺术门类设置100场艺术导赏课程,参与市民达5万余人次。

三、松江区

松江区位于长江三角洲内上海市西南部,在黄浦江中上游,区域总面积604.67平方公里,常住人口近180万人。松江是上海连接整个长三角、辐射长江流域的核心区域,正日益成为上海西南的重要门户。

全区辖有11个镇、6个街道、1个国家级松江经济技术开发区、1个国家级松江出口加工区和1个国家级旅游度假区。松江是上海重要的先进制造业基地之一,形成了电子信息、现代装备、生物医药等优势产业。同时,在3D打印、机器人、智能制造等重点领域也实现重大突破。近年来,生产性服务业发展迅速,基本形成以软件和信息服务业、现代物流业、专业服务业、研发设计、创意时尚产业、总部经济和服务外包业为主的七大生产性服务业布局。食品加工、家电、服装等传统优势产业也成为经济的新增长点。2016年,全区实现地区生产总值1040.45亿元,可比增长5.0%,经济总量首次迈过千亿大关。2016年,三次产业增加值结构比例为0.7∶52.0∶47.3。其中,第一产业占总量比重比2015年降低0.2个百分点,第二产业占总量比重同比降低3个百分点,第三产业占总量比重同比提高3.2个百分点。第三产业中主要行业均实现增长,三产结构更趋合理。

近年来,松江区在品牌建设方面不断发力,成效显著。

(一) 建立区级品牌建设推进机制

2012年,松江区政府印发《松江区争创"全国质量强市示范城市"行动计划》,成立由区经委牵头,区质量技监局、区工商局、区财政局组成的自主品牌建设联席会议,并联合印发《松江区加快自主品牌建设专项资金管理办法》,对品牌、标准化工作给予资金支持。每年,由区经委牵头,组织企业申报自主品牌建设项目专项资金,并形成会审制度。

(二) 系统性地推进区域品牌建设

松江区先后制定《松江区推进质量强区战略"十三五"规划》和《松江区全面建设全国质量强市示范城市打造质量标准新高地工作实施方案(2017—2020年)》,对区域品牌建设发展的目标和举措进行规划。

2011年,区经委、区工商分局、区质监局和区财政局联合印发《松江区加快自主品牌建设专项资金管理办法》,对品牌、标准化工作进行专项扶持和奖励。2015年出台《关于推动创新创业促进松江经济转型升级的若干意见》及其实施细则,2016年出台《关于加快建设G60上海松江科创走廊的六十条政策》,2017年对2017版《关于推动创新创业促进松江经济转型升级的若干意见》及其实施细则和《关于加快建设G60上海松江科创走廊的六十条政策》进行意见征询,进一步加大对品牌、标准化、检验检测认证等质量工作的扶持奖励力度。2016年,对129家获得上海市著名商标、上海名牌以及参与国家标准、行业标准制修订的企业予以资金支持,共计747.56万元。2016年有6家、2017年有8家企业获得市级品牌经济发展专项资金支持。

2017年2月28日,组织召开松江区品牌工作推进会议,表彰2016年度上海名牌和上海市著名商标企业,进一步加大品牌战略推进力度,实施"品牌强企"工程,继续发挥品牌战略促进松江经济社会发展的作用。同时,组织相关企业参加2017年度上海名牌和上海市著名商标申报培训,并于6月30日前提交本年度申报材料。

推进旅游标准化建设,重视品牌提升工作。一是积极推进旅游标准化示范区的创建工作,上海欢乐谷作为创建单位,已通过中期评估,预计年底前完成验收;二是大力宣传贯彻星级饭店、A 级景区、A 级旅行社、绿色饭店等行业标准,指导佘山世茂艾美酒店通过评定性复核,区内 5 家 4A 级景区通过复评,1 家 3A 级景区通过评定性复核,完成畅程国际旅行社 3A 评定。积极推进辰山植物园 5A 级景区、上海影视乐园 4A 景区创建工作、指导上海佘山旅行社和上海九鹿国际旅行社 4A 创建。三是推进新型旅游业态创建工作。推荐五库农业休闲观光园成功申报中国乡村旅游创客示范基地,成为 2016 年上海唯一一家获评单位。组织学习房车旅游标准化营地评定要求,将星级评定细则提前发至相关单位,高标准高要求开展房车营地建设。

(三) 积极推进区域品牌培育,推动本地区园区开展知名品牌示范区、产业集群区域品牌创建工作

2013 年 8 月 14 日,国家质检总局批准同意佘山度假区筹建"全国都市生态旅游产业知名品牌创建示范区"。经过三年多的创新过程,2016 年 9 月 12 日至 14 日,国家质检总局对"上海佘山国家旅游度假区全国都市生态旅游产业知名品牌创建示范区"进行正式验收,同意推荐上海佘山国家旅游度假区为全国都市生态旅游产业知名品牌创建示范区,上报国家质检总局审批。2016 年 12 月 20 日,国家质检总局正式同意命名上海佘山国家旅游度假区为"全国都市生态旅游知名品牌创建示范区"。

深入推进园区二次开发。2016 年淘汰劣势企业 349 家,调减代加工产能减少 220 亿元,市级调整项目完成 100%,二次开发引进项目 23 个,涉及土地 627.78 亩,产业结构调整工作排名全市第一。新浜镇、新桥镇市级重点调整区域全部完成并通过验收。3.0 园区加快复制推广,临港科技城全年纳税 15.15 亿元,同比增长 48%,拉斐尔云廊完成地上 5 层,工程投资额 3 亿元。启迪科技园累计引进六联智能等企业 106 家,入驻率达 95%;联东 U 谷新桥龙记项目稳步推进;泗泾红虹木业和交大科创合作转型交大科创园;新桥超人电器引进清控人居投资运营思库产业园。2017 年 1—6 月,全区共完成劣势企业调整项目 191 项,调整土地 2400.88 亩、厂房建筑 94.47 万平方米,减少综合能

耗 2.25 万吨标煤。全区二次开发引进企业项目 27 项，再利用土地 260.92 亩。

2016 年松江区上海临港松江科技城、车墩工业园、中山工业园被评为上海市知识产权试点园区，上海 1560 电子商务产业园获评上海市电子商务示范园区。

1. 聚焦战略性新兴产业发展。一是聚焦重点产业和重点企业，加大政策宣传力度。邀市经信委相关处室来松江宣讲市级专项扶持政策；召开“区级产业技术创新专项申报辅导会”；联合区工业企业联合会智能制造分会召开智能制造领域企业对接等。二是聚焦战新 6+X 重点领域①，调研梳理松江区符合“四新”特质以及战新领域的重点企业名单，梳理六大战略性新兴产业各领域及其主要企业情况，完成现状报告。

2. 推进企业技术创新体系建设。以企业技术中心创建为抓手，积极开展企业技术创新体系建设。截至目前，松江区有区级企业技术中心 116 家，市级企业技术中心 40 家，国家级企业技术中心 1 家。

3. 以产业专项为抓手，推动松江区企业创新发展。一是推出产业化关键或共性技术研究、示范应用及首台（套）重大技术装备推广应用三个专项，重点支持包括智能制造、智慧安防、机器人、生物医药等领域。2016 年共有 41 个项目列入扶持名单，项目总投资近 7 亿元，2016 年下发补贴资金共计 4722 万元。二是鼓励企业实施产学研用。2016 年松江区交大昂立、轻合金精密成型国家工程研究中心两家申报市产学研项目已经正式立项。区级产学研项目共有 9 个项目获得专项资金扶持，2016 年下发补贴资金共计 87.7 万元。三是积极向上争取，组织企业申报市相关项目。2016 年飞乐智能和泰亿格 2 家企业获得上海市软件和集成电路项目产业发展专项资金支持，上海市增材制造协会申报的两个产业创新联盟标准化建设项目获得支持，上海保隆汽车科技股份有限公司的“车用高端传感器智能工厂示范应用”、上海正泰电源系统有限公司“三电平模块化 1 兆瓦/2 兆瓦预装式光伏系统首台突破”2 个项目获得市高端智能装备首台突破和示范应用专项支持。

① 主要涉及人工智能，智慧安防，新能源、新材料、生物医药、节能环保等领域。

(四) 加强旅游行业服务提升和品牌建设

1. 推进旅游标准化建设,重视品牌提升工作。一是积极推进旅游标准化示范区的创建工作,上海欢乐谷作为创建单位,已通过中期评估,预计年底前完成验收;二是大力宣传贯彻星级饭店、A 级景区、A 级旅行社、绿色饭店等行业标准,指导佘山世茂艾美酒店通过评定性复核,区内 5 家 4A 级景区通过复评,1 家 3A 级景区通过评定性复核,完成畅程国际旅行社 3A 评定。积极推进辰山植物园 5A 级景区、上海影视乐园 4A 级景区创建工作、指导上海佘山旅行社和上海九鹿国际旅行社 4A 创建。三是推进新型旅游业态创建工作。推荐五库农业休闲观光园成功申报中国乡村旅游创客示范基地,成为 2016 年上海唯一一家获评单位。组织学习房车旅游标准化营地评定要求,将星级评定细则提前发至相关单位,高标准高要求开展房车营地建设。

2. 强化旅游行业服务培训,营造积极、融洽的行业氛围。一是开展旅游行业满意度调查,通过调查分析,有针对性地改善旅游服务质量,也为游客的旅游消费提供正确的引导。二是多次组织旅游企业管理人员参加市旅游局举办的各类前沿培训讲座及上海旅游讲坛专题培训,了解旅游最新动态。自主举办了“旅游标准化建设”培训、“互联网+全域旅游”、“九型人格与企业管理”专题讲座,提升行业从业人员管理服务水平。三是依托旅游协会,举办 2016 旅游行业职工岗位服务技能大赛,推动旅游企业开展岗位练兵活动。四是充分发挥行业协会组织这一平台,组织企业高管开展各类主题性研讨活动,成立讲解员之家,提高管理、实践水平。

3. 深化民生服务。2016 年举办上海松江第八届青岛啤酒节,累计接待市民 9.2 万余人次,消耗啤酒 62 吨,美食销量 51.6 万元,活动反响热烈。积极开展“欢乐购、迎新禧——岁末迎新营销系列活动”、“春游茸城、乐享生活,let's 购”松江区 2016 年消费促进月主题营销活动。2016 上海松江购物节活动顺利开展,共有 19 项主题活动,进一步丰富和创新了“品味”、“畅购”“乐活”“风采”四大篇章的内容。争取市级支持,大力推进早餐点和早餐示范门店建设,2016 年松江区中饮、康琛等餐饮企业共建成三家早餐示范门店。推进创建文明城区工作，深入各街镇，发放台卡、桌贴等宣传品至各街镇，做好文明餐桌的检查指导工作营造文明用餐环境。

4. 开展“星级菜场”评选活动。2016 年“星级菜场”创建评比活动是松江区特有的提高标准化菜市场管理水平的重要抓手，此项活动自开展以来，得到了各标准化菜市场的积极响应，也取得较好的成效。该项评选活动以季度考核与年终考评相结合的方式，由区经委、市场监管局、市场协会、市民巡访团和区内市场管理专业人员组成季度考核评估组，每季度对区内所有菜市场的设施设备、规范经营、食品安全、环境卫生、计量管理、特色服务等方面进行逐项评分。年底以季度考核分值为依据，会同职能部门进行综合评定，评选出年度星级菜市场。通过政策制定、资金奖励等措施引导本区农贸市场加强软硬件建设力度，切实提高服务大众的能力和水平。

四、金山区

金山区位于上海西南，南濒杭州湾，北连松江、青浦两区，东邻奉贤区，西与浙江省平湖、嘉善接壤，拥有 23.9 公里的海岸线，是长三角经济区域中心。全区总面积 613 平方公里，辖有 9 个镇、1 个街道、2 个工业区。杭州湾跨海大桥和嘉绍大桥的相继通车，使金山成为连接中国经济最活跃地区的重要交通节点和上海南翼辐射长三角的“桥头堡”，区位优势进一步凸显。

金山区坚持以供给侧结构改革为主线，坚持“工业强区，智造金山”发展战略，紧紧围绕“质量强区”发展目标，深入实施品牌战略，积极推动工业领域品牌建设高端化，以新供给提升竞争发展新动能，品牌带动效应显著，企业质量效益进一步提升，核心竞争力进一步加强，有效促进了金山区产业能级提升。

2016 年全年完成在地地区生产总值 922.9 亿元，同比增长 6.4%，其中上海石化完成工业增加值 265.4 亿元，增长 3.9%；属地地区生产总值完成 657.5 亿元，同比增长 7.5%，其中第三产业增加值占地区生产总值的比重为 42.5%。财政收入实现较快增长。全年财政总收入、区级地方财政收入分别完成 366.8 亿元、86.6 亿元，分别增长 7.7%、32.2%。

通过聚焦重点产业园区、重点行业、重点企业,加快品牌战略的推进,金山区"招引一批、申报一批、培育一批、挖掘一批"的阶梯培育机制已初步形成。大力发展工业品牌,统一、巴洛美等一批国内外知名品牌相继落户金山,金枫、石库门、汉钟、融氏、雨虹等一批具有金山特色和体现企业实力的知名品牌逐步凸显;积极塑造服务业品牌,围绕商贸流通、旅游、餐饮、信息服务等产业,集中培育发展了博海、欧本等一批管理水平高、发展前景好、市场覆盖面广、国际竞争力强的金山区服务业品牌;着力发展"优质稻米、绿色蔬菜、名优瓜果、特种养殖"四大优势主导产业,重点打造以"一葡二桃三莓四瓜"为代表的品牌农产品种植销售。

截至 2016 年底,全区共有中国驰名商标 7 件、上海著名商标 55 件、上海市名牌产品 75 项、上海市知名品牌创建示范区 5 个(创建成功 1 个)、上海市品牌园区 4 个;汉钟和南方寝饰获工信部工业品牌培育示范企业;2 家企业荣获上海市质量金奖。

(一) 着力实施品牌质量制胜战略

质量反映了一个国家和地区的综合实力,体现了一个民族的综合素质,质量发展是强国之基、立业之本。根据国务院《质量发展纲要》和《上海市质量发展规划》的精神,2016 年,金山区结合区域社会经济发展实际情况,制定并发布了《金山区质量强区工作三年行动计划(2016—2018)》。围绕产品质量、工程质量、服务质量和人居质量发展四大目标,具体细化了工作措施和年度工作目标。2016 年 3 月,金山区政府印发《金山区关于进一步鼓励科技创新的若干政策规定》的通知,为科技小巨人企业、产学研科技成果转化、企业科技研发中心建设、重点实验室建设、院士专家工作站建设、众创空间建设、公共研发服务等项目提供资金扶持。金山区还连续举办五届区长质量奖和个人颁奖评选活动。2016 年 2 月举办的第五届区长质量奖共有两家组织、一位个人获奖,其中华峰日轻铝业股份公司获区长质量奖组织奖、上海艾录包装股份有限公司获区长质量奖入围奖、上海博海餐饮集团有限公司董事长王志标获区长质量奖个人奖。此奖旨在鼓励在质量领域作出贡献的金山区企业和个人,并以此推动实施品牌质量制胜战略。一是加快质量供给创新，以推进供给侧结构性改革为契机，弘扬工匠精神，打造更多让消费者满意的品牌；二是充分发挥企业的质量主体作用，加强榜样引领标杆示范，激励企业狠抓质量，争先创优，树立区域质量美誉；三是强化宣传，提升全社会质量意识，坚持政府、企业和社会协同努力，营造人人重视质量、人人享受质量的良好氛围；四是加强责任感和使命感，加强质量建设，推进质量发展，为加快建成“三区”“五地”，建设“三个金山”①作出新的贡献。

（二）大力举办品牌创新活动

1. 成功举办金山区创新创业大赛。上海海峡两岸青年创业大赛由中华海峡两岸民间团体交流促进协会、台湾中华杰出青年交流促进会、台湾国际创新创业发展协会、台湾天使投资人俱乐部、上海市科委、团委及金山区政府等联合主办，张江国家自主创新示范区金山园金山工业区管委会、金山工业区、上海（金山）海峡两岸青年创业基地具体承办的两岸青年创业大赛。

金山区创新创业大赛由金山区科委和金山区科技创业中心联合举办，以发展“智造产业”、打造“智创平台”、培育“智能农业”、建设“智慧城市”的科技创新“四智”路径为切入点，进一步营造金山区“鼓励创新、支持创业”的社会氛围，吸引优秀创业团队落户、促进科技型中小企业创新发展。大赛将通过政府引导、公益支持、社会运作相结合的方式，进一步吸引、集聚、整合区内外创新创业要素，搭建为科技型中小微企业服务的平台，引导更广泛的社会资源支持创新创业，推动金山成为上海全球科技创新中心建设科技成果转化的重要承载区，成为本市“大众创业、万众创新”的重要基地。

上海海峡两岸青年创业大赛致力于促进两岸创新创业项目交流、产业转型升级，甄选优秀的商业计划及创新的商业模式，发掘具有潜力和创新力的青创团队和新创企业。本次大赛邀请两岸 30 多家创投机构和 60 多位企业家、

① “五地”：新兴产业的成长地，创新创业的汇聚地，宜居宜游的优选地，城市生态的滋养地，联动发展的共赢地；“三区”：经济转型发展示范区，城乡一体发展试点区，区域联动发展实践区；“三个金山”：创业金山，宜居金山，和谐金山。

知名专家、投资人参与,是创业资源对接、投融资及市场拓展的最佳舞台。优胜项目将会获得一站式的落地配套服务。

2. 第四届中国OLED产业发展论坛在金山召开。2016年8月12日上午,第四届中国OLED产业发展论坛在上海金山隆重举行。区委书记赵卫星出席,副区长许复新出席并致辞。工信部电子信息司副处长金磊、市经信委副主任傅新华等应邀出席。第四届中国OLED产业发展论坛主要研究探讨中国OLED产业的新发展、新未来,吸引了来自OLED面板制造、设备材料、终端应用厂商及投资界200多人出席,就OLED产业发展面临的机遇和挑战进行了深入探讨,共同研讨OLED产业今后的发展方向及立足于中国的市场趋势和产品策略,其影响力正在快速提升。

金山区大力发展新一代信息技术等战略性新兴产业,积极深化OLED产业联盟平台,围绕龙头企业和辉光电,深化光电产业链垂直整合,打造OLED全产业链,成为中国OLED产业发展的热点区域和上海新型显示产业发展布局的重要基地,推动建成国家级新型显示产业示范基地。"十三五"时期,OLED产业将成为金山智能制造的一个新标签,金山OLED产业进入快速发展引爆期。

(三) 加快实施旅游品牌战略

第十二届"吴跟越角"枫泾水乡婚典于2016年9月25日在枫泾古镇旅游区隆重举行,吸引20对新人参加。作为上海市旅游节期间的重大节庆活动之一,水乡婚典已成功举办了十一届,2017年主题是"两岸三地情,爱到一起来"。2016年,枫泾古镇被评为"金画笔文化游"示范点;东林寺被评为"金木鱼祈福游"示范点;金山嘴渔村的天桥饭店等10家餐饮饭店被评为"金勺子美食游"示范点,渔家傲等4家民宿被评为"金枕头度假游"示范点;吕巷水果公园被评为"金篮子乡村游"示范点。

五、崇明区

上海市崇明区位于长江入海口,由崇明、长兴、横沙3岛组成。东濒东海,西接长江，南与浦东新区、宝山区和江苏省太仓市隔江相望，北同江苏省海门、启东两市一水之隔。总面积1185.49平方千米，其中水域面积120.18平方千米。

2016年全区产业结构调整力度加大，第三产业对全区经济总量的拉动作用明显增强，经济总量持续平稳增长。2016年全区完成增加值311.7亿元，比上年增长7%，比2011年的224.1亿元增长了39.1%，年均增长6.8%。其中第一产业完成增加值22.7亿元，比上年下降0.9%；第二产业完成增加值136.4亿元，比上年增长4.3%；第三产业完成增加值152.6亿元，比上年增长10.9%。三次产业结构分别由2011年的9.2∶56.5∶34.3调整为2016年的7.3∶43.7∶49.0。

规划确立的总体目标是：坚持以科学发展观为统领，按照构建社会主义和谐社会的要求，围绕建设现代化生态岛区的总目标，大力实施科教兴区主战略，加快三岛联动发展，努力使崇明岛成为适应上海现代化国际大都市建设的长远需要的人与自然和谐相处、经济社会协调发展的最佳区域之一。崇明岛前景目标定位：崇明是上海可持续发展的重要战略空间。坚持三岛功能、产业、人口、基础设施联动，分别建设综合生态岛、海洋装备岛、生态休闲岛，依托科技创新，推行循环经济，发展生态产业，努力把崇明建成环境和谐优美、资源集约利用、经济社会协调发展的现代化生态岛区。崇明岛功能定位主要体现以下六个方面：森林花园岛、生态人居岛、休闲度假岛、绿色食品岛、海洋装备岛、科技研创岛。

近年来，崇明持续加大品牌建设力度，相继发布了《崇明促进工业企业发展暂行办法》（崇府办发〔2012〕33）、《关于扶持崇明高效生态农业加快发展的政策意见》（崇府发〔2012〕69号）、《关于进一步加快崇明旅游业发展的扶持奖励办法》（崇府办发〔2015〕58号）、《崇明区促进文化创意产业发展财政扶持实施意见》（拟定中）等政策，促进区域企业品牌建设、特色农产品品牌建设、旅游品牌创建或引进，并明确指出予以奖励。与此同时，各部门组建联席会议制度，合力引导企业增强争创名牌的主体意识，引入先进质量管理方法，采用国际和国外先进标准，完善计量管理体系，并做好名牌产品的申报、推荐及辅导工作;利用报刊、电视、网络等新闻媒体广泛宣传、组织和指导企业开展名牌产品宣传策划和展示活动,做好实施名牌战略的宣传。

目前,崇明有特色的绿色农产品、东平森林公园等旅游品牌和国际女子自行车赛、半程马拉松赛等体育品牌知名度有所提高,规模以上企业质量管理基础工作得到加强,产品质量控制能力显著提高。全区正在逐步形成以名牌产业、特色产业为中心,辐射带动相关产业发展的产业发展环境。

(一) 颁布品牌发展规划、政策

2016 年,崇明区为吸引各类投资商投资,鼓励符合生态岛发展方向的产业落户本县、落户产业园区,围绕生态岛特色与新常态下产业经济特征,制订形成“1+X”政策体系,推进园区转型发展。制定出台了《崇明县重大产业项目扶持意见》,对总投资 2 亿元以上符合崇明生态岛建设产业导向的项目,按项目实际投资的 8%—15%的比例进行扶持,最高扶持金额不超过 5000 万元。

(二) 推进质量建设,打击假冒伪劣产品

崇明区各行政执法部门紧紧围绕各乡镇主要商业街、购物放心街、旅游景点内商户等重点区域,围绕农资、电子产品、服装鞋帽、药品、保健品、儿童及老年用品等与人民群众日常消费密切相关的重点商品,依法查处生产、流通领域违反产品质量法规,销售假冒伪劣、质量不合格商品等行为,全年主要开展农资市场专项整治、互联网侵权假冒专项整治、软件正版化、注册商标侵权保护检查、“质检利剑”等打假、药品和消毒产品行业监管整治、文化市场整治和知识产权保护等 8 项专项行动。

(三) 加强知识产权保护和地理标志商标保护

崇明区知识产权局同步开展知识产权综合执法行动和上海市“销售真牌真品,保护知识产权”承诺活动,全年共开展执法行动 3 次。2016 年 4 月 26 日,崇明县知识产权局、崇明县文化执法大队、崇明县市场监督局等单位在崇明体育馆门口,开展以集中销毁非法出版物为主要形式的知识产权保护活动。

县委常委、宣传部长郝炳权、崇明县政府副县长王菁等领导出席活动。县文化执法部门将2015年以来收缴的23000余张非法盗版音像制品,600余册非法盗版图书、报刊以及200余块游戏机电路板进行了公开销毁。县领导还带头在"扫黄打非"绿书签横幅上签名,并参观了宣传展板。县知识产权、文化执法、市场监督等单位,举行保护知识产权的联合宣传。

崇明区还着力推进崇明老白酒、崇明老毛蟹地理标志保护产品使用及监管工作。一是扩大地理标志专用标志使用范围。指导1家崇明老毛蟹养殖企业申请使用崇明老毛蟹地理标志保护专用标志,为地方特色产品品牌化注入新的血液。二是完成崇明老白酒、崇明老毛蟹地理标志保护产品专项监督检查工作。根据国家质检总局《关于组织开展2016年度国家地理标志产品专项监督检查的通知》精神,崇明区知识产权局及时制定了地理标志保护专项监督检查的通知,要求检查人员严格按照法律法规等规定,开展现场检查。经过两个多月的检查,11个乡镇市场监管所共计出动执法人员92人次,对全县7家崇明老白酒、11家崇明老毛蟹地理标志保护产品生产企业进行了全覆盖检查,未发现冒用地理标志的行为。

(四) 着力旅游品牌打造

2016年崇明旅游节庆重点品牌活动有两项:(1)第六届崇明岛自行车嘉年华。5月5日至8日,2016(第六届)中国上海·崇明岛自行车嘉年华在崇明新城公园顺利举办,在短短4天的时间里,共吸引游客近8万人次。活动的圆满成功彰显了嘉年华与自行车赛事的完美融合,进一步推进了体旅结合发展。本届嘉年华活动举办场地面积约7000平方米,其中展览面积约1500平方米,参展展位100个,本届嘉年华除了现场举办的活动以外,还拓展了"嘉年华骑游"系列活动。如,5月8日上午开展了"第二届化妆骑游大会"活动,共有130余人参加;赛后,从5月底至6月中旬,开展"破风骑行远离雾霾"骑游等,通过自行车嘉年华活动进一步推动体旅融合发展。本届嘉年华有机整合崇明旅游资源和赛事资源,围绕"观自行车赛事,游精彩嘉年华"这一主题,不断丰富旅游产品,针对不同客源市场推出多条旅游线路,吸引游客来崇明观赛、游玩,将体旅融合进一步推向深入。(2)2016崇明森林旅游节将于9月10日拉开帷幕,各类精彩纷呈的活动将一直持续到10月30日,历时约50天。此次活动以“绿色崇明生态之旅”为主题,活动定位于“大众的节日”。活动内容包括“激情狂欢”“生态美食”“休闲运动”和“民俗文化”四大板块54项特色鲜明的主题活动。本届崇明森林旅游节主题活动之多,活动范围之广,持续时间之长均创历史之最。

(五) 区域品牌文化宣传与推广

2016年9月,崇明区成功举办了2016崇明生态岛国际论坛“生态+文化”主题论坛。本次论坛以“撤县设区”这一重大历史机遇为契机,以“崇明生态发展战略下的文化构建”为主题。论坛上,崇明区文广影视局与上海艺术研究所签署“生态+文化”创新发展战略合作框架协议并达成“生态+文化”战略合作意向,国内外多位文化领域的专家学者探讨和分析了崇明生态文化构建的实际情况、拥有的特色资源及未来的发展方向,为推动“生态+文化”战略实施提出了相关意见建议。10月份,崇明区文广影视局筹划举办了崇明生态岛文化创意联盟发起人大会暨首届联盟沙龙活动。崇明生态岛文化创意联盟由岛内外知名艺术家、艺术画廊经纪人、艺术品收藏家、知名策展人等艺术界精英组成。通过活动的举办,吸引艺术家们认识和了解崇明,把创意和智慧贡献在崇明,共同探讨崇明与艺术相结合的文化创意产业发展新模式,为崇明文创发展提供了多种思路借鉴,达到集思广益、合作共赢的目的。

(六) 加大品牌园区建设力度

崇明工业园区是1996年经市政府批准的全市首批综合性市级工业园区。园区位于崇明岛南沿中部,毗邻崇明新城,处于全岛经济核心区域,规划总面积5.8平方公里。园区先后荣获“全国乡镇企业示范区”、“上海市高科技产业基地”、“上海市科技园区”和“上海市文明单位”等称号。发展至今,在基础设施建设、产业体系构筑等方面都取得一定成绩。截至2016年三季度末,园区一期已基本开发完毕;二期共收储土地2681.4亩,其中已出让工业土地1559.92亩。区内现有各类商贸型企业 8965 家，入驻实体企业 74 家，实体企业共用工 4454 人，其中本地职工 3400 人，占比 76%。拥有上海市著名商标 4 个、上海市高新技术企业 18 家，上海市科技小巨人企业 2 家，崇明县企业技术中心 6 个，基本形成了以机械、电子、服装等传统制造业为主导的产业格局。

近年来，园区按照“创新驱动发展、经济转型升级”总体要求，围绕崇明世界级生态岛建设总体目标，以推进园区转型升级为抓手，实现了区域经济社会的持续平稳健康发展。2016 年期间，全年新引进注册企业 1413 户，同比增长 67%；引进实体项目 13 个。全年实现税收 25.7 亿元，同比增长 3%；已投产落户企业实现工业总产值 19.57 亿元，同比增长 13.98%。其中，18 家高新技术企业全年实现工业总产值 7.87 亿元，占园区工业总产值的 40.21%；16 家规模以上企业全年实现工业总产值 13.16 亿元，占园区工业总产值的 66.8%；作为园区主导产业的汽车配件集聚度达 30.97%；万元产值能耗 0.095，同比下降 30.15%；园区单位土地产出超过 16.47 亿元/平方公里，单位土地税收达到 21.63 亿元/平方公里。

2016 年新落户企业中，上海米沙瓦医科工业有限公司是由日本上海国际株式会社、日本米沙瓦医科工业株式会社和中国上海注射针厂共同投资建立的中外合资企业。主要从事医疗器械生产，其主要产品一次性使用注射针的主要技术指标刺穿力和滑动性能已达到国际先进水平，在国内同行中处于领先地位。公司生产的一次性使用无菌注射器和注射针先后被评为“上海医疗器械名优产品”。“一次性使用无菌双联混药包”被上海市高新技术成果转化项目认定办公室评为“上海市高新技术成果转化 A 级项目”。产品目前国内市场覆盖率达 90%，并远销南美、欧洲、东南亚等三十多个国家和地区。一次性使用无菌安全型注射器，已得到美国 FDA 确认，取得了(510K)销售证书，产品已销往美国、欧洲等发达国家。目前公司的主要生产能力安全注射器年产达 1.4 亿支，注射针年产达 3 亿支。

六、奉贤区

奉贤，位于中国经济最具活力的长三角东南端，地处国际化大都市上海南部,北枕黄浦江,南临杭州湾,东部紧临上海自由贸易试验区和洋山港。全区区域面积 733 平方公里,海域面积 400 多平方公里,常住人口 116 万。境内有 31.6 公里的杭州湾岸线和 13.7 公里的黄浦江岸线。奉贤土地资源丰富,自然环境优美,发展潜力巨大。

2016 年,奉贤区坚持稳中求进的工作总基调,创新驱动发展,推动经济朝着更高质量、更有效率、更加公平、更可持续的方向发展。2016 年全区全年实现增加值 729.3 亿元,可比增长 5.5%,三次产业结构逐步优化。分产业看,第一产业增加值 16.3 亿元,可比下降 11.6%;第二产业增加值 396.6 亿元,可比增长 4.2%,对增加值的贡献率为 24.0%;第三产业增加值 316.4 亿元,可比增长 8.2%,对增加值的贡献率为 77.7%。第一产业增加值占增加值的比重为 2.2%,比上年下降 0.3 个百分点;第二产业增加值比重为 54.4%,下降 1.9 个百分点;第三产业增加值比重为 43.4%,上升 2.2 个百分点。全年,社会消费品零售总额累计完成 490.3 亿元,同比增长 10%,圆满完成全年指标(490 亿)。购物中心百货类领衔增长,区内 3 家大型商业综合体定位清晰,成为六大业态中全年增长速度最快的一个业态;卖场超市类受电商冲击最大,总体销售微降;专业专卖店类销售整体平稳略有下降,其中医药市场稳步提升,家电市场表现中规中矩,黄金市场持续低迷;星级宾馆餐饮类平稳增长,节假日婚宴、年初年底的年会拉动明显;网络购物类销售明显上升,3 家电商平台均有良好表现;农副产品批发类销售稳步增长,各类蔬菜肉类价格基本保持平稳,市场供应充沛。

为深入推进供给侧结构性改革,全面贯彻落实《国务院办公厅关于发挥品牌引领作用推动供需结构升级的意见》(国办发〔2016〕44 号)和《本市贯彻〈国务院关于发挥品牌引领作用推动供需结构升级的意见〉的实施办法》(沪府办发〔2016〕38 号)的文件精神,主动对接上海"设计之都、时尚之都、品牌之都"建设,积极推进奉贤区品牌经济发展,着力把美丽健康产业作为大健康产业的重点之一加以推进发展,把奉贤区"东方美谷"作为上海大健康产业的核心承载区先行先试,推进升级为"上海东方美谷",特制定品牌工作联席会议制度。奉贤区品牌建设推进工作联席会议,是负责推进本区品牌经济发展的指导协调机构。联席会议组成单位成立了由副区长担任组长的奉贤区品牌建设推进工作领导小组，具体由产业区长担任组长，区科委（知识产权局）、区人社局、区财政局、区文广局、区市场监管局、区农委、区旅游局、奉贤检验检疫局等单位分管领导担任成员，下设品牌推进工作办公室，由区经委分管主任担任推进办主任，保障品牌推进工作的建设和运行管理。通过建立联席会议制度，形成相互配合、各司其职、齐抓共管的良好局面，成员单位积极开展整合各方资源、政策引导、宣传推介、品牌培育、质量提升和知识产权保护等相关工作，提升全社会品牌经济发展意识，大力发展品牌经济，为实现“奉贤美、奉贤强”战略目标作出更大贡献。

2016 年，奉贤区以上海市加快具有全球影响力的科技创新中心建设和全力打造中小企业创新活力区建设为原则，围绕建立健全产业创新体系，牢牢抓紧产业转型升级，打造“东方美谷”工作主旋律，鼓励开展各类技术创新活动，推进奉贤区产业技术创新体系建设，增强产业竞争力和提升产业发展能级。2016 年，全区现有高新技术企业 488 家，其中新增 73 家，新增认定区级企业技术中心 12 家，新获上海市著名商标 6 件、上海名牌产品（服务）7 个，认定奉贤区“四新”经济示范企业 20 家。至 2016 年，全区现有中国驰名商标 12 件（行政认定的），上海市著名商标 100 件，上海名牌产品 101 个。拥有企业技术中心 113 家，其中，国家级 2 家，市级 25 家，区级 86 家。

（一）实施名牌战略，提升名牌质量

2015 年 12 月 31 日，上海名牌推荐委员会公布了 2015 年度“上海名牌”推荐名单。奉贤区共有 53 家企业 55 项产品和服务获得了“上海名牌”荣誉称号，其中生产资料类 35 项，日用消费类 17 项，服务类 3 项。为做好 2016 年度上海名牌的培育和申报推荐工作，奉贤区品牌推进工作办公室于 2 月向各镇级单位下发了奉贤区推荐“上海名牌”企业培育计划表和奉贤区上海名牌培育企业登记表，要求各单位加大宣传力度，认真排摸辖区内业绩好、管理好的企业，切实做好上海名牌企业的培育工作。4 月，召开了上海名牌申报发动会，就申报条件、申报方式等做了说明，并在会后及网上平台对企业申报过程

中提出的疑点和难点进行了解答。此外,为加强2016年度上海名牌推荐申报及初审工作,奉贤区品牌推进工作办公室通过引导企业提高创名牌和守名牌的意识,强化企业名牌申报责任意识的有效落实,严格审查申报企业的质量,严格把关上海名牌申报质量。2016年向市名牌办推荐57项上海名牌产品/服务、2项上海名牌明日之星。2016年12月31日,上海市名牌推荐委员会公布了2016年度“上海名牌”推荐名单。2016年,奉贤区共有47家企业47项产品和服务获得了“上海名牌”荣誉称号(含“明日之星”1项)。其中生产资料类18项,日用消费类21项,服务类7项,明日之星1项。新增上海名牌8项。截至2016年年底,奉贤区有效期内名牌数量为102项,其中生产资料类53项,日用消费类38项,服务类10项,明日之星1项。

(二)积极组织区内品牌企业开展上海市重点产品质量攻关成果申报

为进一步提升奉贤区产品质量安全水平,奉贤区市场监管局积极组织辖区内品牌企业,开展上海市重点产品质量攻关成果申报活动。围绕本市相关产业政策和申报条件,有针对性地将此次申报活动通过微信群、QQ群、企业所在地方政府等方式向区内上海名牌企业积极宣传,动员辖区内企业进行项目申报。区内采用新技术、新工艺、新设备、新材料,符合条件的企业积极踊跃申报,奉贤区市场监管局对企业项目申报情况进行初步核查,注重攻关前后质量水平的数据对比以及所生产的经济效益、社会效益,对采用先进技术手段和现代质量管理方法,质量技术水平、质量管理水平和质量总体水平同比提高,同时重视节能降耗、环境保护、装备更新和安全生产,质量意识和责任意识较高的项目予以推荐。此次质量攻关成果申报活动获得区内企业积极反响,许多中小企业表示仍需在各方面加强管理,争取在下一届质量攻关成果申报前有所突破。

(三)积极推进上海市知名品牌示范区创建工作

2016年8月起,区市场监管局在全区范围内组织开展上海市知名品牌创建示范区工作，在集中度高的产业聚集区、工业园区和服务业园区进行宣传发动，选择质量工作基础较好，园区内主导行业发展水平在全国处于前列，园区内拥有一定影响力的企业和品牌予以重点引导、扶持。原上海浦东星火开发区联合发展有限公司（星联公司）已入住了一批具有影响力的生物医药、新材料、新型都市产业和生产性服务业企业，形成了一定规模的产业集聚和品牌效益。区市场监管局对星联公司的申报做出初步考核意见并向上海市质量技术监督局推荐。最终，在上海市质量技术监督局公布的“2016 年度上海市知名品牌创建示范区”名单中，原上海星火开发区被确定为“2016 年度上海市知名品牌创建示范区”。

（四）推进质量建设，深入推进第二轮卓越绩效管理模式孵化工作

2016 年年初，奉贤区第二轮卓越绩效管理模式暨 5S 现场管理辅导工作启动。10 家孵化企业（其中 7 家为上海名牌企业）的最高管理者、中高层人员利用工作日及双休日时间，积极参与了 GB/T 19580 标准的 11 个专场培训，内容包括领导的作用、战略管理、风险管理、品牌管理、企业文化、社会责任等，累计培训 820 人次。同时，区市场监管局组织专家对企业进行一对一的现场诊断，组织孵化企业、相关委办、镇级单位、基层市场监管所等部门共 120 余人赴上海锅炉厂有限公司和大金空调（上海）有限公司，学习两家企业在实践卓越绩效管理模式和推进 5S 现场管理方面的经验。

（五）创新机制，首次引入“5S”现场管理培育

2016 年，奉贤区首次引入 5S 现场管理模式。区市场监管局采用政府买单，聘请第三方专业团队的方式，助力 10 家孵化企业（其中 8 家为上海名牌企业）推进 5S 现场管理，改善企业生产环境，达到“一减二降三提”（减事故、降成本、降库存、提品质、提效率、提素质）的成效，提升企业综合竞争力。项目开展成效明显。在质量月期间开展的“快乐 5S 你我来展示”可视化改善成果会展活动期间，各孵化企业以班组、车间、科室为单位组成可视化改善小集团参

与活动,共申报了82个项目。区市场监管局联合5S现场管理专家队伍在各孵化单位选送优秀改善成果的基础上,通过初评、召开5S成果交流会、进行成果“秀”和优秀成果评比等形式,评选出“最佳人气奖”、“卓越实践奖”、“优秀实践奖”和“快乐实践奖”等奖项。同时,区市场监管局首次为5S现场管理推出实践版教材进行宣传交流,以鼓励企业持续推进“5S”活动,引导“5S”活动向防差错和看得见的管理方面深入发展。

(六)全市首创,全面启动“管理提升千百十”公益培训工程

2016年起,奉贤区创新推出“管理提升千百十”公益培训工程,计划用2年时间,在全区1000名企业中高管中宣贯卓越绩效管理理念,培训培育100名卓越绩效和“5S”现场管理自评师,扶持孵化10家管理优秀企业,大力推动区内企业质量管理水平和经营绩效,加快区域经济提质增效升级。2016年,已开设12个“千”的专场,分“东方美谷”、四大商会、镇级单位三个层面。“政府全力引导、商会积极推动、机构专业实施、企业主动参与”的方法有效激发了各方热情,通过市级专家授课、企业老总经验分享、实地参观已使423家企业1096名中高管受益。此外,为进一步巩固成果,建立长效机制,形成可复制可推广的经验,2016年,孵化企业与孵化专家团历经5个月的不懈努力和精心设计,成功推出2本《认识政府质量奖推进卓越绩效管理模式》和《快乐5S,你我来展示》实践版教材,以提升企业管理能级,从而实现辖区内企业整体竞争力的有效提升。

(七)着力加强中小企业知识产权工作能力建设

一是加大政策扶持力度,出台了《奉贤区关于加强建设中小企业科技创新活力区建设,强化知识产权战略的实施办法》;二是深化试点示范创建,经公开申报、专家评审等程序,认定区级专利试点企业8家,示范企业3家,知识产权优势企业3家,发明专利技术产业化优秀计划项目15项。奉贤区相继出台了鼓励企业科技创新的系列政策,努力营造企业自主创新的良好环境。同时,企业在科技创新方面也不断加大投入,取得了长足的进步。自2008年实施新

的高新技术企业认定办法以来,奉贤区科委不断加大高新技术企业科技政策宣传和培育扶持力度,促使奉贤区高新技术企业的规模水平不断提升。截至2016年底,全区高新技术企业总数达到了485家。高新技术企业中,拥有市级工程技术中心7家,市级企业技术中心25家、国家级企业技术中心2家。一批企业相继承担了国家、市级以上的重大科技项目,自主创新能力不断增强。全区高新技术企业中75%以上已与高校、科研院所开展各类形式的产学研合作,相当一部分企业与高校、科研院所建立了产学研合作基地、专业技术服务平台、工程技术中心、实验室等创新载体,正在成为人才集聚的高地。

(八) 不断加大商业转型升级的驱动力

推动多中心多层次均衡发展。提升发展南桥新城商业中心,依托百联南桥购物中心、苏宁生活广场、宝龙广场等商业载体,突出主题化、个性化、特色化发展,引导商圈加强信息化和智慧化建设,积极探索发展建设体验式智能化商圈;加快新市镇商业中心建设,以柘林镇、青村镇、奉城镇等为落脚点,加快佳源梦想广场、帝豪综合体等项目建设,积极引进大型综合超市、各类特色品牌专卖店等,凸显大众综合购物和生活服务功能;持续稳步推进特色商业街和商业示范社区提升工程,稳健推进社区商业中心,完善社区商业综合服务功能,完善产业园区及农村地区配套商业设施建设。引导存量传统商业转型升级步伐加快。推动新城周边存量商业资源转型升级:一是杭州湾综合市场,通过装修改建后面貌焕然一新,在原建材业态基础上增加了餐饮、服装服饰、休闲娱乐、百货用品等新业态,为消费者提供了一个舒适安心的一站式购物环境,改造后建材年营业额达7000万元,餐饮年营业额达2000万元,娱乐年营业额500万元,大大提高了市场经济效率。该项目已申报上海市存量商业转型升级示范项目。二是南方国际钢材市场整体改造升级,拟打造汽车全产业链销售、展示平台,规划建设成为融合了新车及二手车汽车文化、汽车展示、查验检测、汽车销售、汽车电商、电子金融、商业配套的家庭一站式汽车主题文化公园。目前方案已报上海市商务委有待批复。

(九) 不断提升消费对经济增长的拉动力

购物节十周年魅力不减。2016 年正值上海购物节十周年,自 2007 年举办以来,上海购物节奉贤欢乐购物活动的销售增速均超过两位数,增幅连续 10 年超过全区同期社会消费品零售总额。2016 购物节奉贤区以“新消费、新体验、新联动”为主题,发动全区商业资源积极参与引爆消费热潮,先后开展了南桥商圈嘉年华、奉贤第二届婚博会、宝龙城市广场闽南文化展、苏宁生活广场佳节大狂欢、艺术进商圈等九项活动贯穿“特色奉贤”、“购想佳节文化”、“商旅文体互动”三大版块。参与主题活动的 24 家零售商家销售额达到 6.42 亿元,比同期增长 12.2%,消费市场反响热烈。网络电商引爆消费热潮。2016 年双十一,奉贤区三家主要电商企业的当日订单销售都取得了较不错的成绩。作为现代家纺业的知名企业,水星家纺今年双十一当日销售额突破 1.87 亿元,同比上涨 18.3%,单品牌销售排名第一。其中水星家纺磨毛加厚保暖四件套作为当日最热销产品,单品销售突破 720 万元。泰昌今年双十一销售额达到 3500 万,其中在京东平台销售额超过 950 万,同比增长 620 万元。志远电子商务今年双十一当日销售达到 4530 万。

(十) 不断扩大商业文明建设深度和广度

深入推进商超行业文明城区迎检工作,认真贯彻落实区文明办的部署和要求,继续推进商超行业的创城迎检工作。一是开展 2016 年奉贤区商业服务业创先争优评选活动。二是开展“浦商杯”高校营销大赛。营销大赛历时两个多月,进入决赛的上海商学院、华东理工大学商学院、上海师范大学等 8 支代表队经过答辩,华东理工大学“华理颂”参赛队凭借“浦天童庆—嘉年华”方案问鼎冠军。

(十一) 推动服务业园区品牌化培育加速

生物科技园区、工业综合开发区、星火开发区三家单位获得由市经信委、市商务委、市工商行政管理局评比的上海产业园区品牌和优秀开发建设运营机构;上海爱企生产性服务业功能区,2016 年由上海市经信委认定为上海市 2016 年两个(创建类)生产性服务业功能区之一。2016 年开展了第三批奉贤区服务业重点集聚区、重点企业和项目认定工作,5 个重点集聚区、5 个重点项目,22 个重点企业通过评审成为区级服务业第三批重点单位。一批符合奉贤区现代服务业产业整体规划,主导产业明晰、管理体系成熟、市场竞争力较强、品牌辐射力显著、示范引领作用突出的服务业领域重点集聚区、重点企业、重点项目培育加速。

参考文献

闵行区人民政府:《闵行区品牌建设相关文献汇编(2016—2017)》。
松江区人民政府:《松江区品牌建设相关文献汇编(2016—2017)》。
奉贤区人民政府:《奉贤区品牌建设相关文献汇编(2016—2017)》。
宝山区人民政府:《宝山区品牌建设相关文献汇编(2016—2017)》。
崇明区人民政府:《崇明区品牌建设相关文献汇编(2016—2017)》。
金山区人民政府:《金山区品牌建设相关文献汇编(2016—2017)》。

第九章
上海民营品牌园区探索与实践

李　刚

一、德必集团企业介绍

德必集团是中国领先的、专业致力于文创、科创企业发展的服务商。为了全方位服务不同发展阶段的企业,德必开发了多形态的产品,从为中小企业提供带有订制特色的“德必易园系列”,到与共创伙伴共同研发订制的“德必 WE 系列”,再到集聚了众多运动企业的“德必运动 LOFT 系列”,德必不断探索从企业出生到鼎盛发展的全过程服务解决方案,打造轻公司生态圈,助力产业发展。

德必集团从 2006 年开始投资运营文化创意产业园区,通过多年的探索,已拥有一套独特成熟的经营模式。2016 年,德必集团率先推出“轻公司生态圈”发展战略,为园区内外企业的连接,企业与人的连接,人与人的连接提供平台,构建了一个彼此信任、深度相连、共创价值的未来“森林”。

目前,德必集团旗下已拥有 70 多家文化创意产业园。服务着来自全球 4 大洲、近 20 个不同国家超过 5000 家企业的 10 万名白领。园区发展特征从最初的以“文化创意产业要素集聚”,演变为以“文化创意产业要素融合渗透”,再上升到如今“以文化创意产业要素辐射联动”,逐渐打破园区固有的环闭式发展理念,从而形成创意社区、创意生活和创意消费三位一体的新模式。

根据园区企业的需求,德必定期举办各类专业论坛,涵盖金融、法律、企业管理、品牌推广等专业领域,为园区企业的发展提供更多专业角度的服务。通过这些渠道,德必已经成功为园区企业会员降低 31.7%的经营成本,并为 30%的园内企业间业务交易合作提供机会。

从文创、科创产业的发展需求出发，秉承“社群化发展战略”，德必率先建立用户社群中心、举办一年一度的“国际社群节”大型活动、建立会员制服务体系、成立 CEO 俱乐部、市场人俱乐部等社群，对园区进行社群化管理。

德必，秉持着做“文创科创企业全球大使馆”的伟大使命，从中国走向世界。愿与世界各国的创业者、创业企业分享发展经验，输出成功案例和发展模式。开创合作共赢的新模式。德必集团在坚守自己的品牌理念，树立中华民族的文化自信的同时，也在实践中国品牌走向世界的道路上逐步探索出一条“双核驱动”的全球化发展道路，切实有效地帮助文创、科创企业在“一带一路”的国家战略下，实现抱团式的全球扩张发展路径，最终达成战略对接、优势互补、资源联盟、合作多赢。

二、 德必品牌介绍

(一) 德必易园系列

德必易园是德必集团旗下子品牌系列，承袭《易经》简与变的精神，追求简约、素雅、隐逸的风格，为企业提供园林式舒放办公体验，并根据企业需求，为中小文科创企业提供全方位资源与服务，为企业从出生到发展孕育提供肥沃土壤。

服务企业(部分)：美团点评、飞牛网、彩色宝石网、返利网、观池、KACO、财经早餐、WorkFace 等。代表园区：

1. 长宁德必易园。原建筑为上海航天 809 研究所，以多媒体与文化创意产业为主业态，园区吸引了中国领先的本地生活信息及交易平台“美团点评”等知名企业入驻。

2. 德必法华 525。中国首个禅意文化创意办公空间，园区吸引了全球专业水岸设计公司法国 NDA、全球第一的高尔夫球场设计公司美国帕克德高尔夫设计以及德国上市广告公司、奔驰和宝马指定影视制作商德国影擎广告等知名企业入驻。

3. 大宁德必易园。大宁德必易园位于静安区彭江路 602 号，原为上海电气总厂,始建于1947年,静卧的铁轨、蛰伏的厂房,依旧烙印着20世纪工业文化的记忆。大宁德必易园于2013年初正式开园,在当时闸北区商务委的支持下,园区定位为“中国首个电子商务服务产业园”。

园区吸引了大润发网上商城飞牛网、中国彩色宝石网、新疯狂色彩、KACO等知名企业入驻。

4. 七宝德必易园。七宝德必易园是德必易园3.0版本的升级产品,作为“上海国际互联创新基地”,主要为互联网科技以及文化创意创新行业提供全方位服务。园区引进了BA系统(Building Automation System,简称楼宇设备自控系统),车牌自动识别系统、智能立体车库、新能源汽车充电桩等智能化科技,满足商务办公更高规格的服务需求。2015年园区被上海“设计之都”授予上海青年导演实训基地,是青年导演等一系列影视传媒艺术领域的产业孵化中心。

园区吸引了美国上市公司雷勃电气、全球最大的3D电影平台RealD公司,以及国内领先的高端品牌展览服务企业西码展览、专注于移动互联网的财经大数据公司财经早餐一大批国内外知名企业入驻。

5. 东溪德必易园。杭州东溪德必易园是德必集团在杭州的首个文化创意产业园,是集“创新企业”、“产业孵化”、“生活休闲配套体验”为一体的国际互联创新微城。园区主要景观区由世界著名建筑大师博埃里(2015年米兰世博会总规划师)领衔操刀,结合杭州本土知名景观,用“景”的精妙演绎呈现了外扬和内敛的哲学统一。以“溪”为主题,将竹林、鱼池、风水墙、屋顶花园、中庭天井等易园传统特色融入其中,并首次引入智能设计,植入低碳技术,以“东溪八景”的形态对公共空间的经过节点和创意建筑的办公、会议、展示空间进行生态化设计。

园区吸引了服务国际电商用户的买卖角(Circle us),备受“90后”、“00后”青年追捧的莓兽科技,服务过2013年中国花卉博览会园区以及2012年荷兰世界园艺博览会的尼塔景观和快捷通支付等企业相继入驻。

(二) 德必WE”系列

德必WE”国际文化创意中心(简称德必WE”)是德必集团旗下子品牌系

列，旨在探索实践未来工作方式。

WE”，代表 West & East，是建立起东西方融合、交流的桥梁。在空间设计上，WE”突破建筑对于办公空间的桎梏，为其注入新的生命力。德必 WE”为国内外文创、科创领军型企业提供一个资源共享、行业交流、国际对接的发展平台。目前，除了中国上海、北京等地，德必 WE”已进驻美国硅谷、意大利佛罗伦萨，未来，将继续进行全球化布局。

服务企业（部分）：Farfetch、SENAB、Franke、HAY、美津浓、张小泉、G-STAR、NewStar 等。

代表园区：

1. 德必 WE”国际文化创意中心（外滩）。德必 WE”国际文化创意中心（外滩）位于上海核心商务区——外滩，该址原为上海华商证券交易所。2015年，外滩 WE”携手意大利著名设计师、米兰世博会总规划师博埃里先生赋予建筑新生。外滩 WE”为企业和个人带来一种新型的工作方式。空间上，打破物理空间阻隔，为入驻企业创造更多的共享空间；设计上，为建筑注入了新的生命力，引入阳光、水与森林；服务上，WE”将为入驻企业提供硬件之外的更多企业服务。园区吸引了世界著名家用厨房和餐饮设备供应商 FRANKE、北欧地区最大的公共空间室内家具品牌 SENAB 等国内外知名企业入驻。

2. 德必 WE”国际文化创意中心（静安）。园区位于静安铂金商圈，闹中取静。静安 WE”为企业和个人带来一种新型的工作方式。空间融入垂直鱼缸设计，私享入户花园，更多共享空间。服务上，WE”为入驻企业提供硬件之外的更多企业服务。园区吸引了丹麦设计师品牌 HAY，全球最大买手电商 FARFETCH 等 10 家国际知名公司，将这个拥有 96 年历史的老电车修造厂，打造成了别具一格的文化创意产业园。

（三）德必运动 LOFT 系列

德必运动 LOFT 是德必集团旗下子品牌系列，在设计上，以“运动办公，健康工作”为理念，配备综合运动设施，为崇尚运动、自由、活力、创意的企业提供全新的健康生态办公环境，开创了办公方式的新纪元。运动 LOFT 以国际体育产业为核心定位,发起并成立了国际体育产业联盟,通过整合政府、企业、产业、场馆等多方资源,打通壁垒,为联盟成员提供资源共享、信息互通、企业共创、服务互助的国际化平台,助力体育产业发展。服务企业(部分):岸峰创新、INSE、Caster、YBDL、同策体育等。

代表园区:

虹口德必运动LOFT

德必运动LOFT是中国首个国际体育产业园区,集结了一批优秀的国内外相关企业,引入产业资源,并成立了国际体育产业联盟。园区引进了许多极具生命力的体育企业,如同策体育、Caster舞蹈教室、岩舞空间攀岩馆等,中国最大的体育网站虎扑网也在这里诞生。

三、 德必的服务和社会责任

(一) 德必的服务

长期以来,德必相信帮助有潜力的文创、科创企业快速成长就是对社会最大的贡献,因此,我们关注中小创意企业全方位的需求,开辟"wehome社群服务中心",推出多项增值服务。如:人才服务、创业服务、品牌推广服务、wehome线上服务,以及法律、政策、财务等方面的服务。

(二) 德必的社会责任

1. 持续创造社会价值

2016年,德必集团创造税收共计7275万余元。与此同时,截至2017年3月,德必集团在国内外已投入运营的园区有近70家,正在筹建的园区7家。

在国际上,德必于2014年3月在意大利佛罗伦萨建立了中国首个海外文化创意产业园区"上海佛罗伦萨—中意设计交流中心"。2016年7月1日,"德必—硅谷科技时尚创新中心"也正式宣告成立。

2. 大力支持就业创业

在近几年全国就业难的社会大背景下,德必集团一直将创造就业岗位作为企业承担社会责任最重要的内容之一。德必成功建造的外滩 WE”国际文化创意中心、静安 WE”国际文化创意中心、德必运动 LOFT 柳营路一期、甘泉德必易园、七宝德必易园等创意产业园区共计 5 家，占地面积约 62000 余平方米，入驻企业百余家，创造了大量的就业机会。除此之外，德必集团自身招聘 220 人，培训新员工 157 人，经理及以上级别培训共计 54 人。由此可见，作为全国领先的“文、科、创”企业服务商，德必集团在创造就业、维护稳定、创造和谐社会等方面付出了巨大努力，作出了重要贡献。

3. 推进城市更新和生态发展

在新中国成立初期，为推进国民经济建设，大量工厂应运而生，度过了一段辉煌岁月。几十年过后，随着城市化步伐的加快和城市经济结构的转型，曾经代表城市工业文明、象征城市经济发展的工厂及工厂群逐渐退出历史舞台，怎样处理这些老旧厂房和建筑，成了各地政府的难题。如果选择拆除，便要耗费大量金钱和人力物力，况且厂房太多，工程量也非常巨大。幸好，随着全新的创意产业、新兴产业等新鲜血液的注入，这些旧工厂的价值及其所蕴含的历史不但未随之消失，相反，旧厂房的生命也通过承载功能的变化重新焕发出生机，再一次推动着城市的变迁。

德必集团便是这股新鲜血液中的重要一员。通过对一些合适的老厂房和旧建筑进行改造设计，在其本体基础结构上进行翻新，再加入具有现代美感的装饰概念，使两者完美融合在一起。据统计，德必在营和在建的园区中，绝大多数都是利用老工厂、老办公楼等旧建筑进行改造而成，且坐落于意大利佛罗伦萨的中意设计交流中心佛罗伦萨基地也是由老城堡改建而来。利用这样的“综合整治”代替“拆除重建”，不但节省了大量的人力物力消耗，延长了建筑的使用寿命，提高了它们的利用率，而且将老厂房工业区变成了漂亮的文创园区，改善了周边环境，为政府带来了更多的税收和人才，创造就业，并促进了消费，放大了社区活力。

4. 全力推进公益事业

德必集团在自身日渐发展壮大的同时，没有忘记回报社会，履行职责。在过去几年间，德必积极进行各项社会公益活动，更于 2009 年斥资 200 万元发起成立了上海水分子公益基金会,基金会宗旨是以动员社会力量发展文化公益事业,造福人类,实现社会和谐发展,其重点是关注“贫困家庭、青少年儿童和教育”,帮助青少年儿童心灵和学习教育成长,其愿景是搭建公益平台,整合社会资源,为公益组织提供资金与资源支持,为更多的贫困儿童带去温暖与希望,陪伴他们健康快乐地成长。同时,用行动唤起国内外政府机关、企业事业单位和友好人士对弱势群体文化关爱事业的支持与帮助,造福人类,实现社会的和谐发展。

作为目前上海市唯一一家从“社区民办非企业公益组织”发展而成的“非公募基金会”,自水分子公益基金会成立起,水分子共开展六届园区爱心义卖巡展,看望走访困难家庭及贫困儿童家庭273户,并捐赠60箱御寒衣物给四川凉山地区困难家庭,并帮助园区困难家庭改善居住环境。截至2017年底,水分子已为近500位山区孩子提供了助学帮助。

与此同时,水分子基金会十分重视与其他慈善组织的联系,分别与唯爱天使基金、久牵助学进行了公益合作。与唯爱天使基金共同帮助家境贫寒、品学兼优的医学生完成学业,赞助拍摄医生题材的微电影,唤起社会公众对医生群体的关注,为白衣天使的学习、生活保驾护航。除此之外,还与久牵助学合作,帮助外地来沪子女更快融入这座城市。

5. 不断扩大文化交流

随着国际地位的改变,中国文化外交活动越来越活跃,并逐渐在国际舞台上崭露头角,文化交流的与日俱增,表明我国正紧跟世界现代化的发展潮流。德必集团作为我国文化创意领域的优秀带头企业,紧随国家政策导向,肩负起促进文化交流的重要使命,不仅重视与政府、与其他企业及各种社会组织之间的往来,同时也积极开辟国际间不同文化的交流渠道,努力打造独树一帜的德必文化交流平台。

2016年,有多位重要官员和重量级客人来访德必,对多家文化创意产业园进行考察、交流和学习。除此之外,德必集团还开展了丰富多彩的文化交流活动。国际社群节、“100零一天—青年艺术100·德必WE”青年艺术展、“新丝绸之路,从地中海到中国”国际会议、Axé Afrolatino时尚舞蹈艺术活动等国内国际间文化交流活动,不仅宣传了德必的自身形象、促成了企业间的连接与合作,更加深了人与人之间的了解互信,促进了我国与他国文化之间的交流互补、融会贯通。

参考文献:

《德必集团企业介绍及品牌资料手册》,企业内部资料,2017。

行　业　篇

第十章
上海市金融产业品牌发展研究

莫兰琼①

一、上海金融产业发展概况

随着中共十一届三中全会的召开，中国金融改革也拉开了序幕。适应新时期改革开放要求的金融体系初显雏形，具体体现如下：主要国有商业银行基本成型，资本市场上股票开始发行，保险业开始恢复。

1984年，中国中央银行制度的基本框架初步确立。1983年9月，国务院颁布的《关于中国人民银行专门行使中央银行职能的决定》（简称《决定》）规定：成立中国工商银行，承办原来由人民银行办理的工商信贷和储蓄业务。根据《决定》，1984年1月1日起，中国人民银行成为专门从事金融管理、制度和实施货币政策的政府机构，不再办理针对企业和个人的信贷业务和储蓄业务。

1984年11月14日，中国改革开放后第一张真正意义上的股票发行——上海飞乐音响股份有限公司经过中国人民银行上海分行的批准，公开向社会发行了不偿还的股票。这标志着资本市场的神秘面纱在改革开放后被揭开了。1985年开始，中国金融向法制化发展，金融体系进一步完善，商业银行的职能开始逐渐明晰，业务范围也逐步扩大。这一时期银行金融机构开始建立，资本市场开始发展，股票和期货交易也开始规范起来，这为金融体系更好地适应市场经济需求，推动经济高速发展奠定了基础。1987年交通银行恢复营业，1990年上海证券交易所再度成立，标志着中国金融

① 莫兰琼，经济学博士，博士后，研究方向：国际贸易，产业经济。

市场开始恢复。

1990 年,中共中央、国务院决定开发开放浦东,在浦东实行经济技术开发区和经济特区的政策。1990 年 11 月,上海证券交易所成立,意味着中国证券市场的发展开始了一个崭新的篇章。1992 年春天,邓小平同志南方谈话时提出“上海民心比较顺,这是一股无穷的力量。目前完全有条件搞得更快一些”,“看准了的,就大胆地试,大胆地闯”。随着中国证券市场的发展,建立集中统一的市场监管体制势在必行。1992 年 10 月,国务院证券委员会(简称国务院证券委)和中国证券监督管理委员会(简称中国证监会)宣告成立,标志着中国证券市场统一监管体制开始形成。国务院证券委是国家对证券市场进行统一宏观管理的主管机构。中国证监会是国务院证券委的监管执行机构,依照法律法规对证券市场进行监管。同期,中共十四大报告提出,要“以上海浦东开发开放为龙头,进一步开放长江沿岸城市,尽快把上海建成国际经济、金融、贸易中心之一,带动长江三角洲和整个长江流域地区经济的新飞跃。”

2005 年中国人民银行设立上海副总部,2009 年,上海启动人民币国际结算试点。目前,上海是中国金融中心,金融要素市场完备度居全国第一,全国所有的金融要素市场几乎都汇集在上海:上海证券交易所、期货交易所、中国金融交易所、金融衍生品交易所、上海钻石交易所、黄金交易所、银行间债券市场、中国外汇交易中心、中国资金拆借市场、国家黄金储备运营中心、国家外汇储备运营中心、上海清算所(中国人民银行清算总中心)、中国人民银行上海总部(央行征信系统中心、支票节流数据处理中心)、中国四大银行(农行、中行、工行、建行)上海总部、各大外资银行大中华总部、中国反洗钱资金监控中心、中国保险交易所。上海的金融业经济总量和私人银行总部数也都居全国第一。上海备受各大银行的青睐,国有大型银行如工行、交行、农行都把上海作为银行总部。上海金融市场直接融资总额占全国四分之一以上;上海基金管理公司数量占全国一半以上。

“十二五”时期,上海各金融要素快速发展,新的市场平台不断建立,上海金融业成为拉动经济增长的重要动力量。上海已基本确立以金融市场体系为核心的国内金融中心地位，初步形成了全球性人民币产品创新、交易、定价和结算中心。

2015年以来，面对错综复杂的国际环境，上海坚持稳中求进、改革创新，努力克服复杂的国际环境的影响，在金融系统中积极开展金融创新先行先试，自贸区金融改革不断深化，并取得很大的进展。自贸区金融开放创新体系目前已基本形成，面向国际金融市场平台建设也在稳步推进。

上海目前是国际上少数几个市场种类比较齐全的金融中心城市之一。上海拥有全国比较完备的全国性金融市场体系，包括股票、外汇、债券、货币、黄金、金融期货、商品期货。2015年上海金融市场交易总额达1463万亿元，接近香港和新加坡的交易量。上海金融市场基础设施日益健全，金融市场产品和工具不断丰富。2015年底，国务院批准筹建上海保险交易所，人民币跨境支付系统（CIPS）落户上海，中央国债登记结算公司成立上海分公司。同时，一批有重要影响力的金融产品和工具被推出，如国债期货、ETF期权、黄金ETF、铜业存单、外汇期权等，金融市场规模快速增长。金融机构体系日益健全，金融机构的集聚效应进一步明显。上海债券、股票、黄金、期货等主要金融市场国际排名显著提升，多个品种交易量在国际中名列前茅。国际金融组织金砖国家新开发银行首度落户上海，成为首个总部设在上海的国际金融组织。2017年末，在沪持牌金融机构总数比2010年增加488家，达1537家。此外，上海保险业也取得长足的进展。上海推出国内首张制造商航空责任保险单、鸡蛋价格保证保险、全国首单防汛墙综合保险和国内首款创业保障保险等创新产品百余项

近年来，上海金融业发展增速连续夺冠。2017年，上海金融业以11.8%的增速位居全国前列；上海金融业增加值占GDP的比为17.69%，超过北京和深圳，名列全国首位。与此同时，上海金融业国际化程度不断提升。上海成为外资金融机构的主要聚集地，上海外资银行境内总部数量约占全国三分之二，资产占全国外资银行的85%。上海外资法人财产险公司境内总部约占全国5/7；中国6成的中外合资保险公司与合资基金管理公司的总部位于上海。此外，上海为促进外国一些对冲基金与上海的一些机构开展合作，还推出

了外资股权的投资企业试点和合格的境内有限合伙人试点,推动上海金融业“走出去”。

二、 上海金融产业品牌发展现状

随着上海金融业的迅速发展,上海金融业品牌影响力也不断扩大。早在2010年,在英国品牌顾问公司Brand Finance公布的“Brand Fiance中国品牌100强”中,北京、广东和上海位居前3位,共计品牌61个,品牌价值为1890.6亿美元,分别占总数的61%和88.3%。上海有交通银行、上海浦发银行、中国东方航空、太平洋保险、荣威、上海汽车、中国太平洋保险控股有限责任公司、联华、宝钢集团、海通证券、豫园、老凤祥、盛大集团、光大证券等14个品牌,品牌总价值为152亿美元,分别占14%和7.1%的份额。①其中,金融品牌有六个,占上海入围品牌总数的42.9%,品牌价值超过10亿美元的金融业有交通银行、浦发银行、太平洋保险控股有限责任公司,其中太平洋保险控股有限责任公司的品牌价值占企业价值约10%。

上海品牌建设工作一直走在全国前列,自2012年建立市品牌建设工作联席会议机制以来,上海就形成了“一个品牌专家委员会”、“一个品牌建设专项资金”、“一个长三角品牌建设合作机制”、“一批政策支持措施”、“一系列‘品牌上海’宣传推广活动”、“一系列品牌培训”等“6个一”的推进机制。上海还率先提出了从产品经济向品牌经济转型的理念并进行探索。在此大环境下,上海金融业也不断探索品牌价值发现的路径和方法。

2014年9月,工商银行上海分行在上海自贸试验区成立了国内首个“品牌支行”,积极探索品牌无形资产的质押等投融资新渠道;2016年,在国家工商总局的指导下,徐汇工商局也积极探索商标质押融资的途径;2017年初,上海正式注册品牌发展基金会,这是市场会运作模式的基金会;2017年5月10日(也是首个“中国品牌日”),由复旦大学等单位推出的“外滩·中国品牌创

① 姜卫红:《上海品牌发展报告——品牌发展与城市转型》,上海人民出版社2012年版,第30页。

新价值榜”（TOP100）正式发布，该榜单是国内外首次以供给侧的创新、传播等要素投入为依据建立的数学模型而形成的。

由《东方早报》创办的金融评选自2013年成立以来，一直是上海金融领域的聚会与盛典，其目的是总结过去一年宏观金融现象中出现的问题，是历年金融风向的指标。2016年1月28日，“2015年度上海金融TOP榜颁奖盛典”在上海举行，从传统金融、互联网金融、跨界金融三大维度出发进行评选，不同金融业态的几十家企业获得“年度最佳理财银行”、“年度最佳金融创新奖”、“年度最佳服务银行”等殊荣。其中，年度最具品牌价值银行包括：中国工商银行上海分行、中国农业银行上海分行、中国银行上海分行、中国建设银行上海分行、上海银行、招商银行上海分行、浦发银行上海分行、广发银行上海分行、渤海银行上海分行、星展银行。年度最具品牌价值的保险公司包括：平安人寿上海分公司、友邦保险上海分公司、太平洋寿险上海分公司、国华人寿、新华人寿上海分公司。年度最佳互联网金融机构包括：资邦（上海）金融信息服务有限公司、陆金所、速贷邦、你我贷、金鹿财行、中筹网金、挖财等。2015年，上海捷量投资管理有限公司获得“2015年中国金融行业影响力品牌奖”；2016年上海金庞金融信息服务有限公司获得“中国互联网金融行业十大竞争力品牌”称号，该公司董事长陈泽链荣获中国互联网金融行业十大诚信优秀企业家称号。2016年12月1日，由《经济观察报》举办的“2015—2016年度中国卓越金融奖”颁奖典礼上，上海信托获得“年度卓越影响力信托公司”和“年度卓越品牌建设信托公司”两项殊荣。2016年12月8日，在北京举行的“第三届金融界领航中国金融行业年度评选”中，上海信托获得“年度杰出品牌奖”称号。在2016年12月9日《每日经济新闻》主办的第七届金鼎奖评选中，上海信托荣获“优秀信托公司”、“卓越信托品牌建设”两项大奖。2017年5月20日在深圳开幕的“2017亚洲金融品牌创新论坛暨中国金融风云榜颁奖盛典”中，2017中国金融品牌50强、金融业十大诚信企业名单揭晓，房金网——上海雁鸿翔金融信息服务有限公司及其自主开发运营的互联网金融服务平台，成为我国金融领域服务于创新的标杆。

三、案 例

(一) 中国工商银行上海分行

中国工商银行成立于1984年元旦,是中国最大的商业银行之一,也是中国四大银行之一,是世界五百强企业之一。2004年,中国工商银行同时被英国《银行家》杂志及《欧洲货币》杂志评选为中国最佳银行。同年,美国《环球金融》杂志选评中国工行银行为中国最佳个人网上银行。2008年,在《福布斯》发布的全球2000强企业中,中国工商银行位列第42位。同年,在《财富》500强企业中排名第133位,营业收入在中国企业500强中的排名第4。2010年,在《财富》杂志评出的世界500强排名中,中国工商银行位列第87位,至2011年,中国工商银行又上升十名,位列77名。2013年中国工商银行获得中国品牌500强,同年7月23日,胡润国有品牌榜中,中国工商银行以2460亿元位居国有企业品牌第二。2016年6月22日,由世界品牌实验室(World Brand Lab)主办的"世界品牌大会"发布的《中国500最具价值品牌》分析报告中,中国工商银行排名第3位。2016年8月,中国工商银行在2016中国企业500强中,排名第4。

在"BrandZ全球最具价值品牌100强"排行中,中国工商银行也屡创佳绩。由全球著名广告传播公司明略行(MillwardBrown)制作和发布的"BrandZ全球最具价值品牌100强"排行榜具有相当的权威性,主要根据以下三个关键指标进行排名:(1)品牌的经济价值,即品牌在某一个时点的、用类似有形资产评估方法计算出来的金额。(2)品牌贡献,即把消费者对品牌的观点和态度计入价值评估体系,依据品牌对顾客购买决策的影响力来计算品牌价值,也就是品牌对企业盈利能力的贡献度。(3)品牌动力,该指标是反映品牌价值近期的增长预期。2012年,在"BrandZ全球最具价值品牌100强"排行榜中,中国工商银行以444.4亿美元的品牌价值名列全球最具价值品牌100强的第11强,位列全球金融企业首位,比排名第二的金融机构的品牌价值高75.6亿美元。这是自2009年以来,工行连续三年位列"BrandZ全球最具价值品牌

100强”排行榜全球金融业品牌价值第一位。2017年2月，Brand Finance发布2017年度全球500强品牌榜单，中国工商银行以315.70亿美元的品牌价值排名第十（中国第一）。

中国工商银行品牌价值能创下如此佳绩，充分说明了业界和客户对中国工商银行品牌的认可。中国工商银行在业务快速发展的同时也深入推进改革和创新，中国工商银行的品牌形象不断深入人心、品牌内涵也日益丰富、品牌价值大大提升。目前，中国工商银行的品牌已成为其核心竞争力的重要组成部分，充分展现出了中国工商银行雄厚的实力和优质的服务。

众所周知，产品容易被模仿，但品牌却难以复制，通过品牌附加增值的获利空间巨大，随着客户金融消费需求日益多元化，品牌的价值意义更为凸显。向社会公众提供的金融服务水准的高低、客户的认可和可接受程度是商业银行品牌的核心。为此，中国工商银行始终把品牌承诺落实到银行运营和客户服务的各个方面，坚持践行以客户需求为导向、客户服务为基础、客户关系为纽带的理念，并把这理念贯穿于从产品研发、渠道建设、服务环境到客户沟通、流程改造和业务管理的所有环节中，通过打造优质的服务品牌，使客户加深对工行品牌信任度和品牌的忠诚度，不断提升该行的品牌价值。例如，中国工商银行率先推出客户体验室，通过体验，客户可以在产品生产前期主动参与设计并提出建议。又如，工行网点大规模改造后，不断完善服务功能，推出丰富多元的金融产品，举行精彩新颖的客户活动，营造舒适亮丽的环境，使得各类电子渠道办理的业务量大幅增加，占到工行全部业务量的60%，极大地便利了客户。

与此同时，工行还积极地“走出去”，在中资银行中率先研发、推广全球一体化的科技平台，通过持续推进，使得该行从本土化银行向国际化银行转变。目前工行的服务网络遍布亚洲、欧洲、美洲、欧洲和非洲五大洲，而且工行服务网络层次分明、定位合理、运营高效、渠道多元，在集团整体优势的基础上，建立了境内外业务一体化的发展机制。随着工行国际版图的不断扩大以及全球服务能力和国际竞争力的持续增强，工行的品牌日益受到国际市场的关注和认可。

(二)上海信托

上海信托,即上海国际信托有限公司,主要从事资产管理、投资银行业务和家族财富管理业务,为高净值客户提供专业的理财方案与服务,业务领域主要涵盖股权债权融资、证券投资、工商受托、公益信托、投行服务、家族传承等范围,是目前国内信托行业业务品种最为齐全、产品服务体系最为完备的专业投资机构之一。上海信托成立于1981年,是国内最早成立的信托公司之一,以稳健经营且业绩优秀著称,该公司依托上海浦东发展银行股东背景和资金实力,一直位列行业第一梯队。

在36年的发展过程中,上海信托一直持有创新的理念,勇于创新和善于创新,从基金化、投行化、互联网化、股权化和国际化五方面进行尝试和努力,致力于以基金化业务、投行业务、国际化业务打造立体化产品线,通过互联网让传统信托焕发新生,提供如慈善/公益信托、信睿家族管理业务等丰富的产品和服务。2013年开始,上海信托致力于转型发展,并基于现实公司的资产管理和财富管理战略目标进行探索。转型发展的成效很快就体现出来,2013年固有业务收入还是公司的主要收入,2015年年度财务报表显示,公司的收入结构发生了很大的改变,信托业务占了营业收入的80%。到2016年,这一改变显得更为明显。

作为国内领先的信托公司之一,上海信托在发展规模的同时,也一直注重风险控制,目前上海信托已形成覆盖信用风险、操作风险、市场风险流动性风险、合规法律风险等全过程的风险管理体系,为公司的长效发展提供了保障。目前,上海信托以形成“投资银行、资产管理、家族信托”+“互联网信托”的3+1业务板块,并把大力发展资管业务和财富管理业务作为公司发展的目标。2016年3月,上海信托正式加盟浦发银行集团,成为一家具有银行背景的信托公司。2016年下半年,上海信托完成增资,其注册资本金由24.5亿元人民币增加至50亿元人民币,在全国68家信托公司中排名第十,而全国信托公司中注册资金达30亿元人民币的也仅28家。2016年上海信托硕果累累,在资产管理、财富管理和国际业务领域都取得了很好的成绩,公司资产规模已超过

8000亿元人民币。

多年来上海信托在提升业绩的同时，也一直致力于品牌建设。2016年上海信托品牌建设成果显著。全年，上海信托在国内各类财经媒体的评选活动中，累计获得10家媒体评选出的14个奖项，而在这些评选中，上海信托把分量最重的奖项全部收入囊中。此外，2016年8月，在中国信托业协会首次行业评级中，上海信托获最高评级A级。

（三）国泰君安证券有限公司

国泰君安证券有限公司是由国泰证券有限公司和君安证券有限公司于1999年合并新设，是国内最大综合类证券公司之一，下设国泰君安金融控股有限公司（注册地香港）、国泰君安期货有限公司、上海国泰君安证券资产管理有限公司、国泰君安创新投资有限公司、国联安基金管理有限公司5家子公司。国泰君安证券有限公司自成立以来就坚持以客户为中心的服务理念，目前是国内规模最大、经营范围最广、机构分布覆盖面最大、服务对象最多的证券公司之一。2004—2011年，国泰君安证券有限公司在世界品牌实验室中国500最具价值品牌评比中连年位居"中国券商品牌价值"榜首。2008—2012年，连续五年获得中国证监会券商分类A类AA级评价。2012—2015年国泰君安的年化股本回报率为双位数。在保证金融资及结构化产品的推动下，近年来国泰君安国际的总资产快速增长，而与全球证券公司相比，国泰君安国际的杠杆率依然较低，这将是其信用优势之一。与此同时，国泰君安证券公司企业管理水平的优异表现得到了专业机构和业界的高度认同和赞誉。

近年来，国泰君安证券有限公司多次获得证券期货科学技术奖。该奖是证券期货行业科学技术领域的最高奖项，国泰君安信息技术先后获得9次证券期货行业科学技术奖，包括1次一等奖，一次二等奖，多次主持科研项目并得到科技部、发改委、经信委等财政资助累计1249万元，是行业内获得奖项和资金资助最多的公司。

2015年，在新财富最佳分析师颁奖典礼上国泰君安成为国内首个夺得"本土最佳研究团队"和"最具影响力研究机构"双料冠军的卖方研究机构。

2016 年上半年,在第五届证券期货科学技术奖中,国泰君安综合金融服务创新平台项目荣获唯一的二等奖。国泰君安证券有限公司还凭借其顶尖的专业团队和深厚的服务文化、先进的技术系统和高效的运营能力、多元的增值服务和强大的产品设计能力、坚实的内控体系和安全的运营保障获评“2016 中国最佳私募基金托管券商”2016 年 8 月,在由《21 世纪经济报道》主办的“2016 中国最佳券商‘金帆奖’”上,国泰君安证券荣膺“2016 年综合实力十强券商奖”、“2016 年最佳主经纪商大奖”、“2016 年券商互联网创新奖”三大殊荣,国泰君安资管子公司荣获“2016 年最佳主动管理资管大奖”。2016 年 8 月,国泰君安国际控股有限公司取得标准普尔(BBB/A-2)评级。2016 年 9 月,国泰君安国际控股有限公司再次获得穆迪投资者服务公司首次授予(Baa2)长期及(Prime-2)短期发行人评级,评价展望为负面。该评级对国泰君安在证券交易处于领先地位、拥有较高比例的收入来自低风险的经纪和保证金融子业务,杠杆率相对较低,以及盈利能力相对较较强的肯定。两个国际主要信用评级机构对公司评级是对国泰君安证券公司审慎业务发展及风险管理的充分的肯定,是国泰君安多年来奉行以客为本的业务发展模式及审慎的风险管理策略成功的标志。

2017 年 11 月,国泰君安国际控股有限公司获得国际权威财经媒体《财资》杂志颁发的“2017 企业大奖”的金奖。该奖的评奖标准严格,评审方式严谨,主要衡量公司在企业管社会责任及投资者关系方面的表现,在亚洲投资界中最具公信力的奖项之一。国泰君安国际控股有限公司获得金奖,是业界对其完善的治理管控制度、清晰的内控框架和分工、公开透明信息的披露、全方位的投资者沟通交流以及对社会责任担当的认同和赞誉。

参考文献:

董金玲:“我国区域金融研究综述与展望”,《经济学动态》2008 年第 11 期。

陈晓华:《互联网金融风险控制》,人民邮电出版社 2016 年版。

杨建文、潘正彦:《上海金融发展报告》,上海社会科学院出版社 2014 年版。

林全杰:“‘一带一路’中国金融业发展战略分析”,《中国市场》2016 年第 3 期。

中国人民银行:《2016 年第四季度货币政策报告》2017 年。
谢太峰、王子博:“上海区域金融发展与区域经济增长关系的实证研究”,《经济与管理研究》2009 年第 4 期。
陆岷峰、虞鹏飞:“经济‘新常态’背景下中国金融业发展策略研究”,《西部金融》2015 年第 1 期。
高雪琪:“金融创新　金融业发展的生命——香港银行业创新分析”,《人力资源管理》2012 年第 1 期。
蒋樱:“金融创新问题研究”,《经营管理者》2012 年第 2 期。
王胜、庞东:“危机后国际银行业金融创新趋势与中国银行业创新方向”,《金融与济》2012 年第 2 期。
李德:“中国金融业发展状况和未来改革总体思路”,《西部金融》2010 年第 6 期。

第十一章
上海市医药产业品牌发展研究

莫兰琼

一、 生物医药产业发展概述

生物医药产业有广义和狭义之分。广义的生物医药产业是指把现代生物技术与各种形式的新药研究、开发和生产结合起来,以及与各种疾病的诊断、防治和治疗相结合的产业。狭义的生物医药产业则是指以基因工程、细胞工程、发酵工程和酶工程为基础的产业。生物医药产业由生物技术产业与医药产业两部分组成。其中生物技术产业涉及医药、能源、化工等多个领域,主要内容包括生物芯片技术、生物信息技术、组织工程技术、基因测序技术、酶工程等,其内涵包括生物技术产品研制、规模化生产和流通服务等,因为应用生物技术生产出相应的商品,这些商品在市场上形成一定的规模后才能形成产业。医药产业范围较广,而制药产业与生物医学工程产业则是现代医药产业的两大支柱。其中制药产业由生物制药、化学药和中药组成。主要是采用科学化、现代化的模式,研究、开发、生产药品的过程,是多学科理论及先进技术相结合的过程。生物医学工程产业包括生物人工器官、医学材料制品、医学电子仪器和监护装置、医学影像和诊断设备、现代医学治疗设备、组织工程、医学信息技术、康复工程技术和装置等,是综合应用生命科学与工程科学的原理和方法,从工程学角度在细胞、分子、组织、器官乃至整个人体系统多层次认识人体的结构、功能和其他生命现象,研究用于防病、治病、人体功能辅助剂卫生保健的人工材料、制品、装置及系统技术的统称。

从 1953 年 DNA 双螺旋结构的发现到 1982 年,FDA① 批准第一个基因重

① FDA 是美国食品药品监督管理局(Food and Drug Administration)的简称。

组生物制品，从此揭开了生物制药的序幕。从 20 世纪 80 年代开始至 20 世纪末，生物医药技术的研究和产业化进程在全球范围内迅速发展，并且随着科技的发展、突破与融合，生物医药产业呈高速发展的态势。进入 21 世纪以来，世界生物技术异军突起，在开发研制和生产生物药品方面，欧美等发达国家成绩斐然，日本在生物医药上起步虽晚，但发展迅速，与此同时，南亚东南亚范围内生物仿制药企业发展势头也呈现良好的态势。

目前，生物医药产业已成为最重要的高新技术产业之一。生物医药具有很大的经济效益和社会效益，因此各国都高度重视生物医药产业的发展，生物医药产业已成为世界新一轮发展竞争的焦点。发达国家把该产业作为本国产业发展的重点培育对象。我国生物医药产业起步虽晚，但我国政府高度重视生物医药产业。在“十二五”规划中，生物医药产业就列入我国七大战略新兴产业之一。近年来，全球生物医药产业形态日趋复杂，由于从研发到试验、审批、生产、流通、销售环节增多，从医疗产品扩展到更广泛的医疗服务，医疗产品的开发不仅关注治疗，而且也关注造型的预防干预，其结果就是产品形式日益差异化。同时，随着产业竞争的加剧，知识产权争端日益突出。而医药产业价值链的全球分散和转移、新兴医药产业国家的崛起和信息技术在医药健康领域的广泛应用对当前国际生物医药产业格局也产生很大的影响。

(一) 国际生物医药产业发展现状

1. 需求不断增加，产业化进程加快。进入 21 世纪以来，随着发展中国家对健康意识的逐步提高，全球医疗需求迅速增加。生物医药产业在全球发展的 30 年内，每年的销售额以 25%至 30%的惊人速度增长，是最具成长性的产业之一。发达国家生物医药总产值一般占到 GDP 的 10%以上，如美国生物医药产值占到 GDP 的 17%，德国生物医药产值占到 GDP 的 12%。美国目前是全球医药市场的主导，全球生物药品市场的 90%来自美国的强生、默克、诺华、罗氏等著名企业。目前生物医药产业是继汽车、机械制造业之后的第三大产业，各国都很重视生物医药产业的发展，通过实施一系列全方位的措施推进生物科技创新，积极扶持创新性生物科技企业，把生物医药作为新的经济增长点进行培育。例如,日本生物医药产业已成为高技术支柱产业。

2. 技术创新已成为全球生物医药产业发展的主要动力,发达国家主导医药市场。生物医药产业的技术创新力量集中在高校和科研机构,例如,在美国,几乎全美所有著名生物医药公司都在哈佛大学、麻省理工大学等一流的高校和研究机构设立了研发中心。创新成果以较快的速度通过专门的平台进行转化后就进入产业化阶段。由于美国创新意识强烈,美国 FDA 每年公布的生物制品专利数均处于世界领先地位。英国生物医药产业也很发达,仅次于美国,英国在生物医药研发领域成果显著,已有 21 位科学家获得诺贝尔奖,具有雄厚的产业学科基础。作为欧洲生物技术研发中心,德国拥有强大的创新团队,并且构建了"RNA"技术网络——世界第一个生物技术产学研网络。日本在生物医药产业起步较晚,但敢于创新,并让大型企业承担重大生物技术创新任务,发展极其迅速,目前已居亚洲之首。

3. 发展模式以产业园区集群式发展为主。发达国家生物医药产业的发展模式基本上是通过生物产业园区的形式达到集群效应。资金、技术、人才、政策是生物产业园区基本构成要素。例如,美国生物医药产业获取竞争能力促进产业发展的重要模式就是产业园区的集聚发展。目前美国从东到西已形成了北卡罗来纳、波士顿、圣迭戈、旧金山、华盛顿五大生物医药园区。这五大园区的集聚发展极大地推动了美国生物医药产业的竞争力。又如英国,作为世界从事最尖端生物研发园区之一的剑桥生物技术园区是高校和科研机构较为密集的地区。日本也积极推进产业园区的形成,目前已有大阪、神户、北海道等 11 个生物技术或生命科学为重点的产业园区。这些国家的产业园区均实施产学研一体化,不仅获得政府在财税等多层面的支持,而且吸引了不少风险投资基金的加入。

4. 产业发展制度完善。产业制度是产业发展的保障,生物医药产业也不例外。首先,良好的产业配套措施。由于生物医药产业具有明显的社会效益和经济效益,各国都高度重视该产业的发展,并提供良好产业配套措施。生物医药技术研发投入高、时间长,政府在研发上的支持是生物医药产业持续发展的保障。美国早在 1998 年就意识到这一点并开始加大在生物医药领域的经费投入,美国在生物医药中的投入仅次于军事科学的投入,而且各州政府也积极设立研发基金,鼓励在该领域的研发。其次是完善的创新制度。目前在欧美发达国家,生物医药产业从技术研发到成果转化以及最后的产业化阶段的完整的创新链已形成,高效率的技术转移平台也已建立,创新制度较为完善。高校和科研机构与制药企业创新合作基本已做到无缝对接,行业协会也积极推广创新成果,这些都极大地促进了产业创新的步伐。第三,成熟的风险投资介入机制。例如,在美国,政府在研发前期投入大量资金降低了后续产业资本进入的风险,随后大量社会资本的参与使得要素投入多元化,充分发挥了市场资源的配置作用,也极大地推动了生物医药产业大发展。

5. 发达国家依然主导医药市场,新型医药市场国家逐步崛起。发达国家目前仍然是医药市场的主导,在全球医药支出中,发达国家占了60%以上,发达国家在全球医药产业的主导地位不容置疑。美日欧等发达国家市场居全球药品消费的主导地位。近年来,受经济快速发展、居民收入增加、医保体系健全等因素驱动,以中国、巴西、印度、俄罗斯为代表的新型国家医药市场每年平均超过10%的速度增长,成为拉动全球医药品消费增长的主要力量。

(二) 国内生物医药产业发展现状

1. 生物制药产业规模迅速增长。中国在生物医药起步虽然比较晚,但发展势头迅猛,生物医药产业被视为朝阳产业。随着国内人民生活水平的提高和对医疗保健需求的不断增加,我国生物医药产业一直处于持续、稳定、快速的发展阶段,在国民经济中占据着越来越重要的位置。近年来,我国生物医药产业规模迅速壮大,2016 年产值达 3.8 万亿元,占 GDP 约 5%,年复合增长率接近 22%,预计 2030 年生物医药产业占 GDP 的比重将达 15%左右,成为经济发展的重要增长点,受到社会各界的广泛关注。目前,基因工程药物、活性蛋白与多肽类药物、中草药及其有效生物活性成分的提取、发酵生产、各种疫苗、单抗及酶诊断和治疗试剂、靶向药物是我国重点发展的生物制品。近年来,在医药卫生体制改革全面推进和不断深化的背景下,我国医保体系逐步健全,推动生物医药产业规模持续稳步增长。

2. 政府积极创造产业发展环境,产业布局重点突出。我国政府高度重视生物医药产业的发展,采取各项措施扶持和推进该产业的进程。"十二五"以来,为促进生物医药产业创新发展,我国先后出台了多个国家级规划纲要,如《医药科学技术政策》、《生物产业发展"十二五"规划》、《医疗器械科技产业"十二五"专项规划》及《医学科技发展"十二五"规划》等。在产业布局上,我国生物医药产业在布局上以产业关联为基础、地理临近为特征形成了三大重点发展区域,即以上海、浙江为核心的长三角地区,以北京、天津、山东为核心的环渤海地区,以广州、深圳为核心的珠三角地区。环渤海发展区域包括北京、天津、河北和山东,其中北京是该区域的研发中心,拥有很多科研人才;天津是关键的技术转化基地,以出口为导向;河北和山东则是环渤海区域最重要的生物医药制造业大省,拥有丰富的生物资源和良好的医药基础。长三角区域形成以上海为核心,江苏、浙江为两翼的生物医药产业园。上海是我国生物医药研发中心和成果转化中心,研发条件和融资条件都比较好,世界前十强的药企都聚集在此。江苏的生物医药产值位居全国之首,是生物医药产业成长性最好的地区。珠三角以广州和深圳为首,广州较早发展生物医药产业,拥有一批优秀的药企。深圳具备良好的国际化环境,创新能力强,具有突出的生物医疗产业设备优势,是南方生物医药产业核心城市。这三个区域凭借其强大的产业基础、研发技术、金融支撑、人才储备优势,成为中国生物医药产业最具活力和竞争力的地区。

3. 合作促进创新、品牌推广和产业升级。中国市场目前已成为全球第三大医药市场,并被认为是全球市场未来增长的主要动力。虽然中国医药产业仍然是一个高度分散、以仿制药为主的行业,但是一些表现出色的公司往往通过产业升级和并购等明确的战略取得了成功,同时它们仍然不断地提升自己的综合竞争力,如恒瑞、海正药业和复星医药等。近年来,中国医疗企业的跨境并购和境内并购日益活跃。从合作伙伴和授权企业到合资公司再到最终收购,相比仅仅依靠自身发展,是中国药企实现跨越式发展,从而转型成为具有创新性和自主品牌的跨国公司的有效模式。目前,除了并购,国内外医疗企业可以采取多种形式与之对应的模式来建立合作伙伴关系,如收购、合资企业、共同产品开发、共同产品推广、授权和经销合作等。这些合作，在逐步提高中国医药企业的创新能力的同时，也促进了品牌推广和产业升级。

4. 仿制药面临重大发展机遇。全球化进程吸引了跨国药企的关注，给国内仿制药产品带来机遇的同时也为国内制药企业带来了新的挑战。随着跨国公司的一批专利药到期，生物仿制药具有巨大的发展空间，但很多“重磅炸弹”在专利过期后则会成为众多药企仿制的必争之地，国内很多药企关注新产品的仿制，因此竞争激烈。

二、 上海生物医药产业及品牌发展现状

生物医药产业是上海大力发展的高科技产业之一，作为上海重点培育和发展的七大战略性新兴产业之一，上海生物医药产业走过了十几年辉煌的发展历程。近年来，上海生物医药保持着年均15%以上的增幅。上海生物医药产业在发展过程中，形成了以生物医药制造企业、医药流通企业和医药研发服务企业为主的生物医药企业生态群，目前，上海已形成了由10多所高校、30多家专业研究机构、30多个研发中心、30多家新药临床研究基地、200多家研发型企业组成的生物医药产业技术创新网络。通过创新、产品研发和实施“走出去”战略、加强技术服务与输出、强调战略并购与商业布局，上海生物医药获得了较大的发展。

从生物医药制造业发展态势来看，化学药物是上海具有发展优势的产业领域，上海已经初步形成以制剂为主、配套原料为辅的化学药物产业体系，在缓空释制剂、脂质体制剂等方面处于国内领先地位，头孢类抗生素、艾滋病药物已经成为上海化学制药领域的拳头产品。以工业总产值为指标，近年来，上海化学品工业在全国排名一直居在前十的位置。生物制药是上海生物医药产业中最具发展前景的领域，在国内率先研发了干扰素、白介素、EPO①、GCSF②等基因工程产品，实现了人源化单克隆抗体的产业化等。在现代中药方面，经

① EPO是Erythropoietin的缩写，指促红细胞生成素。

② GCSF指重组人粒细胞刺激因子。

过多年的规划和建设,上海中医药得到长足发展,在中医药传承、创新、现代化和国际化方面居于全国前列。上海打造了“雷氏”、“龙虎”、“童涵春堂”等中国驰名商标和品牌,涌现了珍菊降压片、麝香保心丸、银杏制剂、注射用丹参多酚酸盐和扶正化瘀胶囊(片)等拳头产品。近年来,上海中药制造业增长速度明显提升,在上海医药工业中的比值不断提高。在医疗器械方面,上海已成为我国医疗器械的重要研发和生产基地,并在数字化医疗影像设备、微创介入器械和生物材料等多方面取得突破。

从服务外包业发展态势来看,上海生物医药研发服务外包已形成完整的产业链,包括药物靶点研究、化合物合成筛选、药代动力学、提取与工艺研发、原料药研究、临床前药理毒理研究、临床研究、政策法规咨询和注册报批等细分领域,集聚了睿智化学、桑迪亚、美迪西、维欧精鼎、药源药物化学等为代表的一批优秀的企业。上海药明康德新药开发有限公司入围 2011 年企业输出技术成交金额前 20 名名单,并且是唯一一家生物医药类机构/企业。上海医药研发外包在全国占据重要地位,从近几年医药领域登记的合同来看,上海医药研发外包服务项目数保持在全国医药领域登记合同总数的 20%以上。

从医药商业发展态势来看,上海医药商业呈现平稳上升的态势,无论是商业购进、销售还是利润均呈现连续增长的趋势。上海在工业和商业双轮驱动发展取得重要突破,出现了一些品牌企业。例如,上海医药集团股份有限公司坚持工业和商业双轮驱动发展,先后购进中信医药、广州中山医药、福建医药公司、山东商联、众协医药等区域性医药核心资产,并因其医药商业渠道网络价值突出而受到众多跨国巨头的追捧。又如,上海复星医药(集团)股份有限公司在坚持发展主营业务的同时,加强资源整合效应,全面进军医院市场。复星医药致力于高端医疗和基础医疗两个发展方向,在着眼牵手“211”院校新建附属医院作为旗舰医院的同时,还积极从二线城市切入,以并购民营医院为主,设立中心医院和终端医院,树立终端品牌模板,通过专科医院连锁化和综合医院区域化,打造一个拥有 30 家医院的产业集团。

从生物医药产业园区与基地发展情况来看,上海生物医药产业基地发展势头良好。生物科技园区是生物医药产业发展的主要载体之一,对扩大产业规模、增强产业竞争力有很重要的作用。上海经过多年的发展和市场竞争，已形成比较完善的生物医药产业链和产业集群，其中浦东、闵行、徐汇、奉贤、金山、青浦六大生物医药产业园区几乎占据了全市制造业总产值的80%，而全市生物医药新增投资产业项目的80%也集中在这六个产业基地，产业集聚效应日益显著。

由亚洲品牌网、外交部中国亚洲经济发展协会、香港大公文汇传媒集团、商务部《国际商报》社共同主办了“第12届亚洲品牌盛典”，盛典上发布了“2017亚洲品牌500强”排行榜。中国上榜“2017亚洲品牌500强”的医药品牌有上海医药、同仁堂、中国医药、复星医药、宏济堂、康芝药业、东阿阿胶、珍奥科技、寿叶生物科技等9家药企，其中上海占了1/3，分别是上海医药、复星医药和寿叶生物科技。

三、案　例

（一）上海医药（集团）股份有限公司

上海医药（集团）股份有限公司，是国内首家“A+H”同时挂牌的医药企业，经营范围包括医药产品、医疗器械及相关产品的科研，医药装备制造、销售和工程安装、维修，实业投资，经国家批准的进出口业务等。公司主营业务覆盖医药研发与制药、分销与零售，2016年营业收入1208亿元，公司综合排名位居全国前列，是中国为数不多的在医药产品和分销市场方面均居领先地位的医药上市公司，入选上证180指数、沪深300指数样本股、恒生指数成分股、摩根士丹利中国指数（MSCI）。

上海医药研发以创新为长期坚持的方向，致力于为重大疾病和慢性病提供安全有效的治疗药物。2016年研发投入占公司工业销售收入5.40%。公司建立了以中央研究院为技术核心的多层次研发体系，拥有1个国家级企业技术中心以及10个省市级企业技术中心。公司合作完成的两个项目分获2014、2015年国家科技进步一等奖，累计获得授权专利319项。公司采用开放式研究模式，与中国科学院、中国药科大学、沈阳药科大学、第二军医大学、四川大学、日本田边三菱制药、上海复旦张江生物医药等机构建立紧密合作关系,多个创新药物处于申报临床或临床研究阶段。

上海医药制造覆盖化学和生物药品、现代中药和保健品、医疗器械等领域,产品聚焦消化系统和免疫代谢、心脑血管、全身抗感染、精神神经以及抗肿瘤等治疗领域,在国内8个省市以及海外建有制造基地,包括特色原料药基地、现代中成药基地、精品化学制剂工厂以及保健品生产基地,公司常年生产超800个药品品种,20多种剂型,过亿产品26个。公司旗下拥有的信谊、雷氏、龙虎、苍松、国风、神象、鼎炉等多个品牌为中国驰名商标,并被授权使用中国驰名商标青春宝、胡庆余堂。公司所有药品生产企业全部通过新版GMP(The Global Proteome Machine)认证,并全面实施精益六西格玛管理,积极推进两化融合;有多个原料药或制剂通过了WHO(World Health Organization)、FDA(Food and Drug Administration)、欧盟以及其他发达国家的质量认证。

上海医药的分销网络以中国经济最发达的华东、华北、华南三大重点区域为中心辐射全国,公司分销业务规模排名全国前三。公司分销服务以医院纯销为主,覆盖各类医疗机构超过2.5万家,并与全球众多跨国药企开展合作,致力于打造高效、敏捷、智慧的供应链管理体系,提供现代物流配送、信息化服务、终端分销代理等供应链解决方案。公司的疫苗、高端耗材、DTP(高值药品直送)及SPD(医药物流管理技术)等新业务发展在国内处于领先地位。

近年来,上海医药持续推动企业品牌建设,赢得了业界认可,获评2015年中国品牌500强第55位、2016中国上市公司最具核心竞争力100强、中国上市公司最具行业品牌影响力企业、2017中国上市公司品牌价值榜总榜TOP100、2017外滩—中国品牌创新价值榜(TOP100)等荣誉。2017年8月28日,上海百强企业发布会召开,上海医药以营业收入1208亿元位列“2017上海企业100强”第15位,较上年上升1位;在“2017上海制造业企业100强”中列第7位,与上一年持平。2017年9月11日,中国企业联合会、中国企业家协会发布的“2017中国企业500强”、“2017中国制造业企业500强”、“2017中国服务业企业500强”榜单中,上海医药榜上有名,继续保持行业领先。据不完全统计,登上三类500强榜单的药企有30家,其中,“2017中国企业500

强”榜上的药企有12家，上海医药在医药行业中位居第二；上榜“2017中国制造业企业500强”的药企有20家，上海医药在医药行业中位居榜首。

上海医药品牌不仅在国内享有盛名，其品牌价值同时也高居亚洲医药业榜首。如，在香港举行的由亚洲品牌网、外交部中国亚洲经济发展协会、香港大公文汇传媒集团、商务部《国际商报》社共同主办的第12届亚洲品牌盛典中揭晓的“2017亚洲品牌500强排行榜”榜单中，上海医药以451.61亿元的品牌价值位列入围的医药品牌的榜首。

(二) 张江生物医药基地（张江药谷）

张江生物医药基地创建于1996年，经过20余年的发展，基地已先后获得国家生物产业基地、国家医药出口创新基地、国际科技兴贸创新基地、上海市生物医药研发外包基地、上海市服务外包专业园区、中医药产业集群50强、国家中医药改革试点区、国家新型工业化产业示范基地等多项认定。目前，张江生物医药基地已经成为国内生物医药领域研发机构最集中、创新活力最强、新药创新成果最突出的标志性区域。

张江是我国创新药物研发数量最多的区域，新药研发主要集中在核心区张江生物医药基地。目前，张江生物医药基地创新体系日趋完善，已成功发展为由“二校、一所、一院、十八个公共服务平台、四十多个中心”构成的企业、高校、科研院所的研发创新产业群，国际医学园区、张江东区两个医疗器械集群，以及国际医学园区的高端医疗服务业集群雏形，已形成由“产业群体、研究开发、孵化创新、教育培训、专业服务、风险投资”六个模块组成的良好的创新创业环境，和“人才培养—科学研究—技术开发—中式孵化—规模生产—营销物流”组成的现代生物医药创新体系。目前张江园区在研创新药的品种超过300余个，处于临床前的超过170个，在抗体类药物、基因工程药物、小分子化学药、微创介入治疗器械、快速诊断试剂等细分领域形成竞争优势。此外，张江在肿瘤、免疫性疾病、代谢性疾病、心血管系统疾病、神经系统疾病等重点医疗领域已实现突破，涌现出一大批填补行业空白的“重磅”药物。

作为张江的支柱产业之一,生物医药行业正初步形成跨国药企、创新型药企及各类平台三足鼎立之势。目前,全球排名前10名的制药公司,已有8家在张江建立了研发中心,不少大型跨国企业都加大了在张江的布局。张江高科技园区管委会主任介绍,张江正进一步加大跨国公司开放式创新,推动张江高能级发展,比如尝试联合孵化等试点。2017年5月,再鼎医药(上海)有限公司宣布,其全球研发总部在张江落成,在本土开发新药将更有效率。除此之外,复宏汉霖、盟科医药、君实生物等多家企业的研发产品也已进入临床或批件阶段,这部分企业的研发产品有望很快正式上市。德国制药巨头——勃林格殷格翰公司筹建4年之久的勃林格殷格翰中国生物制药基地2017年也在张江正式启用。

张江示范区生物医药产业涌现了大批优秀龙头和品牌企业,如罗氏制药、西门子医疗、勃林格殷格翰、微创医疗、联影医疗、东富龙科技、凯宝药业、中信国健等。生物医药优势产品领域涵盖肿瘤、心血管疾病、糖尿病、神经系统疾病、抗体药物、基因工程药物、小分子化学药、数字医学影像、微创介入治疗器械、骨科产品、快速诊断试剂等。张江生物医药产业基地着力培育品牌产品,诞生了痰热清、麝香保心丸、丹参多酚酸盐、药物支架等10余个年销售额过10亿元的大产品,以及10多个年销售过5亿元的创新产品,年销售额过亿的产品超过100个。其中,罗氏制药的赫赛汀销售额已达22.0亿元,希罗达11.4亿元;凯宝药业的痰热清注射液实现销售额约13亿元;和黄制药的麝香保心丸实现销售额12亿元;绿谷制药的注射用丹参多酚酸盐实现销售额10.1亿元;中信国健的益赛普实现销售额8.7亿元;上海莱士的人血白蛋白销售额8.2亿元,人免疫球蛋白8.0亿元;第一生化药业的丹参酮ⅡA磺酸钠注射液实现销售额4.0亿元,注射用二丁酰环磷腺苷钙实现销售额3.3亿元;信谊药厂的培菲康(双歧杆菌三联活菌)销售额3.8亿元;新亚药业的注射用盐酸头孢替安销售额3.0亿元,注射用头孢曲松钠2.2亿元;昊海生物的玻璃酸钠注射液销售额2.3亿元;中华药业的清凉油销售额1.3亿元;微创医疗的心血管介入产品销售额约7亿;凯利泰医疗科技的椎体成形微创介入手术产品等销售额4.6亿元。

(三) 上海莱士血液制品股份有限公司

1. 概况。上海莱士血液制品股份有限公司,于1988年在闵行经济技术开发区成立,是中国首家中美合资的血液制品大型生产企业,专业从事血液制品,疫苗、诊断试剂及检测器具生产和销售并提供检测服务,主要产品包括人血白蛋白、静注人免疫球蛋白(pH4)、人凝血因子VIII、人凝血酶原复合物、人纤维蛋白原、冻干人凝血酶、外用冻干纤维蛋白黏合剂,共7个品种23个规格,是国内同行业中血浆综合利用率高、产品种类齐全、结构合理的血液制品生产企业之一,是国内血液制品行业的知名企业。迄今为止,上海莱士血液制品股份有限公司已为国内外患者提供了3000万瓶以上的高效安全的优质产品。上海莱士的产品质量得到市场的广泛认可,产品长期占据中国血液制品消费高端市场。除国内市场外,目前上海莱士的产品已经出口到亚洲和南美等国家,并在20多个国家进行了注册。

2. 品牌发展史。1991年,上海莱士被评为"外商投资先进企业",1999年,获得首个GMP证书。2000年顺利通过ISO9001质量体系认证。2008年,上海莱士于深圳证券交易所中小企业板挂牌上市。2011年,上海莱士荣获"2010年中国中小板上市公司价值50强"。2014年10月,上海莱士再次被评为高新技术企业。

2015年,根据中国上市公司资本品牌评价体系(Avan溢价模型)的客观评分,上海莱士获得了"2015年度中国上市公司资本品牌溢价百强"和"2015年度中国上市公司资本品牌价值百强"两项殊荣。

2015年,由《证券时报》和《中国基金报》主办,并由中国上市公司发展联盟和新财富杂志社联合主办,对中国上市公司价值进行评选,上海莱士被评为2014中国中小板上市公司价值五十强和2014年中国中小板最具成长性上市公司十强。

2015年,上海莱士在第七届中国医药上市公司竞争力"20强"评选活动中脱颖而出荣誉上榜。

2015年,上海莱士血液制品股份有限公司市值达177亿美元,销售额同比增长 116.2%，5 年年化总回报为 59.7%，创新溢价为 58.5%，被福布斯中国评为 2015 年亚洲最具创新力十大公司之一。

2015 年，由十家全国性医药行业协会联合开展“中国医药行业‘十二五之星’评选”活动，并表彰“十二五”期间在结构优化、转型升级、国际化等方面取得突出成就的优秀企业，其中上海莱士血液制品股份有限公司荣获“十二五”成长之星称号。

2016 年，由《证券时报》社和《新财富》杂志社主办的“新引擎、新价值”——2016 中国跨境投资并购资本论坛暨第十届中国上市公司价值评选颁奖典礼在扬州隆重举行，上海莱士喜获“中国中小板上市公司价值 50 强”。上海莱士自 2014 年连续两年上榜，代表着资本市场对上海莱士多年来良好经营业绩的充分肯定，体现出了上海莱士严谨的治理体系和良好的管理能力，以及雄厚实力和发展后劲。

2016 年，奉贤区科技创新暨 2015 年度“财富百强”表彰大会在奉贤区会议中心第一会议隆重召开。公司继 2014 年后再度上榜区“财富百强”，且排名从第 98 位提升至第 20 位。

2016 年，经上海市医药行业协会推荐，上海市“企业诚信创建”活动组委会审核，上海莱士血液制品股份有限公司荣获上海市“诚信创建企业”称号。自 2015 年上海莱士获得诚信创建企业称号后，再次荣获该殊荣。

2017 年，在美国《福布斯》发布的“全球最具创新力企业”的年度榜单中，上海莱士排名第 4，在跻身该榜单的 6 家中国企业中，成为唯一一家进入榜单前五的中国企业。腾讯控股、康得新、携程、百度、恒瑞医药分别位居第 24 位、第 47 位、第 55 位、第 60 位和第 82 位。

参考文献：

张立国、李鹏燕、贾启燕等：“国内外新药研发平台建设的初步比较”，《国际药学研究杂志》2010 年第 37 期。

R.H.海伊斯：《生物制药业》，中国人民大学出版社 2003 年版。

曹丽莱：“上海市生物医药企业知识产权现状实证研究”，《科技进步与对策》2011 年第3期。

邬亮、戴伟辉、孙涛："我国生物医药产业自主创新的生态群落模式研究"，《研究与发展管理》2007年第2期。

刘光东、丁洁、武博："基于全球价值链的我国高新技术产业集群升级研究"——以生物医药产业集群为例《软科学》2011年第3期。

马勇、罗守贵、周天瑜、陈可达："上海生物医药产业集群研发——服务联动创新研究"，《科技进步与对策》2013年第13期。

上海市生物医药产业发展行动计划(2009—2012年)，上海科技年鉴沪科合[2009]031号，2010。

肖勤：上海浦东生物医药产业集群研究，华东师范大学2006年硕士论文。

张绪英：基于全球创新网络的张江生物医药产业发展研究，华东师范大学，2013年硕士论文。

张江在线："张江生物医药产业发展情况介绍"，2012年4月28日，http://www.zhangjiang.net/tabid/402/ArticleID/2W9/Default.aspx。

洪燕："制度集聚：我国高科技工业园区产业集群形成机制的新解释——上海张江生物医药产业集群为例"，《生产力研究》2006年第4期。

上海市发展与改革委员会，上海市科学技术委员会：上海市生物医药产业发展行动计划(2009—2012)，http://www.stcsm.gov.cn/uploads/Notice/downloads/0。

徐徕、杜蕾、张小平、黄堃、蒋兰敏："上海生物医药产业发展分析"，《上海医药》2010年第8期。

第十二章
上海市智能制造品牌发展研究

莫兰琼

一、 智能制造发展概述

(一) 智能制造的概念内涵及特征

制造业的发展先后经历了五个阶段,分别是手工制作、流水线制造、自动化制造、柔性自动化和集成化制造、并行规划设计及敏捷化制造。20 世纪 80 年代以来,随着计算技术和先进制造技术在现代制造业中的广泛应用,传统的设计方法和管理手段无法适应现代制造系统,于是智能制造应运而生。智能制造是借助现代的工具和方法,把传统制造技术、人工智能科学、计算机技术与科学等有机集成发展出来的一种新型制造技术与系统,包括智能制造技术和智能制造系统。

20 世纪 80 年代末,美国纽约大学的怀特教授和卡内基梅隆大学的布恩教授在其出版的《智能制造》一书中首次提出了智能制造的概念,并指出智能制造的目的是通过集成知识工程、制造软件系统、机器人视觉和机器控制对制造技工的技能和专家知识进行建模,以使智能机器人在没有人工干预的情况下进行小批量生产。目前智能制造在国际上尚无统一的定义,通常认为是智能制造技术和智能制造系统的统称,即基于新一代信息通信技术与先进制造技术深度融合,把制造技术与数字技术、智能技术、网络技术共同应用于设计、生产、管理、服务等各个活动中,通过感知、分析、推理、决策、控制与执行等方法,实现产品需求动态响应的新型生产方式。智能制造在现代制造业中应用广泛,主要包含产品的智能设计、加工工程中的智能监测、产品在线智能监控、机器故障的智能诊断、制造系统的信息处理和智能运行的智能管理与决策,贯穿于智能设计、智能生产、智能管理和智能制造服务等四大环节中。大数据贯穿于智能制造的整个新价值网络,赋能需求导向、创新驱动、敏捷生产、协同合作的生产方式中,从而实现精准实时的需求、持续的产品创新以及生产资源的配置。

目前智能制造已成为世界制造业的客观趋势,世界上主要工业发达国家正在大力推广和应用,智能制造具有以下特征:

一是有能力获取信息并根据所获取的信息来决定自身的行为。智能系统的模型一般建立在相应的知识库上,系统对信息具有一定的分辨能力,并应用知识库来决定自身行为。因此,具有获取信息的能力并以此来决定自身行为的能力是智能制造的一大特征。

二是具有人机一体化的特征。所谓人机一体化是指在制造过程中,人与智能机器是相互协作的,系统会意识到人和智能机器是平等的,是两个为了完成某项工作而进行合作的个体,而不是把人当作操作者来看待,人和机器之间是运用各自的特长来完成任务的一种关系。

三是智能制造具有学习能力和自我维护的能力。产品制造随着需求的不断变化而不断发展变化,因此,在制造过程中所需要的知识也是不断发展变化的,而且在运行过程中难免会出现这样那样的问题或故障,这也要求智能制造系统拥有学习能力和自我维护的能力,以更好地适应消费者对产品制造的要求。

(二) 全球智能制造业的发展概况及特点

自智能制造的概念提出以后,智能制造一直受到众多国家的关注。20 世纪 90 年代,随着信息技术的不断普及和人工智能的逐步发展,智能制造进一步受到各国的重视和研究。美国、日本等发达国家纷纷把智能制造研究项目列入国家计划并着力发展,取得长足的进展。2008 年金融危机以来,发达国家意识到之前去工业化发展的弊端,纷纷提出“再工业化”口号并制定“重返制造业”的发展战略,把智能制造作为未来制造业的主攻方向,并给予一系列的政策支持。而大数据、云计算等一批信息技术发展的前端科技进一步加速了制造业向智能化转型。

由于目前国际上对于智能制造没有统一的范畴,我们从整体上获取该产业的相关数据,难以描绘该产业发展的全貌。因此,我们将与之相关的行业包括工业机器人、3D打印设备、数控机床、智能控制系统和自动化仪器仪表等行业进行观察分析世界智能制造产业的发展概况及其特点。

1. 工业机器人。工业机器人是智能制造业最具代表性的一部分。日本、美国、德国和韩国是工业机器人强国,日本号称"机器人王国",其在工业机器人的生产、出口和使用方面都居世界榜首,虽然目前日本工业机器人的销售和保有量方面被中国超越,但其使用密度和技术方面仍居世界首位,日本工业机器人的装备量约占世界工业机器人装备量的60%。作为机器人的发源地,美国早在1962年就研制出世界上第一台工业机器人,美国在机器人的研究道路上重视理论而忽视应用走了一些弯路,但美国的机器人技术全面、先进而且适应性很强,在国际上一直处于领先地位。德国在工业机器人的总数上仅次于日本和美国,其在该领域的研究也处于世界领先地位。作为工业机器人的后起之秀,韩国在20世纪80年代末在政府的资助和引导下,开始大力发展工业机器人技术,目前已跻入工业机器人强国之列。20世纪末,工业机器人发展迅速,据国际机器人协会统计,1998年以来全球机器人年均增速高达9%。2008年金融危机后,全球机器人行业的市场规模进一步扩大,2015年全球机器人销量超过24万台,2016年全球机器人市场总规模为131亿美元,同比增长18%,如果包含软件、周边产品和系统工程在内总规模达到40%。

2. 3D打印设备。3D打印是智能制造业发展的前沿领域,该技术于20世纪80年代在美国诞生并被运用,经过几十年的发展与改进,3D打印技术日渐成熟,成本逐渐降低,应用领域也不断扩展。近年来,3D打印行业规模发展迅速。2007年全球3D打印市场规模仅11亿美元,2013年全球3D打印产业产值为30.7亿美元,2014年3D产业市场规模为41亿美元,2015年达52亿美元,增速超过30%,2016年市场规模更是增加至70亿美元,同比增长34.62%。根据德勤估计,全球3D打印市场价值预计到2020年将达到205亿美元。当前欧美发达国家在3D打印技术应用方面总体处于世界领先地位,无论是3D

打印设备的生产还是安装量,美日欧都占据绝对优势。美国的 3D Systems 公司、Stratasys 公司、以色列 Object 公司和德国的 EOS 公司在世界 3D 产业排名前四,这四家公司占据了全世界约 70%的市场份额,形成了寡头垄断和市场竞争格局。目前,3D 打印技术在军事、医疗、航天航空、机械设备制造、汽车及消费领域都得到一定的应用。其中汽车行业应用规模最大,消费行业其次。目前 3D 打印技术成本虽然在逐步下降,但仍处于较高的水平。因此,在未来一段时间内,3D 打印行业仍将在高附加值的行业内首先得到发展。

3. 数控机床。数控机床是实现工业化的基石,其技术水平代表着一个国家的综合竞争力。数控机床时代始于第二次世界大战结束后,近年来,随着信息技术和制造业的不断发展,数控机床不断向高端化和智能化方向发展,是智能制造业的重要组成部分。据统计,2013 年、2014 年、2015 年,全世界 27 个主要机床生产国(地区)的机床产值分别约为 685.6 亿美元、813.1 亿美元和 664.6 亿美元,同期机床消费额分别约为 544.1 亿美元、897 亿美元和 791 亿美元。美国、德国、日本是当今世界上数控机床生产、使用实力最强的国家,是世界数控机床技术发展和开拓的先驱。目前,世界数控机床方面的创新成果主要来自美国、德国和日本。美国政府为机床方面的研究提供充足的经费,因而在数控机床技术上成果不断。德国政府重视机床工业的重要战略地位,讲究“实际”与“实效”,重视数控机床主机配套件的先进实用性,其数控机床特别是大型、重型、精密数控机床质量和性能居世界前列。日本数控机床大部分用于出口,是世界上最大的数控机床的生产和供应国,其数控机床几乎遍及世界各地。从机床产值来看,2015 年全世界 56 个国家的机床产值总共为 801 亿美元,其中中国以 221 亿美元的产值位居世界第一,日本排名第二,为 134 亿美元,德国为 124 亿美元位居世界第三。这三位国家的机床总值之和约占世界机床总产值的 60%。从机床消费来看,中国为第一大机床需求国,机床需求约占全球比重的 30%以上,接下来分别是美国、德国、日本、韩国,需求占比分别约为 10%、9%、7%和 6%。

4. 智能控制系统。智能控制系统是自动化控制系统的最高阶段,是继古典主义控制系统、现代控制系统之后出现的高级控制系统。智能控制系统是在互联网、人工智能和自动化控制系统成熟发展的基础上,控制系统与管理系统相结合的产物。近年来自动化控制系统作为智能装备制造业及物联网应用的支撑技术,受到政府、产业界越来越多的关注,全球智能控制系统产业获得稳步增长。目前,智能控制系统的全球知名生产厂商主要集中在欧美等发达国家,它们代表了当今智能控制系统的最高技术水平,其产品技术先进、质量可靠,具有很强的品牌优势。在美国《财富》杂志公布的新一期世界500强排名榜中,排名最前的10家工业自动化企业分别是:通用电气公司、西门子、日立、博世公司、松下、霍尼韦尔国际公司、三菱电机股份有限公司、瑞士ABB集团、施耐德电气、艾默生电气,均为美日欧企业。就世界智能控制系统产业规模区域分布来看,2014年,欧洲、亚太和美洲地区自动化控制系统产业市场规模占比分别为43.25%、33.65%和20.7%。其中,欧洲智能控制系统产业占据高端市场,且发展很快,在全球的比重从2009年的38%增加到2014年的43.2%。近年来,全球自动化控制系统产业增幅有所趋缓,但保持稳定增长,预计到2019年该产业市场规模将达到275亿美元。

5. 自动化仪器仪表。作为智能产业的重要组成部分之一,自动化仪器仪表的生产厂商也主要集中在欧美日等发达国家。例如,以美国为代表的北美经济体,以德国、英国、法国为代表的欧盟地区,以及以日本为代表的亚太地区三个经济体几乎瓜分了全球变送器市场。无论是压力变送器,还是温度变送器,美日欧等自动化仪器仪表跨国巨头占据了全球生产和销售市场的大部分。变频器行业技术门槛较高,市场集中度也较高,在从事变频器行业的企业中,美国的罗克韦尔、艾默生;日本的三菱、富士、三垦力达、安川;欧洲的西门子、ABB、斯耐德、丹佛斯等企业拥有较高的市场占有率。

通过对全球智能产业发展概况的描述,我们可以发现全球智能制造业发展具有以下特征:一是,美日欧等发达国家在智能制造业上处于领跑地位,是智能制造业开拓和发展的先驱,具有明显的优势,这主要是因为美日欧等发达国家在智能制造产业方面具有多年的技术和经验积累。二是,发达国家仍是智能制造系统建构的主导者。构建智能制造系统是智能制造业发展最为关键的一步,如果没有成熟的工业自动化和信息化系统支撑,制造业就难以顺利过渡到智能化阶段。和发展中国家相比,美日欧等发达国家目前已具备较为成熟的工业3.0系统,因而可以较为顺利地进入工业4.0阶段。三是,中国、印度等新兴发展中国家市场需求大,发展势头迅猛。近年来,中国在高档数控机床、机器人等行业的规模和技术发展都极其迅速,而且将在较长一段时间内保持这种发展劲头。印度则在软件和汽车制造方面拥有较强的竞争力。

(三) 中国智能制造业发展现状

中国智能制造处于发展的初级阶段,但近年来,在制造强国战略的指导下,各领域企业加快融合创新,不断出现一系列新模式、新业态和新特征,中国智能制造业发展迅速,初步形成一定的规模。

1. 政府重视,智能制造业产业规模发展迅速,取得了一批基础研究成果和智能制造技术。中国对智能制造的研究始于20世纪80年代末,中国政府很重视智能制造业的发展,对智能制造的扶持力度不断加大,近年来,越来越多智能制造方面的研究项目成立,研究基金也逐年上升。在政府的大力扶持下,我国在智能制造方面取得了很大的成果,特别是进入21世纪以来,智能制造在中国得到迅猛发展,在很多项目上取得重大成果,相关产业也初具规模。

目前,我国已经是世界制造业第一大国,已开始推行实施制造强国战略。2015年5月8日,国务院出台《中国制造2025》,作为中国制造强国中长期发展战略规划,《中国制造2025》全面部署了推进制造强国的战略,坚持创新驱动、智能转型、强化基础、绿色发展来推动中国从制造大国向制造强国转变。《中国制造2025》出台后,各级地方政府以此为总纲,积极推进地区规划政策,相继出台智能制造领域的扶持政策及相关行动计划。江苏、安徽、四川、福建、广东等省分别出台了《江苏行动纲要》、《中国制造2025安徽篇》、《四川行动计划》、《福建省实施行动计划》、《广东省智能制造发展规划(2015—2025)》等政策,以加快推进本省制造业发展。在国家制造强国战略以及省级行动计划的指导下,不少城市也陆续制定与《中国制造2025》相衔接的制造业发展计划,引导本市制造业向中高端迈进。

我国智能制造产业规模发展迅速,以机床工业为例,自2002年以来,我国机床工业连续十几年实现高速增长,目前我国是世界第一大机床消费国和第一大机床进口国。我国数控机床经过三十几年的发展,已经进入成熟期。目前,我国可供市场的数控机床已覆盖高精度机床、超重型机床、特种加工机床、前沿高技术机床和锻压设备等领域,多达 1500 多种。在工业机器人领域,近年来我国机器人市场也处于急剧增长的态势,2006 年至 2011 年短短 5 年间,我国工业机器人需求量增加了 4 倍,在全球也只有中国在如此短的时间内出现如此大的需求增幅。

2. 重点产品有所突破,制造业推动商业模式、组织方式的多方位转型。随着以互联网为核心的新一代信息技术加快推广普及以及先进制造技术的高速发展,我国智能制造业发展的深度和广度不断提升,以智能控制系统、新型传感器、自动化成套生产线、机器人为代表的智能制造产业体系初步形成。一些拥有知识产权的重点产品也有所突破。与此同时,为了顺应互联网为核心的新一代信息技术的发展,传统制造业开始着手推动商业模式和组织形式的变革,以迎接互联网时代的挑战。例如,海尔、美的等传统家电制造企业通过构建智能云平台发挥数据、交互、服务等方面的优势而获得收益,在商业模式变革方面获得很大的成功;与此同时,这两家企业还率先通过建立开放型小微经营体、协同化自决策机制股权激励型合伙制等方式,进行组织形态创新,推进企业组织模式去中心化变革。

3. 已形成一批具有国际竞争力的龙头企业,各领域企业纷纷进军系统解决领域。经过多年的发展,我国智能制造产业已经形成了一批具有国际竞争力的龙头企业。如大连机床、沈阳机床挤入世界机床领域前 10 强,年营业额均超过百亿;上海新华控制技术集团、北京和利时、浙大中控和山东鲁能控制为代表的具有自主知识产权的分布控制系统生产商在智能控制系统领域表现突出;上海发那科机器人、上海 ABB 工程、哈尔滨博实自动化设备、安川首钢机器人、莘松机器人、海尔哈工大机器人、库卡机器人(上海)是中国工业机器人领域的龙头企业,在国际上也颇具竞争力;中国龙工、三一重工、柳工集团、徐工集团、中联重工等 10 家企业入围全球工程机械前 50 名。为提升智能制造安全可控程度,国内各领域企业纷纷投身行业系统解决方案领域,如深圳雷柏科技将自身成熟的智能工厂解决方案作为独立业务；沈阳新松机器人依托装配型搬运机器人领域的优势，为用户提供智能化立体仓库建设方案等。

二、 上海智能制造产业及其品牌发展现状

智能制造是“中国制造 2025”的核心内容，也是上海建设“有全球影响力的科技创新中心”的重要载体。作为中国的经济中心，上海智能制造业发展迅速，上海市政府也极其重视智能制造业的发展。

2015 年，上海市政府就宣布在上海临港地区建设国际智能制造中心，布局了包括航空发动机、核电设备等一批高端装备制造项目，并预计于 2020 年初步形成框架。市政府将给予各方面的支持以更好地建设平台以及集聚人才。在相关方面出台了包括组建上海智能制造研究院；在民用航空发动机、机器人、新能源、海工装备等领域，牵头创建一批国家级工程技术研发中心；建立智能制造大数据中心等的 24 条行动措施，以支持临港建设国际智能制造中心。为了更好地支持国际智能制造中心的建设，政府还出台了一系列配套政策，包括上海将设立规模为 50 亿元的智能制造产业引导基金，发挥政府资金杠杆作用，采取市场化运作，推动境内外智能制造产业在临港集聚。对在上海临港建设的智能制造领域国家和市级重点实验室、检测检验平台、工程技术中心等，政府将按平台投资额的 10%—30% 给予扶持，总额最高 5000 万元。对在上海临港经过创新实现重大突破，具有知识产权的装备、系统和核心部件首次取得市场业绩，给予无偿资助或保费补贴。无偿资助比例不超过首台装备销售合同金额的 30%，最高 3000 万元。在吸引人才政策方面，对经相关部门认定的智能制造人才，可优先享受居住证加分、缩短居转户年限和直接落户政策，为其提供在临港就医、子女就学的绿色通道。

2016 年上海把智能制造列入“十三五”规划（2016—2020 年），根据《上海市制造业转型升级“十三五”规划》，在“十三五”期间，上海的金山、松江、青浦、奉贤、普陀、嘉定等区和临港、张江、金桥、闵虹等开发区，将成为发展智能制造的重点区域，并有侧重地开展“一区一业”招商计划。围绕重点产业发

展和整体能级提升,《规划》提出了推进信息化和工业化深度融合等10个重点任务和10大工程,包括制造业创新中心建设工程、智能制造工程等,具体如下:

在实施制造业创新中心建设工程方面,上海将以智能制造、集成电路等为重点,促进企业、高校、科研机构联合开展产业创新研究;建设5—10家具有辐射力和影响力的国家级和市级制造业创新中心,攻克一批具有全局性影响、带动性强的关键技术,促进科技成果产业化。

在实施智能制造工程方面,上海将把智能制造作为两化深度融合的主攻方向,推广建设智能工厂、数字化车间,重点培育离散型、流程型等智能制造新模式;积极创建国家级工业互联网示范区,开展工业云、工业大数据等试点。建设形成100家标志性智能制造示范工厂,争创2—3家国家级智能制造公共服务平台,力争成为国家智能制造示范基地。

在实施工业强基工程方面,上海将研究制定推进工业强基行动方案和指导目录,聚焦重点领域,组织实施工业强基项目,建设一批公共服务平台,推动整机企业和"四基"①企业协同发展。

在实施存量资源要素盘活工程方面,上海将锁定区块、锁定项目、锁定时间、锁定责任主体,综合运用法律、标准、市场及政策扶持等手段,推进产业结构调整;将完成50个重点区域调整转型,预计腾出土地6万亩,减少能源消费量200万吨标煤。

此外,上海还启动实施"智能制造招商计划",该计划鼓励外资投向以智能控制系统、智能集成服务、高档数控机床、机器人、3D打印等为代表的智能制造产业;支持外国投资者在上海设立全球研发中心和开放式创新平台,聚焦智能制造企业开展资本、技术、品牌、市场等多领域合作;研究制定鼓励高端制造项目落沪的政策,在有条件的区县和开发区打造一批高端制造产业基地,帮助外资制造业企业协调解决落地难的问题。该计划的启动实施,不仅为广大外资企业提供了新的投资天地,也标志着上海坚定发展制造业并通过智能制

① "四基"指核心基础零部件、先进基础工艺、关键基础材料和产业技术基础。

造推动制造业转型升级的决心。与此同时,上海也出现一批智能制造的品牌企业,如上海新华控制技术集团、上海 ABB 工程、上海发那科机器人、库卡机器人(上海)等。

三、案　例

(一) 上海新华控制技术集团

上海新华控制技术(集团)有限公司(简称“新华集团”)是一家致力于自动化、信息化、智能化的高新技术企业。20 世纪 90 年代,先后研制并成功投运国产首套火电厂数据采集系统(简称“DAS”)、大型汽轮机组数字式电液调节系统(简称“DEH”)和大型火电机组分散式数字控制系统(简称“DCS”),成为中国火电厂自动控制领域的领跑者。经过 30 多年的发展,秉承自主、创新的发展理念,凭借强大的软硬件综合开发能力,新华集团已经成为电力、轨道交通、石化、市政工程、水泥、冶金、造纸等行业自动化、信息化、智能化解决方案的服务商。新华集团专业从事系统方案设计、软硬件开发、产品制造、系统集成、工程调试,提供全生命周期一体化服务,借助拥有完全自主知识产权的 DCS 控制系统、PLC 控制系统、综合监控系统、智能制造等多个管控平台,集成大小规模的设备和系统,提供节能减排等优化方案。

2006 年,新华集团荣获 2006 年度上海市民营科技企业 100 强,2008 年,入选“中国民营 500 强”企业。2011 年,新华集团自主研发的“新华 XDC800 工业过程技术”荣获上海市人民政府颁发的上海市科技进步奖二等奖。2014 年,已荣获“上海市著名商标”称号的新华公司注册商标“新华控制”再次通过复审。此次是“新华控制”连续第三次获得该荣誉称号。这标志着“新华控制”这一优秀品牌已经获得广大用户的高度认同。

2011 年,新华集团自主研发的“新华 XDC800 工业过程技术”荣获上海市人民政府颁发的上海市科技进步奖二等奖。

2014 年,上海新华控制技术(集团)有限公司顺利取得“三标一体化”认证证书。“三标一体化”是在完善现有 ISO9001:2008 质量管理体系的基础上,融入 ISO14001:2004 环境管理体系和 OHSAS18001:2007 职业健康安全管理体系这两个标准,实行三标整合工作。上海新华控制技术集团科技有限公司作为上海新华控制技术(集团)有限公司的控股子公司,同时通过认证,获得 ISO9001:2008 质量管理体系、融入 ISO14001:2004 环境管理体系和 OHSAS18001:2007 职业健康安全管理体系"三标一体化"认证证书。

2016 年新华集团荣获中山火电"优秀建设单位"奖。2016 年中山火电 2 * 300MW上大压小主辅系统工程 DCS 系统采用新华集团 XDC800 系统,由新华集团负责实施。在中山火电项目基建推进快、技术要求高,时间异常紧迫的情况下,新华团队凭着过硬的专业素养和高度的敬业精神,团结协作、不畏艰险、攻坚克难,保质保量地完成了 DCS 的各项艰巨工作,为中山火电两台 300MW 机组一次性成功指通过 168 小时满负荷试运行,稳定运行、顺利发电作出了突出贡献。

(二) 上海发那科机器人有限公司

1. 概况。由上海电气与发那科联合投资的上海发那科机器人有限公司成立于 1997 年,经过 20 年的不断成长与壮大,上海发那科从一个仅有 4 人,注册资本仅有 100 万美元的初创公司,逐步成长成为一个有近 700 名员工,年销售收入将近 50 亿元人民币的中国领先的工厂自动化解决方案提供商。作为中国领先的机器人自动化解决方案提供商,发那科集团在全球工厂自动化行业处于领先地位,致力于电子领域、机械加工、机床上下料、半导体制造、食品医药等行业领域,拥有强大的研发、设计及制造能力,提供高可靠性的创新的机器人、机器人自动化工程、全电动注塑设备、高精度电火花加工机、小型加工中心及自动化加工成套工程,为客户在激烈的市场竞争中立于不败之地提供了很大的帮助。发那科公司还提供控制及视觉系统软件,并将这些让软件和系统完美地融入其开发的自动化工程中。在中国,上海发那科有限公司于 2002 年建设了自己的厂房后,又分别在广州、深圳、天津、武汉、太原、长春、无锡、成都、重庆等多地设立了分公司,向国内客户提供快捷优质的服务。上海发那科机器人有限公司,秉承发那科公司的技术优势,并以强大的工程集成及技术服务能力，为广大的工业用户提供优质的产品、成熟可靠的工艺方案与完善的技术服务。

2. 品牌发展史。1997 年，上海发那科成立——进入中国推广机器人技术的跨国公司。2002 年，建设了自己的厂房，浦东金桥拥有近 3000 平方米系统工厂。2003 年始，在广州、深圳、天津、武汉、大连、太原等地设分公司。2008 年，在宝山购置新厂区，基地面积达 3.8 万平方米。2008 年，FANUC 机器人销量领先。2008 年 6 月，FANUC 全球机器人销量达 20 万台，至今未被突破。2010 年，FANUC 机器人入驻世博会，上海发那科喜迁宝山新工厂。

2011 年，英国《金融时报》世界 500 强排行榜中，FANUC 位列全球 235 名，位于工程机械企业第 2 名，总市值位于该类型企业第 2 名，与 FANUC 同属工业工程类别的企业共有 11 家入围全球 500 强。“FT 世界 500 强[①]”以上市公司的总市值为标准进行评选，重点反映出一家企业的市场价值，以及投资者企业发展潜能和前景的价值判断，反映出企业的竞争力和品牌地位。与 FANUC 同属“工业工程”类别的企业共有 11 家，其市值总和为 3496 亿美元，占全球 500 强总市值的 1.33%。在福布斯杂志发布的“2011 全球最具创新力公司百强榜”中，发那科公司以 28.3 的创新溢价指数，排名第 45 位，位列山特维克（第 58 位）、爱默生电气（第 64 位）、赛默飞世尔科技（第 71 位）、ABB（第 93 位）等公司之前。而在汤姆森路透发布的 2011 全球百家最具创新机构专案中，FANUC 同样被评选成为全球 100 家最具创新力机构之一。

2012 年，汤姆森路透 2012 年全球百强创新机构名单中，发那科名列榜单，这是 FANUC 第三次获得世界范围内最具创新力组织殊荣。

2013 年，发那科机器人有限公司拼接新品机器人 R-0iA 优秀的表现和不断创新的精神，荣获 2012 年度中国自动化领域十大最具竞争力创新产品。

2013 年 11 月 4 日，由中国仪器仪表行业协会作为指导单位，《机电商报》及旗下《今日自动化》专刊主办的“2013 中国自动化服务品牌峰会暨 2013 中国自动化服务品牌评选颁奖典礼”上，上海发那科凭借着优秀的技术优势和强

① FT 为《金融时报》的简称。

大的工程集成及技术服务能力,以及成熟可靠的工艺方案与完善的技术服务,在这次的2013中国自动化服务品牌评选活动中,喜获“2013年培训服务优秀品牌”奖。

2014年,由中国工控网主办的“市场再平衡　自动化新生——2014CAMRS中国自动化年会”中,发那科的万能迷你万能机器人LR Mate 200iD系列,在这次自动化创新产品评选中,获得自动化创新产品奖。

2015年,FANUC机器人全球销量超40万台,全电动注塑机全球销量领先,突破5万台,中国销量超万台。FT全球500强工业工程类企业,卡特彼勒第一,FANUC第二。

2016年10月,《福布斯》杂志公布了2016年“全球最具创新力企业”百强榜单,FANUC再一次上榜并名列第76位。此次也是FANUC第五次上榜(2011年,2012年,2013年,2014年,2016年),连续多年入围彰显了FANUC持续不断的创新能力以及行业领导地位。

参考文献:

胡俊、石丹:“智能制造背景下的中国制造业发展研究”,《中国多媒体与网络教学学报(电子版)》2017年第6期。

杨波:“人工智能方兴未艾　中国制造业转型迎来契机”,《财经界(学术版)》2017年第3期。

王媛媛、张华荣:“全球智能制造业发展现状及中国对策”,《东南学术》2016年第11期。

李伯虎:“制造业将迎来‘智慧云制造’时代”,《机床与液压》2016年第11期。

刘星星:“智能制造:内涵、国外做法及启示”,《河南工业大学学报(社会科学版)》2016年第6期。

企　业　篇

第十三章
均瑶：多元化集团企业的品牌战略

凌　燕①

均瑶集团,始于1991年,是一家以实业投资为主的现代服务业企业。1998年,均瑶集团被国家工商总局批准为全国无区域集团公司,2003年“均瑶”品牌被评为中国十大最具文化价值的品牌,被认定为“中国驰名商标”。2005年,均瑶集团在品牌发展战略上从非相关多元化向相关多元化战略转型,提出建设国际化现代服务业的“百年老店”的构想。2007年,均瑶集团在世界品牌实验室(Interbrand)发布的“中国500最具价值品牌”排行榜上位列第94位,品牌价值达66.18亿元人民币,2012年,均瑶集团上升到第81位,品牌价值升至80亿元人民币。2017年,均瑶集团与阿里巴巴、百度、华为、腾讯等知名企业被评为“2017中国品牌影响力100强”企业和“2017中国(行业)十大影响力品牌”。其集团旗下的成员公司——均瑶集团乳业有限公司成为“2017中国年度影响力品牌”,旗下有3家A股上市公司,员工15000多人,规模列中国民营企业500强企业第242位。在26年的发展过程中,均瑶集团是一家典型的将企业多元化战略一以贯之的集团企业,且随着品牌经济优势的逐渐显现,集团的品牌战略也很值得深入研究。

一、均瑶集团的多元化布局

多元化战略是指通过规模经济和范围经济实现资源协同效应的一种企业经营模式,是相对于专业化经营而言,二者的区分标准是“某类产品销售额占

① 凌燕,华东政法大学法律学院博士后,华东师范大学文学博士。主要从事品牌政策研究、文创产业及品牌与知识产权研究。

企业销售总额的比例”(依照《国际标准产业分类(ISIC)中的四位数行业标准》)①。当上述比例为95%—100%时,我们称其为专业化战略,当比例小于95%时,则称之为多元化。

均瑶集团自1995年将航空服务和乳业产销整合起,就以企业集团的载体实施多元化的发展。1998年为了能够为顾客提供航空、包车、旅游、乳品等一系列延伸服务,在温州市中心投资建立一家三星级涉外饭店——温州均瑶宾馆,1998年,又以每辆70万元拍得温州市上百辆出租车的永久性经营权,从而完成了食、住、行产业链的多元化经营,实现了集团多元化的第一个阶段。

均瑶集团发展的第二个阶段以公司总部于1999年落户浦东康桥工业区为分界点。2002年,均瑶集团投资5.5亿元在徐家汇商圈买下地标性建筑物,打造“均瑶国际广场”,这幢楼成为了上海滩上第一座以民营企业冠名的甲级商务楼。到2005年,均瑶集团已拥有10多项业务,50多家公司,产业涵盖了航服、乳业、物流、酒店、房产、出租车、零售等多个行业——典型的非相关多元化。

2005年开始,均瑶集团多元化战略开始转型,是企业多元化发展的第三个阶段。在传统服务业的基础上通过现代化的新技术、新业态和新服务方式改造,提出并实施了向社会提供高附加值的生产服务和生活服务方向转型,确定了“建国际化现代服务百年老店”的品牌战略。形成了航空运输、金融服务、现代消费、教育服务、科技创新五大业务。具体布局如下:

(一) 航空运输

对“飞天”情有独钟的均瑶集团在从传统服务业向现代服务业转型的第一个产业战略里,就是突出航空运输主业,呼应上海的亚太航空枢纽中心建设。2002年,均瑶集团出资1.08亿元拥有了武汉航空公司18%的股权,与中国东方航空股份有限公司、武汉航空和武汉高科控股集团共同组建

① 可参照国内《国民经济行业分类与代码》GB/T4754-94。

了"东方航空武汉股份有限公司"，成为第一家入股国有航空公司的民营企业。

2005年3月，均瑶集团以1.5亿组建吉祥航空，又成功控股了民营航空公司——天津奥凯航空公司。2006年9月22日，吉祥航空正式迎来从空客公司引进的第一架A320系列飞机。9月25日，吉祥航空首航湖南长沙成功。

2015年5月，吉祥航空在A股上市，其股价最高达到了80余元，上市发行了6800万股，在2017年6月19日股价80.1元时，流通市值达到54亿元，总市值也达到了最高的454亿元。2015年底，吉祥航空实施了10送10的分配，股本扩张至11.36亿股，其中流通股为1.36亿股，后经过定向增发以及送转股，到目前为止，吉祥总股本17.97亿股，流通股5.37亿股（图13-1）。①

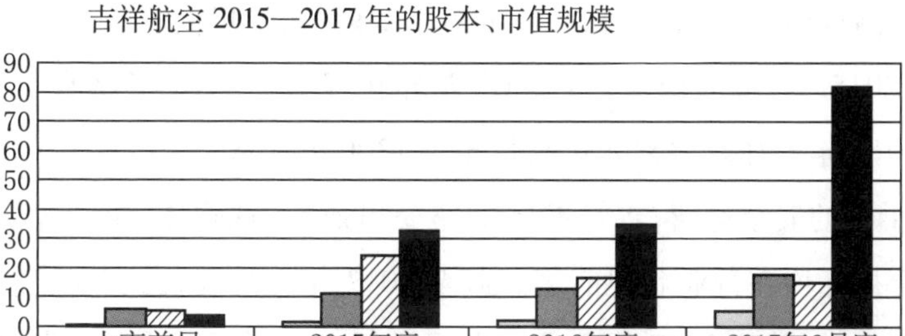

	上市首日	2015年底	2016年底	2017年6月底
□流通股（亿股）	0.68	1.36	2.15	5.37
■总股本（亿股）	5.68	11.36	12.8358	17.97
▨股价（元）	5.18	24.05	16.46	15.18
■流通市值（亿元）	4	33	35	82

图13-1　2015—2017年吉祥航空股本、市值图

从营业收入上看，自2015年以来，吉祥一直是逐渐扩大的趋势，不断增加引进飞机架数，旅游运输量从2015年的1059万人次以每年300多万人次的增加速度增长，到2017年上半年，其旅客运输量已达到了793万人次。2017年第一季度的营业收入达31.14亿元，比同为民营航空的春秋航空多出6亿元（图13-2）。吉祥航空的营业收入是集团营业收入的主要组成部分。

① "吉祥航空市值"，民航资源网2017年7月19日。

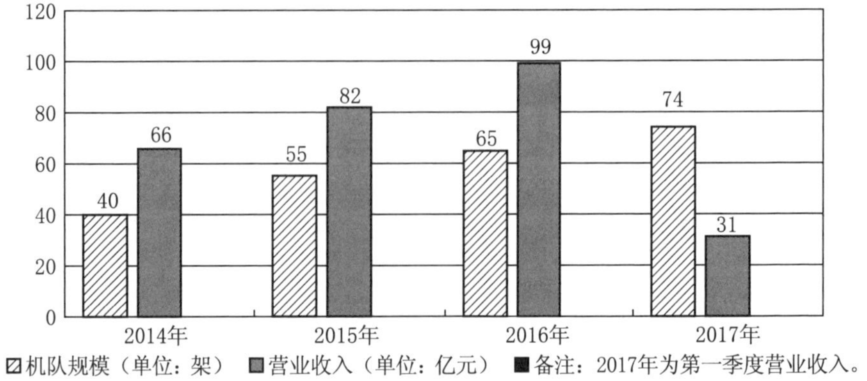

图 13-2　2014—2017 年吉祥航空机队规模和营业收入

从品牌运作方面看,吉祥航空实施“双品牌、双基地运作”。吉祥航空实施高价值(HVC)战略,深耕上海主基地;在广州投资运行的子公司九元航空(2015 年)采取低成本(LCC)差异化经营。2016 年跻身全球航企 50 强。2016 年吉祥航空乘客运载量超过 1300 万人次,占上海两机场的 12%,通过 11 年的安全运营,吉祥航空的座公里成本、载运率、准点率、服务品质等综合指标均在行业名列前茅。截至 2017 年 1 月底,已实现连续安全飞行 100 万小时,并于 2017 年 8 月被中国民用航空局授予“飞行安全一星奖”的荣誉。2017 年 5 月 23 日,吉祥航空正式成为星空联盟优连伙伴,为全球首家优连伙伴合作航空公司,基本实现了市场定位清晰化、商业模式集成化、机型结构统一化、资本结构稳健化、人力资源培训系统化,产业链布局基本趋于完善。

(二) 现代消费

均瑶集团现代消费业务板块由大东方、均瑶食品、均瑶如意文化、均瑶地产组成,其中的核心企业大东方(600327.SH)是江苏省百货零售的龙头企业,也是无锡市首家上市的商贸流通企业集团。

2003 年 8 月,均瑶集团参加了对无锡商业大厦集团的竞标,最终于 2004 年 4 月确定上海均瑶集团为战略投资者。2005 年,大厦股份收购了无锡市吟春大厦商贸有限公司。收购之后,仅一路之隔的“大厦股份”百货经营大楼与“吟春大厦”通过架设人行天桥,将二处商厦连成一体,实行错位经营模式,进一步提升公司对消费者的吸引力和凝聚力,提升公司的整体形象和持续发展能力。2006 年 9 月大厦股份顺利通过股改,标志着大厦发展进入一个新的里程碑。

收购以后,均瑶集团始终贯彻做久做强做优的发展思路,锐意创新,注重效益,努力构筑可持续发展的平台,经过 10 多年的整合发展,大厦集团已由一家单体经营、单一业态营销额 8.7 亿元的传统商贸企业,发展成为以大东方股份为核心,以百货零售、汽车销售与服务、食品餐饮为架构的“一体二翼”经营战略,2016 年营业额达 90 多亿元。品牌打造 360 度时尚精品购物理念,从提供高品质的汽车购置及一站式的售后服务,到舌尖上的老字号三凤桥,为大众提供优质的百货商品和贴心的服务。

均瑶乳业是均瑶集团营销服务领域中的传统业务。1994 年 6 月,均瑶集团进入乳制品行业,并逐渐成为这一行业中的知名品牌。均瑶乳业以研发为核心竞争力,建设深度分销平台和市场领导品牌,致力于成为拥有丰富现金流的轻资产型现代营销服务企业,为消费者提供更多绿色健康的食品。现已形成了完备的开发生产巴氏杀菌乳、灭菌乳、酸牛奶、乳酸菌饮料、调味乳饮料的技术装备与研发水平,先后开发出利乐包、塑瓶奶、AD 钙奶、屋顶包、塑杯酸奶和贝贝牛等 8 大系列 40 多个品种和规格,是国家首家开发和生产塑瓶长效灭菌奶的企业。均瑶乳业先后通过 ISO9001 国际质量体系、ISO22000 食品安全管理体系、QS 质量安全认证,产品获得国家免检产品和绿色食品称号,2003 年当选为中国乳制品工业协会副理事长单位,并被吸收为国际乳协正式会员。

2013 年开始伴随着均瑶乳业转型,新品的陆续推出,均瑶乳业销量不断攀升,老品牌发展取得新突破。均瑶味动力系列产品成为市场新宠,味动力乳酸菌饮品、味动力六种坚果蛋白质饮品、味动力轻乳酸菌水等系列产品深受广大消费者喜爱,品牌知名度和品牌影响力持续走强。

2016 年 10 月,均瑶乳业第八家生产基地揭牌。均瑶食品抓住市场变化,主动调整发展方式,把主要精力放到研发和销售两头,中间采用“订单加工”的模式,物色富余产能或已经停产的工厂,与它们合作生产适销对路的产品。迄今,已经在山东聊城、吉林桦甸、江西吉安、四川成都、湖北宜昌、浙江金华和衢州、河南漯河等城市布局了 8 个生产基地,唤醒了“闲置工厂”,有效开发利用社会资源,助力供给侧改革,2015—2017 年三年销售额和净利润复合增长率达到 50%。

均瑶如意文化是国内顶级的品牌特许经营商,是北京 2008 年奥运会特许经营商和零售商,中国 2010 年上海世博会首批高级赞助商,现与上海迪士尼开发授权系列产品。主要参与并运营的项目有:2006 年国际田径黄金大奖赛上海站特许生产商及零售商、2006 年第三届全国体育大会特许经营商、2007 年女足世界杯特许生产商及零售商、2008 年北京奥运会特许生产商及零售商、2010 年上海世博会特许产品生产高级赞助商、2011 年西安世园会全球合作伙伴、NBA 中国市场合作伙伴、FIFA 中国区独家零售商以及 F1 世界一级方程式赛车大中华地区总经销商和供货商,2015 年,均瑶文化专注顶级文化品牌的跨界商业运营,与华特迪士尼(中国)在多领域、多品类进行全面合作。2016 年均瑶文化引进六大国际 IP 迪士尼、漫威、星战、环球、梦工厂,开启 IP 授权产业的新征程;并秉承集团为社会创造价值,建国际化现代服务业百年老店的使命,在产品及项目的开发上精益求精,获得业界的肯定和赞许。融合中西文化的创意产品《迪士尼红包贺岁金》,获得由德国红点奖机构发起的“中国好设计”入围奖。2017 年均瑶文化“聚力创新　多元发展”坚持以产品创意为核心,构建以国际顶级 IP 授权为核心的文化创意产业生态圈。

均瑶置业是均瑶集团在产业发展道路上的一个重要部分。1998 年 2 月建成并投入使用的温州均瑶宾馆是集团置业板块的起点。此后,随着集团运营中心转向上海,置业发展的眼光也逐步长远起来。

2002 年 10 月均瑶置业收购了位于上海徐家汇商圈的“金汇大厦”,并追加投资，在2004年1月成功将其打造成一座现代化的5A级写字楼，更名为“上海均瑶国际广场”。该楼高135米，共37层，总建筑面积8万平方米。目前，楼宇由业内知名的仲量联行担任物业管理，始终保持了95%以上的高入住率。

2003年6月，均瑶置业以7亿元的总投资开始在宜昌建设“宜昌均瑶国际广场”。这是一座集五星级酒店、多功能剧院、大型购物中心为一体的大型综合商业地产项目。楼高153.65米，为宜昌地标性建筑，共37层，总建筑面积10万平方米。

2005年8月，均瑶集团出资控股改制湖北武汉汉阳房地产公司，更名为“武汉均瑶房地产开发有限公司”，开始正式进入经济适用住房发展领域。目前均瑶置业已初步形成住宅物业滚动开发和商业物业的专业开发与管理模式。

2005年12月，为适应集团整体架构调整，均瑶集团置业事业部正式成立。2009年至2010年均瑶置业根据集团统一安排，对上海康桥项目、宜昌旧城改造项目及新乳品工厂的建立，做了合理的布局调整，重新对项目做了整体的详细规划。2015年，均瑶地产的上海康桥项目和武汉汉江苑三期项目项目进入实施运营元年，宜昌最大棚户区占地58万平方米的改造项目进入建设实施阶段。2016年，宜昌环城南路片区“金安东诚”拆迁安置户项目完成交房。

(三) 金融服务

金融服务以爱建集团与华瑞银行互为业务依托，初步形成金融生态圈。作为民营新金融集团，致力于成为上海金融中心建设的创新基因、活力细胞。爱建集团(600643.SH)现已涵盖信托、租赁、资管、产投、财富管理、证券等机构。2016年，根据上海市委、市政府的决策，经过市场化的比选，均瑶集团受命重组爱建集团，其目的是解决爱建集团体制机制问题，回归民营，推动爱建集团改革发展。这是上海第一个重大金融国资国企混合所有制改革项目，具有深远的政治意义和社会影响力。按照市委、市政府的总体部署，改革分两步走,第一步,均瑶集团市场化受让上海国际集团所持有的爱建集团股份;第二步,通过增发,爱建集团向均瑶集团募集17亿元资金,均瑶集团成为爱建集团第一大股东。

华瑞银行是由均瑶集团主发起,在自贸区创立的全国首批、上海首家民营银行,确定了“服务小微大众、服务科技创新、服务自贸改革”的战略定位。2016年成为中国首批试点投贷联动银行。

2013年11月,党的十八届三中全会明确提出深化金融体制改革、加快发展民营金融机构,均瑶集团审时度势,紧紧把握时代的脉搏,根据国务院、银监会出台的相关政策,按照相关的法律法规要求,联合沪上十余家民营企业,主发起筹建全国首批、上海首家的民营银行——上海华瑞银行,注册于中国(上海)自由贸易区。2014年9月26日获筹建批复,2015年1月27日获开业批复,2月16日起试营业,5月23日正式开业。作为首批试点的民营银行,上海华瑞银行倡导新思维、依托新技术、助力新经济,确立了“服务自贸改革,服务小微大众,服务科技创新”的差异化定位,着力发展自贸业务、互联网业务、科创金融业务线,积极探索富有华瑞特色的差异化创新发展道路,切实服务实体经济,创新服务小微大众,积极践行“以立足上海自贸区,服务小微和社会大众为责任”的设立初衷,各项工作扎实推进,风险把控总体稳健,合规管理逐步深化,运营质量持续提升,业务发展趋势良好,品牌建设初见成效,成为全国首批十家投贷联动首批试点银行。2015年6月,上海金融混改打响了第一枪,均瑶集团历史性地承担了这场改革的主要角色。

(四)教育服务

为探索多元化办学模式,均瑶集团充分调动社会资源,通过引进IBO(International Baccalaureate Organization)国际文凭组织课程,形成PYP(Primany Years Programme)、MYP(Middle Years Program)、IBDP(International Baccalaureate Diploma Programme)一条完整的教育产业链,将国外先进的教育模式与中国国情相结合,探索出一套有自身特色的素质化、开放型的现代教学模式。

经过十多年的发展，世外学校的教育实力与日俱增，成为全国有名、上海领先的教育机构。均瑶集团携手政府教育部门和对方政府，通过新办、托管的方式，加大品牌输出力度，2016 年在上海、浙江两省八地筹办 8 所学校，其中 4 所 2017 年已经开学招生。

（五）科创服务

均瑶集团积极参与上海科创中心建设，与上海交通大学、安徽省淮北市政府等单位组成政产学研用一体化平台，研发的纳米陶瓷合金横空出世，为实现科技突破提供了广阔的空间。该平台采用颠覆性领先技术，致力于纳米陶瓷合金的应用推广、产品开发、技术支持和市场销售。新材料优异的性能已在天宫二号关键部件得以成功运用，未来将在军工、航空航天、发动机、高铁、汽车等领域带来新的发展，助力我国从科技大国走向科技强国。智慧城市建设方面，均瑶集团还承担了免费公共 Wi-Fi：i-Shanghai、i-Guangdong 的建设和运营。同时，推出“超・爱上海”高品质公共无线网络，主打国际领先的公共 Wi-Fi 接入水准，为用户提供更高质量的无线网络服务。

二、 均瑶多元化业务与品牌战略

均瑶集团作为典型的多元化的集团企业，在品牌战略上一直不断探索前行，形成了独具特色的品牌发展战略。根据品牌资产、产品相关性和市场环境因素，多元化企业的品牌战略一般可分为三种策略：一是品牌延伸策略；二是多品牌策略；三是主副品牌策略。均瑶集团是在以上三种策略的基础上进行了自我创新，以“百年老店”的品牌理念作为文化引领，从战略上提升品牌集团化的管理。

首先，我们可以从多元化品牌策略的特点来看均瑶的品牌策略。一般而言，选择品牌延伸策略的企业，都需要强大的品牌资产作为支撑，其延伸产品和母品牌有高度的相关性，同时在品牌管理能力和营销管理能力以及资金财力上都有较强的实力。如表 13-1 所示。

表 13-1　品牌延伸策略的影响因素

	第一层面	第二层面	第三层面
品牌延伸策略	品牌资产	品牌竞争力	品牌美誉度
			品牌定位度
			品牌知名度
		消费者品牌知识	品牌认知度(品牌意识)
			品牌联想度
			品牌忠诚度
	延伸产品与母品牌的相似度	受众相似性	
		类型相似性	
		技术相似性	
		替代相似性	
	品牌能力	品牌管理能力	
		品牌营销能力	品牌营销能力
			品牌管理人员素质
	市场环境	市场容量	
		市场竞争程度	
		产品生命周期	

选择多品牌策略企业,通常企业的实力和品牌管理能力较强,产品的差异性大。如表 13-2 所示。

表 13-2　多品牌策略的影响因素

	第一层面	第二层面	第三层面
多品牌策略	企业实力	资金实力	
		技术实力	
		生产实力	
		销售管理实力	
	子产品与母品牌的差异性	类型差异化	产品种类
			产品功能
			产品个性
		受众差异化	产品定位
			产品个性
		技术差异化	

续表

	第一层面	第二层面	第三层面
多品牌策略	子品牌能力	管理能力	品牌管理规划力
			品牌管理执行力
			品牌管理监测力
			品牌管理组织力
		营销能力	品牌营销传播力
			品牌营销洞察力
	市场需求	市场容量	
		市场潜力	
		市场竞争程度	
		产品生命周期	

选择主副品牌策略的企业,与品牌延伸策略一样,其母品牌资产强大,不同的是,副品牌在产品个性差异性较大,具体见表13-3。

表13-3　主副品牌策略的影响因素

	第一层面	第二层面	第三层面
主副品牌策略	母品牌资产	品牌竞争力	品牌美誉度
			品牌定位度
			品牌知名度
		消费者品牌知识	品牌认知度(品牌意识)
			品牌联想度
			品牌忠诚度
	子产品与母品牌差异性	类型差异化	产品种类
			产品功能
			产品个性
		受众差异化	产品定位
			产品个性
		技术差异化	
	子母品牌协同力	协同管理力	品牌管理规划和执行力
			品牌管理监测和组织力
		协同营销力	品牌营销传播力
			品牌营销洞察力
	市场需求	市场容量	
		市场潜力	
		市场竞争程度	
		产品生命周期	

1995 年之后,均瑶整合了航空服务、乳业产销成立了均瑶集团公司,率先开启了企业的多元化发展规划。其间经历的三次转型,企业业务从非相关性逐步向相关性多元化集团企业发展,品牌战略更是囊括了品牌延伸策略、主副品牌策略和多元品牌策略,并且将三种策略在不同细分行业、市场上互相转换,有机协同(见表 13-4)。

表 13-4　均瑶集团品牌战略

行业分类	产品品牌	品牌识别	母/子品牌	品牌策略
航空业	吉祥航空	JUNEYAO AIR 吉祥航空	主副品牌（突出子品牌，弱化母品牌）	主副品牌策略
	九元航空	九元航空9AIR	子品牌	多品牌策略
现代消费	乳业	均瑶 均瑶乳业荣誉出品	母品牌	品牌延伸策略
		werdery 味动力	子品牌	多品牌策略
	商业	无锡商业大厦 大东方股份有限公司	子品牌	多品牌策略
	文化业	JuneYao均瑶文化	母品牌	品牌延伸策略
	置业	上海均瑶国际广场	母品牌	品牌延伸策略
		宜昌均瑶国际广场	母品牌	品牌延伸策略
		温州全季酒店	子品牌	多品牌战略
		武汉均瑶房地产开发有限公司	母品牌	品牌延伸策略
科技创新		SHANGHAI JUNEBANG 上海均邦新材料	子品牌	多品牌策略
		风寻科技 WINDFIND TECH	子品牌	多品牌策略

续表

行业分类	产品品牌	品牌识别	母/子品牌	品牌策略
金融服务	爱建集团	爱建集团 AJ GROUP	子品牌	多品牌策略
	华瑞银行	SHRB 上海华瑞银行	子品牌	多品牌策略
教育服务	上海世外教育集团	WFLMS 上海世外教育集团	子品牌	多品牌策略/品牌延伸(品牌群、品牌家族)策略
		WFL 上海市世界外国语小学	子品牌	
		WFLMS 上海市世界外国语中学	子品牌	
		WFLMS 杭州上海世界外国语小学	子品牌	

均瑶集团的品牌集团化管理主要有两大特点:一是文化引领。各产业所用的品牌名称、产品名称虽然不尽相同,但每个产业都以“百年老店”这一文化精髓为核心主导,一脉相承,贯穿所有产业,比如说百年华瑞、百年爱建、百年吉祥、百年九元等;二是顶层设计品牌管理制度。均瑶集团制定并发布了《均瑶集团品牌管理办法》,制度内容从宏观顶层设计上来设计,不涉及具体业务。下属品牌会根据行业特性采取各自的品牌策略和管理方法。目前,国内外有众多类似于均瑶集团这种企业,从事的是非相关性多元化业务,采用这种品牌建设和管理的新方法,无论是从规模上还是质量上,都处于健康稳健的发展状态,因此,这种品牌战略值得鼓励和探索。

三、 均瑶多元化的多品牌战略规划

(一) 建立差异化的品牌定位

目前,均瑶集团的五大主营业务在各自领域虽然有一定的优势,得到消费者的广泛认可,母子品牌的品牌优势比较明显,但是从世界经济发展的态势上来看,对集团企业的品牌多元化战略提出更高的要求。这首先就要企业更加深入地做好细分市场的分析,不断强化母品牌和子品牌的品牌定位,强调其在各自领域上的唯一性。均瑶集团的愿景是建设成为一个国际化现代服务业的百年老店,其更应具备“百年老店”所强调的使命感、历史感和文化价值。

因此,需要强化均瑶品牌的这一品牌特质,建立品牌联想,设计出相应的传播策略,使得受众对所在领域的品牌认知度和识别度不断提高,从而加强受众对品牌特质的认同度,产生依赖感,提高忠诚度和黏度。均瑶的多元化品牌战略,未来就需要强化不同行业子品牌之间的协同,加强与母品牌的合力,通过大量的行业调查、企业调查以及消费者调查,进行差异化的子母品牌的再定位,在市场细分、行业细分甚至产品生命周期中对子母品牌的关联度和协同力进行调整,从而更科学有效地创新品牌多元化战略。

(二) 梳理多元化的品牌管理架构

均瑶集团的企业品牌战略属于一种混合型的架构模式,可分为企业母品牌、业务品牌、子公司品牌以及产品子品牌的四层结构。所谓企业母品牌,代表的是集团的整体形象,用于展示企业身份,传递集团品牌联想;业务品牌则是按企业主营业务区分,集团母品牌的品牌联想对其强背书;子公司品牌可以根据母子品牌的市场环境以及品牌能力,对其强背书或弱背书,或者打造独立品牌,母品牌不背书;产品品牌则是遵循子公司品牌优势,保留在特定细分市场的占有强势地位的独立品牌(见表 13-5)。

表 13-5 品牌管理架构

层　　级	品牌联想
企业品牌	母品牌
业务品牌	母品牌强背书
子公司品牌	母品牌背书
产品品牌	母品牌背书、独立品牌

均瑶品牌的架构如下表(表 13-6),在四个层面架构上有所特点和不足。

表 13-6　均瑶集团品牌管理架构

企业品牌		均瑶 Juneyao											
业务品牌	无品牌	航空服务业（均瑶航空 无品牌）		现代消费业（均瑶现代　无品牌）					金融服务（均瑶金融 无品牌）		教育服务（均瑶教育 无品牌）	科创服务（均瑶科创　无品牌）	
子公司品牌		吉祥航空 Juneyao（弱背书）	九元航空（无背书）	无锡商业大厦大东方（独立品牌）		均瑶乳业股份有限公司（母品牌）	均瑶如意文化发展有限公司（强背书）	武汉均瑶地产（母品牌）	上海爱建集团（独立品牌）	华瑞银行（独立品牌）	世外教育集团（独立品牌）	均邦新材料（独立品牌）	风寻信息技术（独立品牌）
产品品牌				大东方 东方汽车城（子公司品牌背书）	三凤桥（独立品牌）	味动力（独立品牌）	迪士尼红包贺岁金						I-shanghai；I-guangzhou（独立品牌）

集团母品牌"均瑶"彰显的是企业"百年老店"品牌理念,传递给消费者的是历史感、使命感、信任度的品牌联想;在业务品牌层面上,均瑶目前还未形成相对独立的品牌概念,据均瑶集团品牌部门相关负责人透露,均瑶对业务子品牌采取的是"集团宏观设计,微观自我管理"的办法,最大程度地发挥子品牌的优势和创新力。其制度内容从宏观顶层设计上来设计,不涉及具体业务;这样,在子公司品牌层面,均瑶集团则根据业务区分、市场环境以及品牌能力的特点,以母品牌弱背书或不背书,让子品牌在市场竞争中自我竞争、优胜劣汰,不断调整不断壮大,而不是依附母品牌的"婴儿"品牌,从而增强子品牌的自我独立力;在产品品牌层面,均瑶的产品品牌较注重发挥独立品牌的价值能力,因此,未来需要更多注重独立品牌的品牌个性和品牌文化,力争在细分市场上形成强势地位。

总的来说,均瑶打造了相对清晰的品牌体系架构,未来均瑶也将在整体上不断调整母品牌对子品牌的管理方式,不断寻找开发或并购新品牌时使其融入原先的品牌架构的有效方法。

(三) 打造立体化传播体系

品牌传播要把握 6C 因素,即品牌文化(Culture)、品牌内容管理(Content management)、品牌关系管理(Conelations management)、品牌创新管理(Creative management)、品牌保护管理(Coordinated defense)和品牌资产定位(Capital positioning)。比如可口可乐在品牌传播中注入了个性文化和富有时代特性的核心价值观,迅速在消费者效应上产生了深远的传承性、延展性和感染力,形成了巨大的消费影响力和号召力,这就是品牌文化的传播力。品牌文化在品牌发展过程中一般要经历知名化、美誉化和品牌文化三个阶段,因此,均瑶集团在未来的品牌发展中,需要不断加强品牌文化的建设,无论是在品牌内容管理还是品牌关系管理上,都要加大品牌文化创新的营销力度,通过全新立体的营销战略,深化影响力和美誉度。在信息充分披露和迅速传播的今天,加大品牌保护管理,与各终端客户建立直接沟通,及时了解市场动态,迅速做出反应,将导致品牌危机的因素消灭在萌芽状态,提前预防可能的危机事件,使企业免受品牌危机带来的品牌形象、信誉减损和巨大的经济损失。

我们应以资产管理的方式对品牌传播管理,以长期性的、战略性的、可持续性的竞争优势为目标,以满足消费者需求,对产品带来溢价而增强产品总体效用为主要目的,从而形成品牌自身的成长与扩张,增强品牌的核心竞争力,从而使企业品牌具有持久性,成为真正的“百年老店”。

参考文献:

《均瑶集团发展战略转型升级案例》,均瑶集团内部资料。

张欣瑞:“相关多元化战略下的品牌策略选择研究”,《中国市场》2014 年第 3 期。

柯健:“我国子强母弱型集团公司企业文化整合研究”,西南财经大学 2011 年博士论文。

邵一明:“基于多元化品牌延伸理论研究与实证分析”,南京理工大学 2005 年博士论文。

厉春雷:“多元化集团母子品牌的战略协同”,《发展战略》2013 年第 10 期。

邓敏:“企业多元品牌战略中母子品牌关系模型研究”,《商业经济研究》2015 年第 20 期。

第十四章
梅林：老字号罐头企业的品牌国际化思考

凌　燕

罐头食品是我国的重要出口产品，基本每年出口额保持30亿美元以上，是全国加工食品出口量最大的商品，据2017年工信部消费品工业司发布的《2016年食品工业发展报告》，2016年我国的罐头出口到国外187个国家和地区，其中欧盟、日本等国家仍然是最大出口市场，出口总量达到282.27万吨，出口金额合计为45.76亿美元。①我国已成为世界罐头的主要生产国。但是，罐头行业国际市场的开拓并不代表我国罐头行业的企业品牌在国际上具有竞争力。从英特集团公司（Interbrand Group）发布的"2017年最佳中国品牌"中的食品行业来看，罐头食品企业无一入榜（见表14-1）。罐头企业仍然处于品牌营销中的初级阶段，具有明显的"重市场开拓，轻品牌布局"的特点。

表14-1　2017年中国食品业企业品牌价值

排名	品牌名称	品牌价值（亿元）	增长率（与2016年相比）
13	茅台	31813	31%
21	青岛啤酒	11647	-6%
22	五粮液	11331	3%
30	洋河蓝色经典	6790	5%
33	泸州老窖	6058	2%
35	张裕	5306	-5%
39	伊利	3939	9%
42	海天	3290	3%
44	蒙牛	3105	0%
45	东阿阿胶	2971	4%

资料来源：Interbrand"中国最佳品牌"（2017年）排名报告。

① 工信部消费品工业司：《2016年食品工业发展报告》，2017年。

作为罐头行业的龙头,拥有87年历史、中华老字号商标的"梅林"品牌,是国内最大的食品生产、销售企业之一,跻身《财富》中国500强榜单,在2015年中国品牌价值排行榜上,梅林品牌排名第67位,是唯一入选的罐头行业,被称为中国罐头行业最有价值的品牌,也是中国罐头史上国际国内市场最有知名度的品牌之一。从2017年梅林半年度报告看,梅林实现净利润233327859.62元,营业收入121.76亿元,比去年同期65.77亿元上升85.14%,归属于上市公司股东的净利润27883万元,比去年同期20295万元上升37.39%。

品牌国际化,梅林也可谓是罐头行业的先行者,从第一瓶番茄沙司注入美国空罐销售到2016年收购新西兰最大的肉类加工公司SFF 50%的股权,梅林始终在国际化的道路上上下求索。光明食品集团2017年称要全力支持梅林打造成为具有国际影响力的肉类控股集团。

一、"梅林"品牌的国际化路径

梅林起家于石库门,20世纪20年代末,中国罐头工业冷落萧条,梅林的四位创始人集资数百元,在上海蓝维霭路(今为卢湾区肇周路德祥里78弄13号)唐家湾的一间石库门房子,试制番茄沙司产品,并将番茄沙司装进美国货尔蒙番茄沙司空瓶里,在美国航海青年会里进行试销。试销成功后,几经酝酿磋商,遂以"梅花香自苦寒来"寓意,创立了"梅林"品牌,1930年7月,梅林罐头食品厂诞生,可见"梅林"品牌是在国际市场中声名鹊起的自创品牌。

中国本土品牌的国际化大致可分为几种途径:一是自创品牌战略;二是贴牌战略,即将自身的成本优势与外国企业的品牌优势相结合;三是本土化品牌战略,大多为通过收购当地品牌,从而充分利用其背后的各种资源。从进入国际市场的路径来看,根据难易程度,品牌国际化分为从不发达市场到发达市场模式、从发达市场到不发达市场模式和中间路线模式。

(一)以自主品牌+中间路线国际市场进入模式创品牌

1933年7月16日,梅林罐头食品厂股份有限公司正式成立,并注册梅林金盾商标,在全国范围内掀起的抗日救亡高潮中,梅林顺势而起,在登载注册商标广告时明确写明“生产救国”四个大字。梅林以“著名土产制造罐头食品,抵制舶来品,争取外汇”19字为宗旨,指导公司生产经营。“土产制造”梅林罐头,将“提品质、增品种、创品牌”作为深耕本土品牌的主要战略,远销海外。

1. 提品质,落实原料来源。企业的生命在于品质的坚守,品质是铸造品牌的基石。梅林创始人大多是西菜业及各大饭店的合伙承包主持人和西菜社的厨师,他们知晓国货罐头产品无法与国外产品竞争的原因之一就是品质不佳,采购原料方式相当原始落后,大多只通过小菜场,常常是老板当天到菜场看准原料,然后用电话告知工厂,决定今天的生产任务,工人当即七手八脚把几张操作台因需拼合,等原料一到才开工忙碌,这使得生产出来的产品质量既不稳定又很粗糙,且品种有限,口味单一,无法与舶来品竞争。

要与舶来品竞争,梅林首先从原料采购入手,向近郊承租耕地,派专人负责,雇佣农民、种植青豆、番茄。当时共计三处:一为浦东高桥沙,占地120亩;二为吴淞沙,占地100亩;三为七宝,占地100亩。与此同时,梅林的青豆种子还特地从美国购来,番茄等原料在国内向乡间租田耕地,马口铁、铝皮、药材等由洋行代向英、美两国采购。

2. 增品种,不断开发新产品。梅林在番茄沙司试制成功后,根据市场需要,不仅开发了青豆、刀豆产品,还根据市场需要,试验罐头蘑菇。其菌种由法国引进,在吴淞、七宝等地栽培,制成的罐头蘑菇色白、口味鲜美,可与法国罐头蘑菇媲美,价格却低廉许多,由此大批生产,大获盈利。同时还试制和生产菠萝蜜罐头,销路甚佳。到后来,梅林的产品日趋繁多,番茄沙司、青豆、辣酱油、甜玉米、青刀豆、樱桃、橘子、生梨、枇杷、杨梅、酸黄瓜、花菜、雪菜、鲜笋、红烧牛肉、红烧鸡、凤尾鱼及各种果子酱罐头,直至发酵粉之类。

当时美国有一款名为DUNIONTE牌的番茄沙司,每年销往中国达2—3万箱,还有法国青豆、蘑菇大量运入,梅林抱定“提倡国货,发展农产品”的信念与之抗衡,不断试制新产品,并以价廉物美的优势压倒洋货,不到一二年,这些洋货的销量均被梅林公司取而代之,舶来品的输入已不及梅林的1/10。上海各大西菜社、各食品店，皆以梅林产品居多，外埠直至长江流域及两广各口岸，梅林产品所到之处，声誉鹊起。

3. 创品牌，注册盾牌商标。品牌创建的前提是商标注册，梅林的创始人们深谙商标的作用，更领略品牌的优势，所以从一开始，他们就有着强烈的商标意识：要走自己的路，创自己的业，就必须要有自己的品牌，要立足社会，享誉国际，就必须顺应历史的潮流，生产出与洋货抗争的上乘质量的产品。无形的品牌与有形的商品一样，代表着公司的信誉和形象，品牌的知名度在一定程度上能反映出公司在市场上竞争力的水平和能力。

1933 年 8 月，梅林公司申请注册“金盾”商标，44 类肉类罐头及肉食品。1933 年 8 月，经民国政府实业部商标局统一注册发给注册证。

梅林“金盾牌”商标外形是一个金色的盾，里面由罗马文 MALING（梅林）和英文 THE BEST QUALITY（最好的品质）组成。立意明白：金色——最好的；盾牌——牢不可破。取名金盾牌，除了表示金光闪闪的盾牌坚固有力，无人能攻破外，更深的涵义是：中华民族正遭受外族入侵，洋货充斥中国市场，脆弱的中国民族工业难有喘息机会……梅林产品决意像金盾那样抵挡外国货于国门之外。

1933 年 9 月 9 日梅林公司在上海《新闻报》头版刊登“梅林金盾牌”注册商标广告，以“梅林罐头食品公司”为醒目标题，公告于众，声明梅林金盾商标业已注册，并正式对外使用。同时在《申报》等处刊登了类似广告，以昭示全国各界。

经商标局审定，梅林公司先后获取注册证 23198、23199、23197、23239、5774、39171 号及审定书稿第 31695 号，商标名“MA LING”及“金盾牌”等证书。至 1949 年解放前，先后注册使用的商标有“金盾牌”、“盾牌”、“蓝牌”、“梅林牌”，其图形均为盾牌，上有外文“MA LING”及“THE BEST QUALITY”字样。使用商品：水果类、蔬菜类、鱼禽类、兽肉类、果酱类、汤类、调味品类、乳品类。从商品目录中可看出，梅林厂的商品在 1938 年以及前一阶段，已全部使用注册商标，且外销的品种已达 126 个之多。

从梅林海外市场的进入方式来看，梅林是首先进入中等发达国家市场，在该市场上获得市场经验后再迅速进入发达国家。20 世纪 30 年代,梅林看到了海外华侨在中国局势内忧外患中对祖国的眷恋,在经常收到海外侨胞的来信后,梅林决定制造罐头远销国外。梅林以国内著名土特产原辅材料,用传统的烹调技艺,配以西方的罐装工艺技术,研制成家乡风味的罐头,如梅林豆瓣酱、辣酱油、虾子乳腐等罐头食品试销海外,在东南亚地区,深受侨胞欢迎。产品在新加坡、菲律宾、印度等地均有大量输出;并在新加坡、南洋群岛等地设立代理行,宣传、广告家乡风味的罐头。产品还远销美国、荷兰、瑞士等欧美国家。业务不断扩大,主要热销产品有红烧扣肉、红焖牛肉、油焖笋、凤尾鱼、四鲜烤麸等。销售量迅速增加。1933 年登记注册生产数据显示,梅林公司当年产量已达 7200 箱(包括外销)。据华侨银行 1936 年 8 月的调查报告记载:梅林公司 1934 年的产值达 32 万元,销售额达 24 万元。外侨当地的报纸曾报道梅林产品"……商洋销路亦愈扩大,是以该公司出口畅销国内外,造成华商制造罐头食品中光荣之一页"。

梅林罐头在国际市场上赢得良好声誉。梅林公司乘势积极收集反馈信息,按需生产,将市场空间拓展到欧美国家。像美国客商需要一种七磅的清水荸荠作配料用,立马派专人生产,并以此换取美国的马口铁;英国人欢喜吃糖水橘子,就扩大生产,加速运转。据梅林公司记载:1937 年 12 月 9 日,由加拿大皇后轮装马蹄 300 箱运往美国纽约;1940 年—1941 年 5 月运往美国的梅林罐头共计 15637 箱;1940 年 4 月 25 日,运往芝加哥鲜笋 600 箱,每箱 24 听,每听 2 磅装。梅林公司 1938 年的商品目录表显示,当时生产外销的产品已规范地划类分项,共达 126 种,分为七个大类:鱼肉类、水果类、鸡鸭类、菜蔬类、酱油类、果酱类、发粉类,此外还有瓶装类。对美国客户 KUNGSENTRADICTCO (CHICAGAO)的出口:1940 年 11 月 23 日马蹄 2000 箱;1941 年 4 月 22 日,笋 1000 箱;1941 年 4 月 30 日,马蹄 1000 箱。

(二) 海外并购品牌,整合上下游产业链

1997 年,由上海梅林食品有限公司、上海梅林泰康食品有限公司和上海梅林罐头食品厂有限公司三家控股企业组建了上海梅林正广和(集团)有限

公司。2000年上海梅林投资组建并控股三家子公司,并在产品销售上进行了革新,采用“85818”的电话网和互联网相结合的方式,初步形成了以上海为中心并覆盖全国主要大城市的网络体系。2006年,上海梅林跨出国门,投资捷克,设立了罐头生产加工基地,组建了上海梅林(捷克)有限公司(后文均简称为捷克梅林),主营罐头食品加工、销售等,上海梅林对其持股70%。2008年捷克梅林正式投产,除了上海梅林的传统生产工艺以外,原材料和食品检测都是欧洲当地提供,因此产品被许多经销商看好,受到国外消费者信赖,能够进一步发挥捷克梅林基地优势,发展国际高端产品市场。这成为了光明食品集团有限公司推进全球战略“走出去”的一个标志性项目,该项目可谓是标志着梅林品牌突破向欧盟及北美地区出口受限的贸易壁垒,是梅林品牌国际化的又一个新的里程碑。2009年公司整合产业链,开始向肉类罐头的上游产业—生猪养殖屠宰业拓展。此外,共研发了63项新产品,申请专利14项,其中发明专利2项。2010年,公司内部一共改造了23项科技项目,包括生产设备、环保设施等项目,有20名技术工人获得国家罐头加工高级工证书。在国外市场上,公司根据差异化的市场需求,采取分档次分地区的方法,推出MALING B2的340G方罐全开盖系列产品进军国际市场。正是之前梅林公司打下良好基础,才让公司在2011获得上海市“中华老字号”称号。

梅林公司的品牌跨国战略并不是一帆风顺的,截至2015年12月31日(未经审计),捷克梅林资产总额人民币8530万元,负债总额为17439万元,净资产-8909万元,2015年全年亏损3452万元。截至2015年12月31日,上海梅林还在为捷克梅林向银行借款1800万美元提供担保。《证券时报》记者注意到,上海梅林2015年前三季度实现归属于母公司净利润1.09亿元,同比下降14.92%,扣除非经常性损益后实现归母公司净利润9456万元,同比下降11.87%,对捷克梅林的1800万美元借款担保,几乎将公司前三季度净利润全部冲刷掉。[①]2016年,由于无力偿还到期债务,上海梅林(捷克)有限公司正式进入破产清算。即使这样,梅林公司也没有放弃品牌跨国战略。同年收购

① 梅双:“上海梅林子公司频繁‘坑爹’扩张战略收效欠佳”,证券时报网2016年2月7日。

新西兰银蕨农场牛肉有限公司50%的股权,该项目已经于2016年12月6日完成交割,2016年通过并表直接为上市公司贡献收入9亿元和利润297万。作为光明集团下属肉类资产的上市平台,光明集团一直试图将上海梅林品牌定位为打造成为集牛羊肉资源、屠宰、加工、批发、零售为一体的综合性肉类专业平台。通过银蕨可以获得新西兰25%以上的稳定的、优质的牛羊肉供应,从而满足公司自有牛肉加工企业上海联豪的需求。2016年,联豪全年实现营收6.3亿和净利润5017万元,同比分别增长50%和270%,增长趋势非常快。未来,公司将力争联豪成为中国家庭牛排的标杆企业,银蕨逐步加大深加工及自有品牌产品的销售比例、深耕中国等细分市场。

2017年,是梅林完成海外重大资产重组并购项目后的开局之年,同时也是加快推进肉业产业建设的关键之年。梅林提出了"14446"的发展举措,即把握"一个主基调",坚持"四个一"理念,实施"四个调整",做好"四个布局",做强"六大实体"。在光明集团国际化的版图中,上海梅林已被确定为"国内的资源控制转向国外资源控制"。上海梅林高管曾公开表示,未来三年,海外市场仍是上海梅林的重点。

二、"梅林"品牌的国际竞争力要素

(一)品牌聚焦肉食品主业

事实上,自2015年启动资产重组以来,梅林品牌将主业聚焦到肉食品,推出的一系列工作,包括收购新西兰最大的牛羊肉企业——银蕨农场公司,出售饲料与肉牛养殖业务,以及先后启动对湖北梅林、荣成梅林、重庆梅林、捷克梅林4家亏损企业的清理工作等都是在对品牌向精细化方向发展。

根据我们的调研,梅林食品大多数是农产品加工,跟上游产业如养殖业、种植业等有着密切的关系,国内普遍上游产业在生产设备和标准上较之国外落后,无法与国外相抗衡,这在很大程度上影响到食品加工业,梅林凭借对银蕨公司的成功收购,一定程度上解决了这一问题,并使得梅林品牌迅速成为中国牛羊肉综合产业的龙头企业。根据上海梅林2017年半年报,今年上半年实现营业收入121.76亿元，同比增长85.14%。上海梅林指出，营业收入比上年同期增加主要是当期新增新西兰银蕨公司营收并表因素。

据了解，2016年上海梅林一直高度聚焦肉类主业发展的战略顶层设计路线，形成了从生猪养殖、屠宰到深加工的完整产业链。在上游，依托江苏梅林畜牧养殖和爱森自有养殖基地，发展生猪畜牧养殖；在中游，依托爱森和苏食肉品及联豪加工，进行猪肉和牛肉产品的精深加工；在下游，依托爱森优选、苏食肉品批零兼营及联豪线上线下等多维度的营销网络和渠道，开展肉类食品的大发展和大营销工作。

进入2017年，完成海外重大资产重组并购项目后，上海梅林更是加快推进了肉业产业的建设。上海梅林在2016年年报中就经营计划提出，2017年公司计划实现营业收入220亿元。根据其2017年三季报，当年1—9月，公司实现营业收入168.82亿元，比上年同期增长73.51%。上海梅林还曾公开表示，通过出售饲料和肉牛养殖业务资产获得的资金，将有助于上海梅林集中发展肉类主营业务和生猪产业链的各项业务。①

（二）品牌营销策略适应国内外市场

2017年，梅林通过"抓思路、抓调研、抓推进、抓落实"四个抓手，细化发展新目标。

1. 精心组织拓市场，企业运营质量有新提升。一是加大市场研究，做好淡旺季营销。2017年以来，股份公司所属各单位用心研究市场，加强广告宣传，做好产品路演，采取多样化营销手段，全力做好淡旺季营销，做到"旺季取利，淡季取势"。二是推进科技创新工作，加大新品研发力度。上半年股份公司所属企业上市新品包括肉制品、烘焙产品、糖果等共有62项，储备的有47项。组织开展"创新品、赢新境、启新程"新品主题活动，筛选出系列产品确定为2017年主推新品。三是大力培育电子商务，实施线上线下联动发展。

2. 加强渠道深耕，终端渠道转型有新起色。坚持"渠道为王"理念，适应

---

① 黄付生、王学谦："上海梅林点评报告：开启猪牛肉双轮驱动，无损业务清理加速"，东方财富网2017年5月4日。

终端渠道多元化的发展趋势,加强对终端市场的深耕。品牌企业在加强自营店建设的同时,积极拓展加盟店等其他终端销售形式。

3. 凝聚合力稳推进,确保重组企业重点项目有新成效。公司稳步推进饲料板块和肉牛养殖板块剥离重组工作。成立工作小组,重点对贸易、诉讼、大额应收账款等进行核查和处理。同时,股份公司今年各项重点项目也按计划有序推进。

4. 统筹安排有侧重,银蕨中国计划有新进展。畅通与新西兰银蕨管理层沟通机制,银蕨投后管理逐步进入正常化轨道。同时,稳步推进银蕨中国新公司筹备工作,基本形成可研报告,初步确定中国公司组织架构、业务框架、通路渠道等。做好牛羊肉业务内外协同工作,一方面协同新西兰银蕨,积极开发适合中国市场的定制小包装新产品;另一方面协同梅林、爱森、联豪、苏食等内部企业,开展业务和渠道资源的对接。

5. 坚持扭亏治亏,亏损企业治理有新突破。继续推进湖北梅林、荣成梅林、重庆梅林、捷克梅林的清理工作。现已完成重庆梅林审计和评估报告的国资备案、联交所的预挂牌工作。其他几家企业也基本完成资产的处置方案,及时堵住亏损企业的"出血点"。①

(三) 科技研发提升核心竞争力

品牌的市场价值的体现往往建立在产品的内在价值基础之上,其支撑的要素包括产品的品种、品质以及售后服务等,其中技术创新是开发新产品或开发产品新用途、提高产品综合质量和提升效率的重要基础,是提高品牌市场竞争力的重要指标。梅林曾经技术领先世界水平,在 20 世纪的国际市场上,梅林的技术革新仍然是重要因素之一。

1. 空罐技术一直领先国内水平。50 年代末,空罐爆节问题一直是罐装技术的拦路虎。梅林反复试验、独辟蹊径,提出在踏平前先涂头道焊锡药水的合理化建议,实施后获得成功,解决了爆节问题。60 年代初,梅林又再一次革新

---

① "上海梅林 2017 年半年度报告摘要",东方财富网 2017 年 8 月 31 日。

成功手工操作的滚筒焊锡机,结束了手持烙铁焊锡的原始方式,生产效率由每人每小时焊 100 只提高到每人每小时焊 600 只,使空罐的产量和质量都有了很大进步。此外,梅林将各工序用运输带连接起来,率先实现了罐身生产半自动化流水生产线。70 年代,将原食品印铁厂引进的西德 KRUPP 制罐线调入梅林,是继 1964 年从意大利引进方罐生产线后的又一条自动生产线。到了 80 年代,梅林又配合上海食品工业印铁厂试制成功火腿专用涂料——S832 铝粉涂料,结束了火腿空罐搪料的落后操作。到现今,梅林空罐技术与世界制罐行业的技术水平接近,甚至部分罐型的生产设备和产品质量已经达到了当代国际水平。

2. 实罐试制新产品曾广受国际市场欢迎。1953 年,抗美援朝结束后,梅林公司开始对苏联和其他东欧国家销售产品,品种不断扩大,当时的出口产品有:清蒸猪肉、原汁猪肉、酸黄瓜……产品品种的不断研发,相应的罐头技术也要跟进,由此,梅林专门成立了新产品试制生产小组,针对罐装出现的质量问题,组织以技术副厂长为首的技术小组,对症下药,最终研制创新实罐技术,保证了出口产量。1957 年,工厂出口产量达 4519 吨,占总产量的 85.89%。

随着产量的逐年上升,品种日趋繁多,技术条件初步完善,60 年代梅林产品又开始向港澳地区出口。1959 年梅林公司学习大饭店的传统名点名菜,试制生产八宝饭、回锅肉、酱爆肉丁等品种,还生产了梅林传统的红烧扣肉、红烧排骨等,并试制成功宴会罐头,用于驻外使馆宴请外宾,曾得到西哈努克亲王好评。1964 年,梅林罐头产量达 7397.32 吨,其中出口占 94.06%。1968 年,梅林厂罐头产量突破万吨;1972 年出口产量超过万吨;1973 年,罐头产量又突破 1.5 万吨;1974 年,罐头产量达 1.7 万吨,产量年年递增。

3. 当今技术研发略显不足。我们曾调研梅林公司,发现梅林在科技研发方面不足,这是梅林公司品牌建设核心竞争力的一个主要短板。主要表现在:第一,品种几乎没什么变化,即使研发及推广了几款新产品,但是反响很一般,并没有达到预期的效果。究其原因有以下几点:(1)近几年,由于原材料、劳动力和资本等一系列生产要素的成本不断攀升,导致梅林企业会将更多的资金投入到生产要素上,从而减少在产品研发上的投入。(2)对其他食品市场关注度不够,如水果、婴幼儿食品等这些具有很大消费量及市场潜力的产品,梅林企业一直缺乏战略规划。(3)原本梅林大部分罐头用于出口,在新产品的研发上也应多汲取国外的经验。但由于梅林企业体制上的各种因素,导致梅林企业领导与国外交流畅通不甚理想,因此在新产品的研发上不能得到更加有效的建议。此外,据调研发现,以前承担着国外情报收集的情报所关闭,导致研发新产品的前期准备材料更加少之又少。

三、"梅林"品牌国际化思考

品牌国际化是国际化经营的高级阶段,梅林在整合国内外资源的同时,要根据研发、生产、销售制定相应的国际战略,同时还要不断增强民族品牌的品牌意识,构建独自的国际化整体战略。国际化战略还是一个循序渐进的过程,我们看日本企业的国际化发展,是在"经过了出口贸易—设立海外机构、海外建厂—全球化运作等阶段,从纺织纤维、家电、汽车到半导体行业,由劳动密集型技术向资本密集型高科技方向转变,投资规模由小到大"①后逐渐实现了企业的国际化历程,成为国际知名品牌。

1. 企业品牌国际化更应聚焦品牌的竞争优势。从我国企业的发展历程来看,许多企业在做大做强的过程中采取了多元化战略。但是,在国际化竞争中,多元化经营由于对绩效影响的不确定性,使得企业在国际竞争中资源分散,管理难度增加,管理效率下降,从而非但不能实现多元化经营带来的效益,更使得企业丧失了原有的专业化竞争优势。企业国际化经营,首先需要确定的是主攻方向,因此应集中精力发展企业品牌的强项,从而确立品牌在国际市场上的竞争优势。

2016 年梅林在国企改革的大背景下,积极聚焦肉及肉制品行业,收购了新西兰最大的牛羊鹿肉加工企业 SFF,迅速成为了中国最大的牛羊肉综合加工企业。这是基于上海梅林在战略发展中的清晰定位,企业看到了肉类行业

---

① 韩中和:《中国企业品牌国际化实证研究》,复旦大学出版社 2014 年版,第 135 页。

空间的巨大，具有超万亿的市场规模，且目前行业集中度非常低，将梅林的发展聚焦为猪肉和牛肉两大全产业链。据新闻报道，梅林入主 SFF，是 SFF 品质和价格优势与梅林的品牌和渠道优势的互补。“SFF 在新西兰屠宰业中市场份额第一，牛肉年屠宰量在超 120 万头，产量 16 万吨，收购完成后至少为梅林贡献 2 万吨进口肉。SFF 在上游肉源和屠宰领域具有巨大优势，下游将走联豪和银蕨双品牌路线，利用梅林自有渠道（爱森和苏食）以及背后光明集团的渠道铺货快速占领市场。”①其二，梅林入主 SFF，加速剥离亏损企业，聚焦肉类主业。“今年以来梅林已经关停 4 家效益较差的下属企业，去年累计拖累梅林利润约 7000 万，明年梅林将轻装上阵，专注于肉类主业；受益于猪周期，生猪养殖成为今年主要利润贡献点，目前 100 万头的养殖规模有望进一步扩大；联豪牛肉持续发力，上半年同比增速近 60%，同时净利率升高至 6.6%，未来有望成为国内中高端家庭牛排第一品牌。肉类消费升级替代猪肉，增速近 20%，进口牛肉市场空间约 4000 亿。国内牛肉人均年消费 7.5 kg，低于 10 kg 世界平均水平。国内牛肉供给不足，走私猖獗。国家开始降低进口关税、打击进口，正规渠道的进口牛肉将迎来春天。”②

2. 在国际竞争中提升动态能力。“国际化经营不只是向海外市场销售产品、获取利润，而是作为获取和提升动态能力的重要途径，品牌国际化的目标应是在全球范围内构筑企业自身动态能力，以此来发展和维系其持续竞争优势。”③历史上梅林的几次成功，都在于不断的创新和提升品牌差异化的能力，无论是技术创新、产品创新还是运营模式创新，梅林总是先行先试，引进国际人才，研制出领先国内水平的产品。

3. 整合产业链，提升品牌竞争力和影响力。梅林公司整合产业链发展，大部分肉类产业已经实现产业链化，生猪养殖业务拥有饲料加工、生猪育种、商品猪饲养等完整生猪养殖产业链，牛羊肉业务通过“冷链生产、冷链配送、冷链销售、连锁经营”模式加快布局。公司肉类产品在全球已经具备一定的竞争力

---

①② “上海梅林：收购 SFF 终获批，牛肉巨头将起航”，腾讯财经 2016 年 9 月 21 日。

③ 韩中和：《中国企业品牌国际化实证研究》，复旦大学出版社 2014 年版，第 201 页。

和影响力。

4. 提高企业品牌创新能力,坚持“优质优价”原则。梅林在过去之所以能抗争国外产品,很大一部分原因也是归功于梅林“物美价廉”的市场营销优势,但是,随着当下经济竞争结构的变化,“物美价廉”对企业的品牌建立出现了“弊大于优”的缺陷,尤其是品牌进入国际化阶段后,采取这种物价定位,对于全球知名品牌的目标消费群而言并不一定有吸引力,长期实行低价策略还会得不偿失,对企业国际品牌建立产生深远的消极影响,尤其是代表着民族形象的中华老字号品牌的全球定位更是有害而无一利的。我们看20世纪六七十年代的日本家电企业还有80年代的韩国企业,在国际化进程中,都曾经采取了“物美价廉”的战略去攻占国际市场,但是收到了欧美国家的反倾销诉讼,后来这些企业转变了销售模式,通过实施优质高价提升品牌形象,才逐渐摆脱了发展困境从而实现了新的飞跃。在实施有质高价的品牌形象提升工作中,品牌创新能力是动因。但反观梅林最近几年,其创新力有所下降。上海梅林高层曾表示梅林目前的短板是研发创新不足。因此,企业在寻求与海外企业合作或形成战略联盟的同时,还要积极投入研发,可在国外设置研究中心或研发机构,广泛培养和吸引国际人才,突破发展的瓶颈。

梅林的发展史是中华老字号民族企业发展的浓缩史,梅林品牌在国际化道路上的探索与创新更是民族品牌又一次的振兴发展,其任重而道远。

参考文献:

《2016年食品工业发展报告》,工信部消费品工业司,2017。

上海梅林正广和股份有限公司:2016年年度报告摘要(内部资料),2017。

上海梅林罐头食品厂编:梅林春秋(内部资料)。

韩中和:“中国企业品牌国际化实证研究”,复旦大学出版社2014年版。

“上海梅林:收购SFF终获批,牛肉巨头将起航”,腾讯财经2016年9月21日。

梅双:“上海梅林子公司频繁‘坑爹’扩张战略收效欠佳”,证券时报网2016年2月7日。

黄付生、王学谦:“上海梅林点评报告:开启猪牛肉双轮驱动,无损业务清理加速”,东方财富网2017年5月4日。

第十五章
融氏：以品类打造高端食用油“第一品牌”

凌 燕

随着品牌价值的日益凸显，品牌战略成为企业核心战略之一。20世纪70年代初，世界著名营销战略家阿尔·里斯提出了市场定位(Positioing)理论，“针对潜在顾客的心理采取行动，将产品在潜在顾客的心目中确定一个适当的位置，得到有利的地位”。这是从消费者角度分析品牌与消费者购买行为关系的市场定位学，其真谛是“攻心为上”，即将消费者心灵定为品牌营销的终级战场。2004年，在品牌市场定位的理论基础上，阿尔·里斯又推出了打造品牌的定义之作《品牌之源》，揭示了隐藏在品牌背后的关键力量——品类。他将达尔文《物种起源》中的“分化的力量”作为企业品牌竞争中的一项重要原则，提出品类的分化与进化是推动产品进化、创造新品类的内在力量，“创造一个品牌”首先要“占领一个品类”。①

所谓品类，即是指购物者认为是相关联的或者可以相互替代的、易于一起管理的一类产品，它是满足消费者某种需求的某类产品总和。②品类的建立，指的是有意识地创造开发出一种新的、具有鲜明个性的产品类别，这种产品正好能满足或唤起消费者的需求，从而开辟一个新的消费市场，成为市场上的“第一”企业。这种以品类导向实施的品牌战略是从“品牌形象定位”向“品牌代表的品类”的转变，强调的是品牌价值中消费者心智所代表的品类价值的重要性。

上海融氏企业有限公司，1987年喊出“敢为天下先”的口号，在上海成立了第一家玉米油的高科技技术企业，高起点、大规模引进国际设备和技术，并凭借来自光照条件优越、洁净河水自然灌溉、生态环境极佳的黄金玉米带原料，推出了融氏纯玉米胚芽油，在国内开创了玉米胚芽油品牌的先河，成为16

① 阿尔·里斯、劳拉·里斯：《品牌之源》，机械工业出版社2013年版。
② 百度文库。

年来上海销量第一的食用油行业企业,在品牌市场营销中,可谓在推行品类创新品牌战略中的一例典范。

一、 融氏品牌的定位法则:补缺定位法,锁定高端市场

食用油行业的市场竞争从20世纪80年代开始就呈现出一种白炽化的状态,价格之战的后果是许多中小企业倒闭或被并购,食用油行业的市场竞争逐渐形成了以中粮集团和嘉里粮油的两家独大的“寡头经济”局面。到了90年代初,随着色拉油品类进入人们的视野后,食用油行业的竞争开始逐渐从单纯的价格之战向品类之争转向。品牌营销的关注点也从产品本身向消费者视角转变。由于色拉油品类虽然具有加热不起泡、不冒烟、无色无味、价格低的特点,但是其有一个很大的痛点,就是没有油香味,不符合中国人口味,抓住这个痛点,1990年,嘉里粮油(中国)有限公司旗下的金龙鱼便将花生油、芝麻油等同菜籽色拉油混合起来,以调和油品类推入中国市场,深受市场青睐,从而也由此开启了国内食用油就从毛油时代进入到色拉油调和油的时代。1995年,福临门品牌强势进入市场,调和油的竞争格局又形成了金龙鱼与福临门的对峙,在调和油品类的竞争中,两家又回到了传统的价格之争的局面上。之后,1998年,鲁花牌花生油新品类进入市场,迅速占领花生油品类高地,继而成为了继金龙鱼、福临门之后的第三个全国性食用油品牌。至今,在整个食用油市场上,金龙鱼、福临门、鲁花三家的占有率高达60%以上。同时,高端食用油市场也逐步被几大品牌抢占,2001年金龙鱼斥资亿元推出玉米油,随后福临门、西王、长寿花也进军玉米油市场,整个市场份额被占80%以上。在这样的市场“瓜分”形势下,作为一家年轻的民营企业,上海融氏独树一帜,与众不同,捷径是什么?

“运用商业中的营销定位(Positioning)概念,开创融氏一种新的营销思维和理念”,这是融氏高层的决定,聚集品类,找出消费者心智需求,剥丝抽茧,顺势而为,借力打力是融氏玉米油品牌定位的关键。

(一) 抓住大环境重新洗牌的机遇,找准市场“痛点”

玉米油在几大油种中是营养价值较高的油种之一,其营养性、口味性、摄

入性，是传统的大豆油、菜籽油无法满足的，近年来，中国玉米油发展迅猛，从产量到规模，都保持着快速发展的态势，成为玉米油生产量最大的国家。

与此同时，国内玉米油的市场竞争非常激烈，“品牌看金龙鱼、规模看福临门、绩效看西王”，福临门和金龙鱼占了大部分市场份额，西王、长寿花也意欲在玉米油市场上分一杯羹。除了食用油实行新标准外，食品质量安全市场准入和转基因标识制度也进一步加剧食用油行业的优胜劣汰。玉米油行业重新洗牌已成定局，小包装油将逐渐扩大市场并最后取代散装油而成为玉米油市场的主力，已成为不争的事实。

金龙鱼、福临门两大品牌虽然抢占了玉米油高端市场的大部分份额，但是市场份额不等于就是高品牌价值。金龙鱼和福临门一直以来采取的是大众品牌形象的经营方向，品牌消费群体更多是中低端市场，其价格战打法也已成为常态，因此，对于高端市场的认知并不十分充分，再加上两家一直以来争销量第一，相互牵制，向高端发力的劲头不足。而西王和长寿花，虽有两家有发动高端的趋势，但出于竞争和上市增长压力，是很难果断放弃现有的市场的。换句话说就是，尽管国内几大品牌相继抢滩玉米油市场，但是作为高端食用油的品牌格局中还未出现主导品牌，在四大品牌中玉米油行业属于相对较弱的领域。与此同时，由于几大品牌以其资源优势，将整个行业拉入价格战之中，包括玉米油品类，主销价格也日渐走低，因此产品品质难以升级，无法顺应当前消费升级的需求和趋势。融氏抓住高端市场的这一痛点，牢牢将融氏品牌定位为“高端第一”，并制定了三步“第一品牌”战略目标：第一步是成为上海高端玉米油第一品牌；第二步是成为长三角高端食用油第一品牌；第三步是成为中国健康食用油第一品牌。

自成立以来，融氏的确创下了多个第一：

1987 年成立，成为第一家全国玉米胚芽油的品牌；

2001 年 2 月融氏玉米油首家进入标超、超卖销售；

2002 年首家公开承诺非转基因食用油；

2009 年 1 月首家涉足电商渠道的国内食用油品牌；

2010 年首家通过绿色食品认证玉米胚芽油品牌；

2011 年 4 月首登陆电视购物的国内食用油品牌；

2012 年中国绿色食品博览会畅销产品奖;

2004—2008 年连续 5 年上海销量第一;

2005—2016 年连续 4 次评为上海市著名商标;

2005—2016 年连续 6 次评为上海市名牌;

2010—2016 年连续 3 次评为上海放心粮油;

2010—2016 年连续 7 年荣获网购首选金品;

2014 年上半年官方权威发布:全国食用油品牌健康度融氏排名第一,其中产品好评度远高于其他竞争对手,以绝对优势跻身前 10 大品牌;

第七届 IEOE 北京国际食用油产业博览会金奖、油脂装备金奖;

2016 年粮油全产业链助力"健康中国"展览会健康油脂金奖;

2016 年天猫"双 11"食用油产品榜斩获玉米胚芽油品类支付件数第一。

(二) 采取自上而下的战略规划体系，确保定位实施精准有效

融氏在品牌战略制定过程中,实行的是自上而下的战略规划体系,是在董事会领导下设立战略发展委员会,下设管理部和由各职能部门参与的七个职能战略小组(见图 15-1),从而能有效确保品牌战略制定的系统性和战略规划的有效实施。

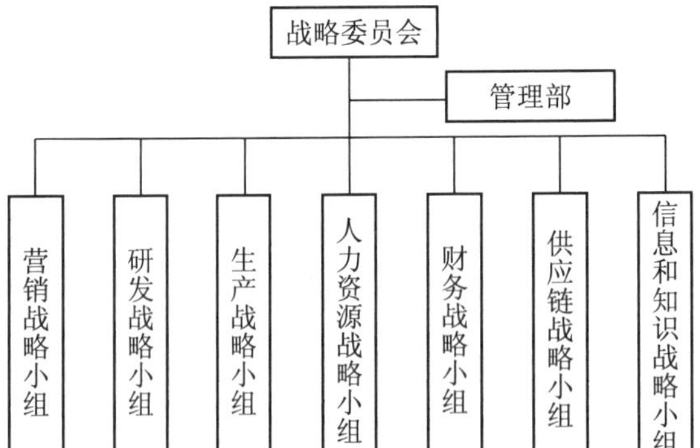

图 15-1　公司战略管理机构图

在战略规划中,战略委员会的管理部统筹各个职能部门,对各种关键因素

的识别采取各职能分工负责制，通过各种渠道，收集与企业经营相关的数据和信息，并采用有效的分析工具，对数据和信息进行分析（见表 15-1）。

表 15-1　融氏公司关键数据信息收集及分析

分析层面	数据和信息类别	收集部门	来　源	主要内容
外部分析	顾客和市场的需求、期望以及机会	内贸部、外贸部	客户满意调查、各途径交流反馈	顾客需求反馈，顾客建议，顾客期望，包括质量、成本、工期、服务等
	竞争环境及竞争能力	各相关职能部门	内外部调研分析、行业协会、咨询机构	行业规定，公司核心竞争能力和不足之处，市场环境变化、竞争对手及标杆企业分析等
	影响产品、服务及运营方式的重要创新或变化	内贸部、外贸部、技术开发部、供应部	内外部调研分析	市场开拓和服务的手段及内容，公司信誉、服务、资金、创新方面优劣势，竞争对手数量、新增市场等
	经济、社会、道德、法律法规以及其他方面的潜在风险	高管层及职能部门	主管部门、行业协会、国家统计局、网络、期刊等	财务风险、法律风险（合同、土地，规划，环保、民工权益）等
	国内外经济形势的变化	高管层及职能部门	主管部门、行业协会、国家统计局、网络、期刊等	国民经济增长，区域市场发展，中部崛起、工业立市等；技术创新政策，支持中小企业发展政策
内部分析	资源重新配置到优先考虑的产品、服务和领域的机会	内贸部、外贸部、技术开发部	行业协会、咨询机构、网站反馈	市场网络资源，资金，技术实力，设备水平以及资源配置等
	人力资源和其他资源方面的优势和劣势	人事行政部、工程环保部、财务部、信息中心、管理部	内部调研分析	人员结构，岗位管理，员工满意度，员工流失率等
	组织特有影响经营因素	高管层及职能部门	内部调研分析	企业供应链、产品、生产、技术、品牌、质量保证、财务、人力等
	可持续发展的要求和相关因素	高管层及职能部门	内外部调研分析、行业协会、咨询机构	宏观环境、市场状况、行业分析、竞争分析、企业内部分析等

通过各职能部门收集的数据和信息，进行初步整理后上报公司高层领导，高层领导采用头脑风暴法、专家法等不同方法，通过集中—分散—集中的方式，筛选数据、确定信息，运用 SWOT 分析模型进行数据分析。从与使命、愿景、价值观和方针的一致性、内外部环境条件的适应性、竞争优势、绩效提高、可行性、可接受性及战略预案等方面，在产品开发、成本控制、人才优化、顾客

管理能力、绩效模式等确定战略方案的优先顺序,明确战略定位,将重点市场作为开拓着力点,经济增长方式由生产加工型向技术研发型转变。

比如,2016年,融氏结合公司快速发展、做大做强的总体要求,董事会对2016—2018年总体战略及战略目标进行修订,并基于长期发展方向,展望了2020年的绩效目标。主要包括:(1)锁定核心业务:自主创新、专一化生产经营中高档玉米油业务,打造中国最优秀的玉米油企业。(2)总体战略(2016—2018年战略期):以"保增长,促发展,调结构,上水平,增活力,提效益"为指导方针,成为上海玉米油行业排名第一,国内玉米油产业领域享有较高知名度的国际先进企业。

(三)充分利用品类特性,通过品类化实现品牌化

从消费者购买心理来讲,选择品牌之前一定要考虑购买哪一类产品来满足自己的功能需要。美国著名管理专家凯勒(Kelley, 1998)指出,所有品牌都具有类似的联想和差异的联想,其中类似的联想是指品牌所属品类的基本特性。尽管从表面上看,消费者在做出购买决策时往往指定的是某个品牌,但实际上消费者需要的是该品牌所代表的品类。就像我们想喝可乐的时候,首先想到的是可口可乐品牌或者百事可乐品牌;想吃口香糖的时候,潜意识会联想到"绿箭"这个品牌;想买运动服装的时候,"阿迪达斯"和"耐克"品牌会第一时间跳出来一样,真正引起消费者购买欲望并推动其做出购买决策的并非品牌本身,而是品牌背后所代表的品类。消费者首先决定其所需要购买的品类,然后才会在心智中挖掘该品类的代表性品牌。这种认知行为,消费者行为学家称为"用品类思考,用品牌表达"。美国心理学家乔治·米勒(George Armitage Miller)对这种认知行为进行分析,指出:"消费者心智处理信息的通常方式,是把信息归类,然后加以命名,最后输出的是消费者对品类的符号认知(即品牌)而非输入信息(品类)本身。"也就是说,当消费者面对错综复杂的众多产品信息时,往往把相似的信息进行归类,而且通常只会记住该类产品的代表性品牌。因此,创建品牌的首要任务是对品牌所属品类的特性进行充分研究,站在消费者而非企业的角度对品牌进行定义,完成"品类化"的过程后

才真正实现品牌化。

融氏虽然在中高端油种上,其玉米胚芽油被消费者接受,但作为玉米油市场第一的地位目前还有些模糊,因此,融氏高层一直强调加深“第一品牌”印记的重要性,为此塑造核心品牌形象以实现品类化的品牌战略。

1. “新贵”品牌形象的塑造。在市场上的品牌推广中,我们能看到,融氏一直大力宣传产品融氏玉米胚芽油产品品牌形象是“油中新贵”,其在生产过程中是采用了低温特理压榨精炼而成,清香清淡,其原料是来自土壤肥沃、植被茂盛的产地吉林四平,与同纬度的美国玉米带、乌克兰玉米带,并称为“世界三大黄金玉米带”,并在国内首家公开承诺非转基因食用油品牌和首家通过绿色食品认证的玉米胚芽油品牌。

2. 健康用油品牌形象塑造。融氏看到随着城市生活节奏的加快,越来越多的消费者已开始青睐家庭感、温暖的和健康性强的产品,因此,在品牌形象上,融氏玉米胚芽油坚持走“营养性、健康性”之路,将融氏产品与服务文化提炼为“怀良知、炼良品、践良行、树良营”的“四良文化”,倡导为健康生活、为小康生活的责任心和使命感。整合多个维度的资源,开创食用油行业首个“从田间到舌尖”的健康全闭环,守护消费者“舌尖上的健康”。

一瓶一码,开启“溯源之旅”。从第一粒种子播种到收获成熟玉米、压榨成毛油、精炼灌装到消费者手中的非转基因玉米胚芽油,融氏通过全产业链的管理确保产品质量与食品安全。为把消费者的知情权与自主权最大化,融氏玉米油将与消费者开启一趟“溯源之旅”——为百万瓶玉米油赋码,一瓶一码、一瓶一身份,消费者只要扫一扫二维码,就能“寻根”每一瓶油。从有“黄金纬度”之称的玉米带和它严苛的土壤与水源要求,到生产、运输的每一个重要环节,所有人都能和每一瓶融氏玉米油一同经历从田间到餐桌的旅程。

3. 高端生活品牌形象的塑造。互联网大数据时代,融氏品牌的思维也在转变:从产品售卖转化为“用户运营”。作为第一家涉足电商渠道、进行微营销的国内食用油品牌,融氏已在线上积累了 400 多万的用户。借助线上平台的特性,从用户电商购买数据、社交行为等特点,为用户进行画像、分组、打标签,并依据此定期规划更有针对性的活动。2016 年,“小鲜侠智能油瓶”的上市,又为融氏用户数据采集增加了一大助力。小鲜侠利用物联网的理念,通过瓶盖中的智能芯片采集用户的用油习惯汇总至云端,融氏得以更深层次地观察民众在食用油领域中存在的问题与面临的困境并挖掘用户需求,实现想用户所想、急用户所需。消费者按下"一键购"时,收获到的是越来越优化的产品,以及经过大数据提炼的为中国家庭打造的更全面、更人性化的健康用油解决方案。

从油的生产过程到引导油的正确使用,再从使用数据中提炼潜在的用户需求,最后回归到基于用户所需的产品优化与开发,融氏在这个过程中,站在全新的高度,通过引领食用油的消费新升级,塑造了融氏高端玉米油的"立体化品牌形象",使得越来越多的消费者,成为了融氏玉米油的"粉丝",同时也逐渐接受融氏旗下各种规格的健康油产品。将品牌深入人心从而转化为一种品牌优势,"融氏"也因此才能牢牢占据上海玉米胚芽油市场一席之地,且销量呈持续攀升的势头。

(四)通过城市品牌背书,强化品牌高端形象

作为国际化大都市的上海,一直以来都是都市经济的宠儿,享有东方巴黎的美誉,尽管近年来其品牌影响力在一些领域上有所下降,但根基仍然存在,"借势上海、高端突围"便是融氏企业在品牌战略规划中的重要一笔。通过企业的多年经营打造,自 2005 年起融氏连续被评为"上海市名牌"和"上海市著名商标",将"放心示范粮油企业"与上海城市品牌精神融合,充分发挥了城市品牌与企业品牌之间的互动关系,形成城市品牌对其进行背书的效应。其中包含六层含义:(1)势能高,给人现代性、品质好的理念;(2)与普通城市比,超级都市更容易倾向本地强势品牌;(3)渠道宣传人力等费用高,对本地强势品牌来说,易守难攻;(4)市场容量大,更易向江浙、全国辐射;(5)超级都市可为本地强势品牌带来独特营销机会,助其跨越式发展;(6)可凭第一高端地位,成为上海众多高端活动官方用油、高端餐饮连锁指定用油、知名度收入高员工福利用油群体。

融氏借助上海城市优势,成为目前上海地区规模大,生产水平高,最具完整产业链的粮油生产经营企业,拥有现代化的粮油生产基地和先进的生产加工技术,确保每一滴融氏油都能让消费者"买得安心,吃得放心"。因此,公司

积极推广“绿色全产业链”模式,使之贯彻于销售的各个环节,充分利用超市卖场、电视媒体、电子商务等平台进行宣传推广,根据公司年度发展规划,结合一定的市场调研,为不同的用户群体带来不同的产品体验,通过定期推出一款明星产品,逐步形成良好的市场基础和口碑,为公司发展带来持续动力。

城市品牌背书对企业品牌发展具有重要的意义,融氏在充分对社会经济条件、市场需求、国家产业政策、企业的资源和绩效等相关因素作全面分析的基础上,以食用油的生产加工为一体,构建极富“向心系统”的品牌工作团队,将“建设成为中国最优秀的玉米油企业”为目标,全面提升融氏品牌的领导力、趋势力、支持力,将铸就上海高端食用油龙头品牌的定位做实,以上海高端第一、中国高端玉米油专家等身份,走出苏浙沪,进军全国,从而实现成为玉米油行业的领先品牌。

二、 品类创新的“加持器”:运用新技术,引领消费升级

新技术的运用是开发新品类的一种关键方法,更是品牌能量不断加持升级的“加持器”。企业将好产品、新理念与高科技相结合,以一种全新功能或形式的产品进入市场是成为新品类的先决条件,也是不断为品牌增添活力和持久力的必备因子。当下是知识经济的时代,科技创新是其主旋律,粮油行业更是与其他行业不同,生产和销售都是一个永恒的产业。一方面,市民对于食用油等粮油品质要求不断提高;另一方面,日益精进的加工技术和科学有效的营销手段为产业发展提供有力支撑。融氏以高科技技术企业问世,在技术、设备、管理等方面已接近国际先进水平,是 WHO 世界卫生组织合理营养健康教育基地,拥有国家专利 5 个,自主品牌 5 个,上海市高新技术成果转化项目 A 类项目 2 个,与众多高校、科研机构联合成立了技术攻关小组,并与其建立了良好的技术交流关系。在食品安全与质量管理上,引进先进管理检测技术,覆盖从原料采购到产品售后服务的各个环节,对生产过程设立关键控制点,严格原料、中间品及成品的检测。以科技创新引领未来生活,也是融氏品牌能在激烈的市场竞争中风骚数十年的重要原因之一。

(一)技术评估体系和技术研发能力

融氏的技术评估体系是以技术委员会和专家委员会为主体的评估体系(见图15-2),将高校的专家、学者、行业专业技术人才等纳入专家委员会,对内外部技术现状和创新能力、发展趋势进行了分析和评估,并对现有产品及技术水平与同行进行了综合比较,确定公司科技能力和发展的重点领域和方向,为公司产品技术研发战略制定提供参考依据。

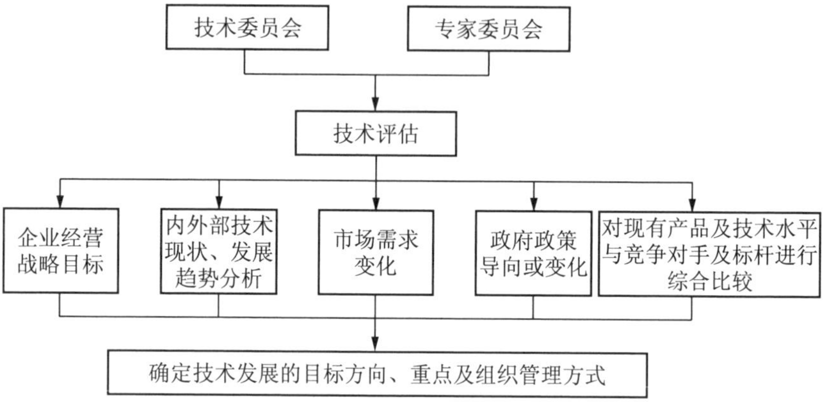

图15-2 技术评估体系

该体系有利于企业通过原始创新、集成创新、引进消化吸收等方式,研制开发出技术含量高、市场前景好的技术产品,从而形成具有自主知识产权的核心技术产品。目前融氏的部分产品其总体技术已达到了国际先进水平,实现了与国外先进技术的同步发展。

(二)与国际先进技术对标,提升技术创新能力

与先进技术和标准对标是不断提高自我研发能力,缩短自身与行业标杆企业的差距的一个重要途径。同时还对提升企业产品在更大范围获得国际认知度和接受度。

融氏近几年来,是全国同行业主持、参与制定国家行业标准最多的企业,

是全国业内采用国际标准最多的企业；是全国同行业拥有专利最多、自主创新能力最强的企业。“公司先后引进国际先进标准 3 项；开发新产品及新技术 15 余项；主持或参与制定行业标准 10 项、企业标准 2 项；制、修订设计、工艺规范 10 余个；获得国家授权的各类专利 5 项。”

(三) 将技术开发融入品牌战略规划中，不断升级创新

“公司加大技术开发和改造力度，确定专项科研资金用于技术研究和开发，并积极争取政府科研基金支持。”融氏负责人称，“为确保技术的先进性、实用性，公司充分利用社会资源上下游企业合作进行项目研究，使其参与技术

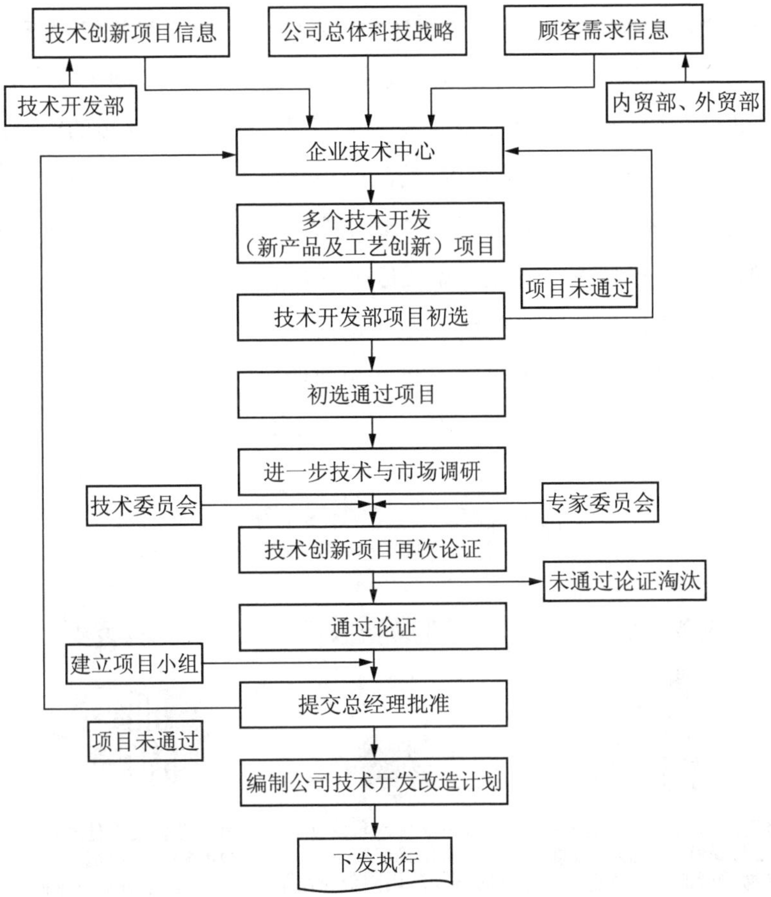

图 15-3　产品和技术立项实施过程

改造和技术开发,形成市场、科研、生产一体化的技术进步机制,并且在公司发展中逐步积累自身开发实力。”

从融氏的品牌战略规划里,可以看到公司每年年初都会依据战略规划制定相应的技术开发与改造的目标和计划,并经专家、技术委员会审定报总经理批准后组织实施,具体流程见图 15-3。

融氏 2016 年携手盖侠科技,推出了“小鲜侠智能油瓶”,为舌尖上的新鲜而生。这是融氏品牌概念的一次科技创新,融氏一直强调“保证每一瓶送到消费者餐桌上的油,都是清澈、清爽、清香的‘三清好油’”概念,如何做到让消费者健康用油,用对油,融氏不断探索,发现大多数公司是从玉米种植、生产、运输源头上予以把控,鲜有公司从餐厨后端予以控制。因此,融氏决定在做好油把握好前端产出成品的同时,要从后端控制,推出了拥有 12 项国家专利权的智能油瓶产品“小鲜侠”(如图 15-4)。这是将融氏一直以来宣传的“严守田间到餐桌、餐桌到舌尖的每一道防线”的品牌理念融入到了科技产品中,实现了从餐桌到舌尖这最后一段饮食健康之旅的管理,弥补了食用油行业中“油品新鲜度”的空白,同时加深了市场对融氏健康用油品牌理念的印象。这项技术革新,是基于与江南大学专项实验室共同研发的“新鲜度算法”,通过硬件(油瓶)加软件(客户端)的方式,把新鲜度和用油量形象化出来,从而更大程度地激发用户自发地改变用油习惯。该产品已获国家实用新型专利。

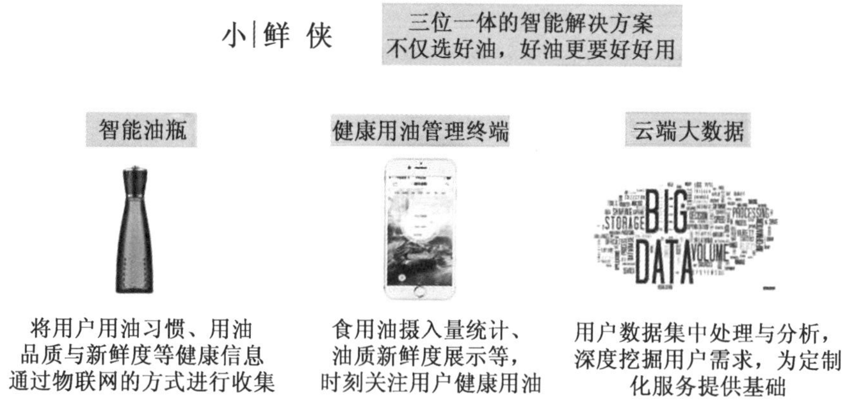

图 15-4 小鲜侠三位一体智能油瓶解决方案

三、不断强化品牌的品类代表身份：CRM 管理体系的运用升级

大多数情况下，品类创新企业通常不是该行业的领先者，往往是处于一种市场较低地位，从而采取一种“侧翼进攻”或“游击进攻”的竞争战略，在强大的竞争对手进入前快速做出反应——第一时间占据消费者“心智资源的第一位置”。如何占领消费者心智，前期是通过品牌传播来实现的。因此，在营销策略上就必须要将品牌传播的内容、顺序深知传播的强度进行设计，从而抓住消费者心智进入的“黄金时间”。

融氏建立以产品多元化、市场多元化为核心的立体营销模式，紧紧围绕“提升产品知名度”的销售目标，通过采取多项营销举措争取市场，立足上海、布局国内，践行经营制胜成长四良文化理念，坚持树立“用心做好油”的经营策略，以融氏品牌讨论为契机，深入思考，全面识别、满足并超越顾客的需求和期望，有效提升品牌形象。耕作营销推进方面，融氏健康产业股份公司以用户满意为出发点，以灵活的方式积极开展市场营销工作，与关键顾客建立长期、稳定、合作、共赢的战略伙伴关系，赢得和保持顾客的满意和忠诚，巩固现有市场并大力开拓新市场，实现顾客和公司的共同发展。注重顾客体验，在大润发、乐购、欧尚、联华、华联等多个卖场、超市渠道进行促销活动，通过促销活动，提高品牌知晓度，宣传融氏健康食用油产业链模式，使融氏健康食用油的市场知名度提高。具体做法：

（一）全方位了解顾客与市场，做到“知己知彼”

通过对市场调研，了解和确定顾客与市场的需求、期望和偏好，按照市场地域特性、产品交付方式和客户消费层次的不同进行市场细分，并紧密关注潜在顾客的需求，在保证重点目标市场和顾客群的基础上，提供满足不同顾客需求和期望的产品和服务。

1. 目标顾客群的确定和市场细分。融氏通过对市场的广泛、深入调研，根

据不同层面顾客的需求特点,结合公司的战略规划和自身优势,选择和确定目标顾客群。目前,公司产品的顾客覆盖上海、遍及长三角,采取“以商超、电商为主,团购经销为辅”进行市场的细分。

商超通道历来都是各厂家的必争之地,玉米油的销售同样离不开这一市场,加上经销商、团购、行业用油的需求,力争将销量提升。

(1) 卖场通道:首先在人气较旺的通道,如家乐福、大润发、麦德龙、沃尔玛进行销售,品项齐全,做专门陈列,利用广告、公关、促销、活动等手段联合推广产品形象,逐步打开其他卖场通道,形成强势引导销售。

(2) 超市、便利店通道:选择信誉度较好的产品,可有效占据市场有利地位。为成功人士、爱家人士、浪漫人士居家提供住所附近销售。

(3) 经销商:寻找自身销售网络,可充分实现前期市场铺货的经销商,划小经销权,执行密集分销。对于传统郊区市场的拓展,将从发展郊区各个商圈内主要经销商为起点,再依托其既有渠道进行拓展。

(4) 团购客户:此类客户应为对玉米油有特殊要求的,为其量身定做的,销量较大的客户。货款为现结,或有信贷或较短账期的客户。这样每月有稳定的销量,持续的使用力和回款力,成为乐惠的最忠实伙伴。

2. 升级售后服务,拓展客户有利资源。售后服务是销售质量和企业形象的一个标杆、一面旗帜,客商矛盾、质量纠纷大多在售后服务环节集中体现,做好售后服务、提高服务质量,直接关系到企业品牌形象的树立。高质量的售后服务工作可以有效提高企业美誉度,服务品牌建设,是企业在日趋激烈的竞争中傲然立于不败之地的一个重要方法。

当现有的产品销售无强势产品时,如有实力的产品介入,必定会成为此行业高档产品的佼佼者。因此融氏在面对消费者的时候,首先要解决的第一大问题就是解决消费者信任危机,让消费者相信产品,是纯正的玉米油,解决消费者购买顾虑。

售后服务升级战略一:加大终端客户的销售指导和技术交流。通过对顾客要求、期望及关注要素的了解,使顾客的要求和期望有效得到转化和满足,并促进了市场的拓展和服务的改进。为了满足这一差异化需求,融氏积极采用国际先进产品标准,有针对性地开发了系列鲜胚玉米油,并持续关注制造过程中的节能减量和低碳环保的降解回收,这些做法,得到了行业顾客的一致认同,订单量明显增加。

售后服务升级战略二:将顾客信息收集分析和利用,不断开发升级产品设计、营销、过程改进等,提高经营绩效并驱动公司持续追求卓越。其中一个案例就是融氏与中石油的合作。很长一段时间,中石油一直是融氏长期、小订单客户,为了实现更稳定、更大规模的合作,2016 年初融氏的销售人员和技术人员先后多次拜访中石油,共同商讨产品方案和改进,并多次送去样品供试用确认,对其试用数据信息进行收集、整理后分析,作为产品方案的输入,实现了从外观的调整到质量、性能指标各方面的提升,完全满足了中石油的销售欲望,成为了中石油采购的重点对象。客户订单量增加到每单上千箱,订单频率也增长到每周一次,中石油从小订单客户成为了融氏关键顾客之一。

售后服务升级战略三:适时评价、持续改进获取客户潜在需求。对顾客要求和期望的方法进行定期评价,并不断改进了解顾客需求的方法。采取客户满意度调查,召开客户沟通交流会,获取客户对信息沟通、关系建立等方面意见和建议。同时利用新媒体,做好线上售后服务。在新媒体蓬勃发展的今天,融氏看到了与消费者的售后沟通渠道已不仅限于“服务热线”这一传统方式,而转向网络这一影响力更大、波及面更广、响应率更快的平台。用消费者喜闻乐见的方式做好沟通,及时响应消费者对产品的评价,打造“接地气”的亲民品牌形象,形成良好的互动环境,培养消费者对品牌的忠诚度。加强舆情、特别是售后投诉问题的监控,制定出一系列的应对模式规范,维护旗下系列品牌形象。

(二) 建立顾客关系和顾客满意制度

根据对顾客和市场的了解,融氏建立了顾客关系管理系统,致力于为顾客提供个性化、差异化、多样化的专业服务,努力提升自身综合实力,从而发展顾客、留住顾客、提高顾客满意度和忠诚度。

1. 建立差异化顾客关系。第一,针对不同顾客建立不同的服务方式。融氏制定了《客户关系管理办法》,长期坚持积累关键顾客的相关信息,建立详细的顾客电子档案,将客户电子档案转化为公司的知识资产,进行不断的丰富和完善。同时根据不同顾客的需求特点,为其提供个性化、多样化的产品和服务,与之建立良好关系,提升客户的满意度和忠诚度。第二,融氏公司坚持以市场为导向,以关键顾客(包括潜在的关键顾客)为重点,兼顾一般顾客,采用个性化与标准化相结合的方式,在营销策略、产品服务策略上与顾客建立良好关系。

2. 建立顾客满意制度服务网络。围绕"顾客满意",以"认真做好 100 分"的服务标准来要求整个服务体系,对关键顾客实施 4 个 100%的制度,即"必须 100%顾客回访、顾客反映信息必须 100%进行处理、处理结果必须 100%进行反馈、反馈结果必须 100%使顾客满意",努力实现"顾客满意 100 分",切实满足顾客产品服务需求。具体包括:

第一,建立有效的投诉及处理机制。

(1) 建立了顾客投诉处理流程,对投诉处理过程采用问责制,要求相关部门在规定的时间内处理完毕并及时给顾客回复,并要求业务人员每周必须汇总投诉事件及处理情况,以减少顾客抱怨和投诉,提高顾客的满意度和忠诚度。

(2) 强化顾客投诉管理,缩短异议处理周期。融氏制定了《产品异议管理办法》、《产品异议管理实施细则》等制度,对投诉处理实施区域管理、处理过程节点控制、对不同顾客区分对待处理。对重点顾客、重点产品的异议,在 12 小时内给予回复,一周内给予结案;结案后一周内给予回访或跟踪服务,了解投诉处理的有效性和满意程度,对投诉处理过程起到监督和闭环的双重作用。

(3) 注意收集、整理和分析投诉信息,并将其用于改进。融氏规定对投诉信息每月进行收集、整理,每季度进行一次分析,将其用于公司及合作伙伴的改进,并对整改进行监督、评价,效果显著。

品牌人员对一些典型的、重大的或者系统性的质量问题投诉,以文字附加照片的方式填报《用户信息反馈》,及时传达各相关车间或部门;品控部对每周形成的顾客投诉进行汇总,每月对产品质量投诉进行一次汇总。针对典型、重大质量投诉进行专题分析，制定整改措施，通过专项审核后实现改进。

（4）不断研究、改进与顾客关系的建立方法。融氏通过管理评审、专题分析会等多种方式定期对建立顾客关系的方法进行评价，以适合于公司的战略规划和发展方向。定期分析有关顾客投诉的信息，对建立顾客关系的方法进行评价和改进；不断改进建立顾客关系的方法，陆续增设相应的品牌人员及经销商，以满足公司的发展需求；根据顾客的意见，随时改进建立顾客关系的方法。通过电话、实地走访等方式，了解顾客对公司战略定位、产品质量、售后服务等方面的意见和建议，不断完善建立顾客关系的方法，如采取增加生产线、进一步优化生产调度和排单等方式来提高生产效率，有效缩短产品交期，快速及时处理异议等。

第二，建立顾客满意度测量体系。融氏重视顾客满意度的调查和测评工作，前几年一直以自行调查为主要调研方式，并不断改进完善调查方式，形成了公司顾客满意度调查流程（表 15-2），以全面了解客户的需求和反馈。

融氏的顾客满意度调查内容包括品牌总体形象、产品功能适用性、可靠性、服务质量、准时交付、性价比、总体产品质量等 7 项，每半年调查一次，问卷回收率达到 80%以上。营销部门安排专人按项目统计、加权得分，平均算出综合分数，并根据分析结果编写调查报告，报送给公司领导和相关部门。

表 15-2　顾客满意度调查程序

活动名称	输　入	执行角色	活 动 内 容	输出	依据的文件/标准/表格
收集、反馈顾客意见	顾客意见、建议、抱怨等	现场人员、业务人员	1. 做好现场服务和跟踪服务； 2. 收集、反馈顾客投诉和质量问题，简单问题进行现场及时有效处理。对不能现场处理的问题填写外部信息传递单（电子邮件）传回质保部。	顾客意见信息	《顾客反馈记录表》
顾客满意度测量计划	顾客对产品质量、价格、交付、服务质量等方面的期望	营销部业务代表	业务代表负责： ——每半年策划进行一次顾客满意度测量。 ——根据现有客户群，依据重点客户无遗漏、普遍性与代表性相结合的原则策划开展调查活动。 ——顾客满意度调查同时要结合顾客反馈情况，具体按《顾客满意度测量实施办法》执行。	顾客满意度测量计划	《顾客满意度测量实施办法》

续表

活动名称	输　入	执行角色	活 动 内 容	输出	依据的文件/标准/表格
发放调查表	顾客满意度调查计划	业务人员	拟制和发放问卷调查表并回收	外部顾客满意度调查表	《顾客满意度测量实施办法》
数据的统计、汇总、分析	顾客满意度调查表	业务人员	对回收的《外部顾客满意度调查表》进行统计、汇总及数据分析。 对顾客投诉次数进行统计、汇总及数据分析。 按照《顾客满意度测量实施办法》的评分办法测量出每个客户的满意度及综合满意度。	顾客满意度调查情况和分值	《外部顾客满意度测量实施办法》、《外部顾客满意度调查表》
评价顾客满意度	顾客满意度调查结果	业务人员	根据顾客满意度调查结果进行分析，总结分析出导致顾客不满意的原因，提出持续改进的意见和建议，形成《顾客满意度调查报告》报送营销总监、品管部、技术总监、生产副总等，并作为管理评审的输入。具体按《顾客度测量实施办法》执行。	顾客满意度调查报告	《顾客满意度测量实施办法》
评审、改进	顾客满意度调查报告	品管部经理	负责组织相关责任部门进行原因分析及评审，根据原因分析结果确定出改进的责任单位，由责任单位制定出纠正/预防措施，具体按《纠正/预防措施及改进控制流程》执行。	《顾客满意度调查报告》	《纠正/预防措施及改进控制流程》

改进顾客满意度调查方法，聘请第三方做调查。为客观公正地进行顾客满意度调查，真实反映顾客满意度信息，融氏在 2014 年聘请金山区质量管理协会进行第三方调查顾客满意度，调查范围包括经销商和直销商，调查对象为顾客单位的主要负责人、技术人员、采购人员等，了解他们对产品的质量认知、期望、满意程度等，全面了解顾客需求和评价。在国际顾客的满意度调查中，由原来的邮件形式问卷发放转变为电话访谈、邮件、面谈等多种形式并重的了解调查方式。

应用顾客满意度调查信息，改进工作系统。对顾客满意度调查的结果，融氏组织相关部门进行仔细分析研究，有针对性地制定改进措施并限期实施整改。2016 年，在顾客满意度调查时发现顾客意见集中在交货不及时的问题上，融氏针对顾客提出的意见和公司产能现状，制定出融氏新工业园发展规划并分步实施，规划中增年产 7 万吨玉米油，使年产能由当前的 10 万吨提高到 15 万吨，预计在未来两年可以有效满足顾客市场需求。目前，按照规划进度，已有部分生产线投产运行并创收，有效缓解了今年产品供不应求的局面。

跟踪服务，及时反馈、分析和利用顾客信息。主要通过业务人员定期走访、会议交流及电话跟踪回访等方式了解顾客在产品、服务和交易方面的意见和建议。

四、 融氏品类化品牌战略提升建议

品类创新是一个动态建设的过程，由于每一个品类都具有生命周期性，因此在导入期、成长期、成熟期以及衰退期的不同阶段，就需要根据阶段特征以及周遭变化而不断创新与提升。

基于上述对融氏品牌发展的分析上，品类—品牌战略在未来的发展中，尤其需要注意：(1)消费者消费行为的变化；(2)市场信息的过度重复；(3)更多加入者瓜分市场的变化；(4)品类细分或品类更新的出现等。

(一) 加强品牌个性的深度和广度建设

在食用油行业“大品牌、大市场、大流通、大健康”的环境下，消费者需求会从安全与健康的关注度逐步发展到安全健康与科技与个性相伴的不同层级的需求上来。品牌个性，是“与品牌相连的一系列的人格化特征”，从功能上来说，与产品相连的属性倾向于向消费者提供实用性功能，而品牌个性则倾向于向消费者提供象征性或自我表达功能。这个概念把品牌的本身意义赋予了消费者，开发了品牌的情感性价值，被认为最能代表品牌之间的持续性差异点。它为发展品牌识别和营销传播计划提供了有力的工具。不断提高，“品牌建设是第一要务”，品牌意识要深入到种植、加工、生产、物流、仓库、销售、使用等各个环节。因此必须界定各个职能部门的相关责任，将加强在商业流通环节的精耕细作，将品牌建设的力度从企业管理深入到零售终端环节，使品牌深入到消费者心中，将品牌影响力“横向到边、纵向到户”。

(二)不断创新和实践品牌建设理论能力

融氏品牌在品牌培育方面做了很多创新,尽管一直沿用北大定位课程、稻盛和夫六项精进课程、微营销课程、大数据课程等培训项目与品牌传播课程,但是就目前的融氏微博、微信公众号的传播的传播与目标区域和高端社区的对接还不够,因此,要在品牌建设宣传上融氏60万会员的品牌营销与传播;与品牌定位配称的目标区域与高端社区不定期的品牌路演活动;全国电视购物平台每周直播与录播的品牌宣传;客户经理与导购现场宣传;终端宣传物料的发放、终端阶段性、主题性品牌推广活动;召开零售户代表座谈会;召开新品发布会,将融氏品牌培育与传播深入到消费者行为与生活方式的方方面面。

(三)提升品牌营销水平

酒香也怕巷子深,深巷中的美酒也要有块好招牌才能香飘四方,食用油亦如此。因此,要使品牌能有一个良好的市场环境和发展空间,品牌培育能力和水平的提升至关重要。

加强销售终端协同营销力度,建立良性沟通机制。与各个销售渠道的协同营销,是品牌培育工作的起点,两者间沟通交流的质量,将直接影响到融氏品牌培育的效果。如何建立起良性沟通机制,可以从以下几方面加以考虑:

售前做足"功课"。当一个新品要投放市场时,决不能盲目投放,仓促入市,而应与各个销售渠道携手相助,全面做足"功课"。首先,要形成一套科学、系统的新品投放营销策略,并成立专门的品牌培育培训机构,组织召开新品发布会、客户经理和零售户代表座谈会,将新品的品牌发展规划、文化内涵、包装特色、吸味特点、工艺流程等信息传递给各个销售渠道与零售终端;准备好宣传物料,并借助信息化手段,通过网上订货平台、客户经理移动工作平台,图文并茂地发布品牌信息,使一线导购与客户及时了解品牌、熟悉品牌、宣传品牌。及时分析市场、研判市场,梳理出目标客户群,制定出新品投放策略与方案细则。

售中关注发展。融氏要定期开展品牌培育分析会,关注品牌投放市场后的零售客户接受度、消费者的认知度,注意分析每个周期的成交量与投放量之间的比例,掌握进货户数与实际供应户之间的比例,计算出新品投放各阶段的铺货率和动销率,调控好货源投放的节奏,确保客户合理的毛利率;要向零售客户宣传品牌文化,提炼新品卖点,规范品牌陈列,培育品牌情感,呵护品牌成长,关注品牌发展。

售后跟踪管理。按简单、可靠、实用的原则,分级建立市场信息采集分析体系,规范流程和操作,规范市场分析制度,进一步完善行业需求预测制度,从不同层面提升把握市场的能力。关注新品投放市场后销量是否稳步增长、市场价格是否平稳、社会库存是否合理、零售客户利益是否得到保障,并以此来衡量营销部门把握市场能力的高低。对重点产品实行跟踪分析制度,通过跟踪分析品牌发展状态和表现,提出改进措施和调控建议,做到“科学预测、精准投放、精心培育、健康成长”,保持品牌的良好发展态势。

(四) 加强品牌人员培训

对于任何一个企业来说,人的因素决定一切。企业的发展,离不开高素质的人才。同样,对于融氏企业来说,品牌的培育,离不开融氏人,离不开零售客户,品牌能否成功培育,更离不开高素质的品牌人员。

提高品牌人员业务技能是品牌成功培育的前提。品牌人员要注重学习,学习营销技能、沟通交流技能、品牌展示技能、商品库存管理技能、资金合理配置技能,并注重了解商品基本信息,如批发价、零售指导价、口感等,了解品牌内涵,如相关的企业文化、销售对象等,了解相关竞争品牌的信息,如该品牌与其他相似品牌的竞争优劣势等,只有做到对品牌的深入了解,才能使品牌培育推荐更具有针对性。

树立品牌人员品牌责任感、使命感是品牌培育的关键。有句名言叫“责任重于泰山”,这话道出了责任感的重大意义。每一个工作岗位都是实现人生价值的舞台。把职业当成事业来看,心怀责任感和使命感,才能做好工作。只要用对待事业的态度对待工作,每个人都能在平凡岗位上做出不平凡的业绩。选择了工作就选择了责任,世上没有做不好的工作,只有不负责的人,负起责任,不逃避不退缩,让责任感使命感成为自己的工作习惯,这也正是品牌成功培育的关键所在。

加强与零售终端的沟通是品牌培育的基础。品牌培育是客户经理的重要职能之一,品牌培育工作能否成功,沟通的有效与否起到直接关系。沟通交流是培育工作必不可少的一环,客我双方要达成共识,需要沟通来实现,客户经理必须将所掌握的商品知识、营销知识,通过沟通来宣传到位,才能引起客户的订购欲望。要多站在客户的角度,为客户提供一些销售技能、品牌推介技巧、服务技巧、库存及资金管理知识,介绍其他客户的先进培育方法,进一步提高客户经营水平和经营能力,将品牌培育工作向零售终端延伸扩展。

提高品牌人员的执行力是品牌成功培育的保障。个人执行力的强弱取决于两个要素——个人能力和工作态度,能力是基础,态度是关键。所以,要提高品牌人员的品牌培育执行力,一方面要通过加强学习、不断实践来增强自身素质,而更重要的是要端正工作态度。要积极进取,增强责任意识,要脚踏实地,树立实干作风,要只争朝夕,提高办事效率,要开拓创新,改进工作方法,要严格落实,健全考核机制,充分发挥品牌人员的品牌培育主观能动性,不断寻求新思路新方法,使执行的力度更大、速度更快、效果更好。

第五,树立零售终端品牌培育意识,变“被动推介”为“主动营销”。零售终端作为“引导消费、培育品牌”的支点和着力点,是完成玉米油销售、达成消费、实现品牌价值的重要环节。作为品牌培育主体的商业企业,应顺势而变,将“品牌培育是第一要务”理念渗透到终端建设的每个环节,正视零售终端的品牌培育力量,正面引导、促进、宣传和拉动零售终端,提升零售终端在品牌培育中的枢纽作用,巩固品牌培育阵地,激发品牌培育活力。

利益纽带激意识,互利关系求共赢。要想让零售客户参与到品牌培育工作中来,就必须让客户看到品牌培育给他们带来的实实在在的好处,这样客户才会有参与其中的热情。要合理调整利益分配,保障零售客户收益水平。要秉承“市场需求基本满足,零售客户有所选择”的原则,积极组织优质货源,着力推行明码实价,维护良好价格秩序,使品牌经营成为零售客户重要的收入来源,从而使品牌培育真正成为零售客户的一种自觉行为。

多措并举防滞销,后顾无忧添动力。零售户由于市场预测能力有限,会担心库存、资金积压,往往对一些新品或未曾销售过的产品持观望态度。融氏应解决好零售客户的后顾之忧,积极研究对策,降低他们的经营风险,调动零售户的品牌培育积极性。在所培育品牌的购进上,客户经理要根据地理位置、销售能力的差异,通过分析同价位其他品牌的历史销售数据,为客户提出合理化购进计划;对一些市场接受度不高而导致库存较大的,争取给予一定的物料支持,协助零售客户消化库存,提高零售客户的满意度。

培训先行转观念,文化渗透固基石。“授之以鱼不如授之以渔”,公司可以通过客户培训,为零售终端提供智力支撑,用专业化、系统化的培训来提升零售终端的品牌培育意识和能力。客户经理可采取重点拜访和集中讲授相结合的方式,引导零售客户树立品牌培育意识,可以针对不同层次的客户,制定出不同的培训方案,以满足不同客户的需求。通过定期座谈会、茶话会等形式,加深零售客户对品牌的了解,让客户在参与互动过程中,体验品牌的内涵和个性,并实现品牌文化的渗透和传递。

突出重点寻突破,以点带面上水平。在品牌培育过程中,可以通过客户细分,参照店面形象、经营水平、守法情况等条件,筛选出一批优质客户,建成一批忠实粉丝,并作为品牌培育主体的延伸对象,搭建起直面消费者的品牌推介和培育平台,重点做好培育品牌的货源投放、稳价促销、品牌宣传等工作,发挥模范带头作用,并以点带面,全面推进零售终端参与到品牌培育中来。

培育竞赛作激励,你追我赶创氛围。开展品牌培育竞赛活动,不仅能激发零售客户自觉提升经营水平,而且还能提升品牌培育能力,更能扩大品牌的市场份额。通过沟通交流,制定出活动方案,明确评判标准,细化竞赛规则,在保证竞赛公平、公正、公开的前提下,由公司品牌与各终端品牌部组成评审组,对各终端系统生动化陈列、商品知识、品牌推荐能力、所培育的品牌实际销量等进行测评打分,评选出各奖项,并给予相应激励措施,同时可以通过优胜客户的经验交流,开创出零售客户“你追我赶”培育品牌的良好局面。

总之,“第一品牌”建设不是一蹴而就,也不是永恒不变的,这要求企业在品牌建设中要不断总结,不断摸索,不断创新,在总结中前行,在摸索中完善,在创新中提升。

参考文献:

阿尔·里斯、劳拉·里斯:《品牌之源》,机械工业出版社2013年版。

融氏:《上海融氏健康产业股份有限公司品牌培育管理手册》(2016年公司内部资料)。

袁圆:“成功突围我国高端食用油市场”,《科技智囊》2010年第2期。

闫志俊:“基于品类营销的品牌战略探究”,《江苏工程职业技术学院学报》2010年第10期。

潘小珍:“实效营销创新——品类创新”,《广州广播电视大学学报》2008年第8期。

后　记

在经历全球化持续推进及品牌企业广泛而深入的扩张阶段之后，品牌经济逐步有回归核心、寻求变革的需求。根据全球品牌价值评估的三大著名机构，即 Interbrand、BrandZ 和世界品牌实验室等的年度报告，在全球复杂经济因素、新技术快速发展等的助推下，品牌发展呈现新的特征：目标化、差异化、灵活性、责任感和做好变革的准备。在全球竞争中，中国经济的影响力在持续提升，但与此对应的是中国品牌跻身国际顶尖品牌的数量较少、品牌价值结构有待进一步优化，亟待通过深入分析来作出客观判断，为政府、企业、机构决策与研究提供参考。从国内来看，随着中国经济进入新常态，品牌经济的意义已越来越凸显。关于品牌经济的研究，不仅体现在企业微观层面，还应该体现在以城市和城市群为维度的中观层面，以国家整体品牌形象为维度的宏观层面。上海建设全球卓越城市战略目标的确立，亟待通过强化品牌之都的内涵与功能来加以支撑，并在服务全国中实现自身发展。一系列国家战略的落地也为上海发展品牌经济提供了充分的机遇空间。

在长期开展品牌经济研究基础上，《上海品牌之都发展报告》编写组对相关理论与实践成果进行了归集、汇编，着重突出国际视野、问题导向、企业经验等内容。在对全球品牌经济发展新格局进行剖析、提出中国经验借鉴的基础上，结合中央提出的加快品牌建设、发展品牌经济、打造“中国制造”的金字品牌等相关战略要求，对上海市品牌经济建设管理相关部门进行了深入调研，搜集整理了国内外相关企业案例，希望较为全面反映上海品牌之都建设面临的局势与发展成就。

编写过程历时近 1 年，上海社会科学院品牌发展研究中心召集相关专家构成了编写组。谢京辉、闫彦明、凌燕负责框架设计、组织研讨、协调研究等工作,闫彦明、凌燕、莫兰琼负责全书统稿,许来宾、汪菁撰写第一章,钟斌、吴新宁撰写第二章,谢京辉撰写第三章,李刚撰写第四—九章,莫兰琼撰写第十—十二章,凌燕撰写第十三—十五章。

在编写过程中,编写组对上海市经信委、上海市工商局、上海市商务委、上海市质监局、上海市知识产权局等相关部门、各行业协会以及企业进行了走访和座谈,得到了各部门领导及专家的支持和指导。特别感谢上海市经信委徐铭、上海市知识产权局孔元中、上海市质监局史燕君、上海市工商局顾惠蓉,均瑶集团陈理、徐建军、上海梅林沃兆华、上海融氏于昌德为本报告的撰写提供了丰富的素材;感谢上海人民出版社编辑同志为本书编辑所付出的辛勤劳动。

虽然书稿已经付梓印刷,但我们深感研究水平有限、研究质量仍有待进一步提高,书中疏漏之处在所难免,恳望广大读者能够不吝赐教,我们将努力把上海品牌之都发展研究更好地开展下去,真正发挥年度发展报告的应有作用。

《上海品牌之都发展报告(2018)》编写组

2018 年 1 月 20 日

图书在版编目(CIP)数据

上海品牌之都发展报告.2018/谢京辉主编.—上海:上海人民出版社,2018
(上海蓝皮书)
ISBN 978-7-208-15232-8

Ⅰ.①上… Ⅱ.①谢… Ⅲ.①企业管理-品牌战略-研究报告-上海-2018 Ⅳ.①F279.275.1

中国版本图书馆 CIP 数据核字(2018)第 126330 号

责任编辑 罗俊华
封面设计 夏 芳

上海蓝皮书
上海品牌之都发展报告(2018)
谢京辉 主编

出 版 上海人民出版社
(200001 上海福建中路 193 号)
发 行 上海人民出版社发行中心
印 刷 上海商务联西印刷有限公司
开 本 720×1000 1/16
印 张 19.25
插 页 4
字 数 278,000
版 次 2018 年 7 月第 1 版
印 次 2018 年 7 月第 1 次印刷
ISBN 978-7-208-15232-8/F·2536
定 价 58.00 元